"十二五"职业教育国家规划教材

经全国职业教育国家规划教材编审委员会审定

21世纪职业教育规划教材·财经系列

市场营销案例分析教程

（第二版）

主　编　彭于寿
副主编　柯文昌　张洁函
　　　　刘俊琳

内容简介

本书的案例紧紧围绕"市场营销学"课程的教学内容编撰而成,其资料来源既有笔者实地调研而形成的一手资料,也有笔者精心从现有资料中收集整理的二手资料。它避免了直接选取各种媒体上已发表的、作者倾向性很强的有关报道作为案例带来的针对性不强等缺陷。

本书在按照市场分析、购买行为分析、STP 战略、市场竞争战略、产品策略、分销渠道策略、促销等专题案例的基础上,又编写了为数不少的营销综合案例,以及运用新型营销理论和手段的营销前沿案例。每个案例均由知识要点、案例正文、分析与讨论和教学组织建议组成,内容丰富、体例新颖、叙述客观,问题的设置既有动态性,又有前瞻性。

本书可作为高职高专财经类各专业的"市场营销学"课程教学配套教材、市场营销专业的"营销案例分析"课程教材和非财经类专业学生选修市场营销课程时的辅助教材,也可作为企业营销人员培训的参考用书。

图书在版编目(CIP)数据

市场营销案例分析教程 / 彭于寿主编. —2 版. —北京:北京大学出版社,2015.8
(全国职业教育规划教材·财经系列)
ISBN 978-7-301-25031-0

Ⅰ. ①市… Ⅱ. ①彭… Ⅲ. ①市场营销–案例–职业教育–教材 Ⅳ. ①F713.50

中国版本图书馆 CIP 数据核字(2014)第 241940 号

书　　名	市场营销案例分析教程(第二版)
著作责任者	彭于寿　主编
责任编辑	桂　春(guichun2005@126.com)
标准书号	ISBN 978-7-301-25031-0
出版发行	北京大学出版社
地　　址	北京市海淀区成府路 205 号　100871
网　　址	http://www.pup.cn　新浪微博:@北京大学出版社
电子信箱	zyjy@pup.cn
电　　话	邮购部 62752015　发行部 62750672　编辑部 62756923
印刷者	北京圣夫亚美印刷有限公司
经销者	新华书店
	787 毫米 ×1092 毫米　16 开本　16.75 印张　371 千字
	2007 年 9 月第 1 版
	2015 年 8 月第 2 版　2021 年 8 月第 7 次印刷(总第 17 次印刷)
定　　价	37.00 元

未经许可,不得以任何方式复制或抄袭本书之部分或全部内容。
版权所有,侵权必究
举报电话:010-62752024　电子信箱:fd@pup.pku.edu.cn
图书如有印装质量问题,请与出版部联系,电话:010-62756370

第二版前言

随着市场经济的发展，营销无论是作为意识或观念，还是手段或技巧，已经逐渐渗入社会经济生活的各个领域。因此，市场营销学既是高校财经类专业的核心课程，又是非财经类专业学生普遍选修的课程。在营销的课堂教学中，案例教学无疑是十分重要的教学方法和手段，而且受到学生的普遍欢迎。

本书在编写中，继续保持了第一版的特色，即案例正文的客观性、问题设置的动态性和前瞻性，继续对案例进行分析引导。另外，在案例的选择上，遵循以下三个原则。

1. 保留并丰富传统经典案例的原则

本书中，案例1中的福特汽车、案例2中的雀巢咖啡、案例12中的红帮西服、案例18及案例25中的可口可乐、案例23中的宝洁、案例30中的农夫山泉等，都是国内外著名企业或知名品牌，其主要营销活动堪称经典案例，对高校营销教学具有极为重要的指导意义。此类传统经典案例，本书共保留了8个，并在编写中将其近年来的变化和表现补充到案例内容中，让学生一方面能够学习经典，掌握市场营销的基本规律，另一方面了解其现状，利于总结成功经验。

2. 坚持案例的时效性原则，凸显案例内容的时代特色

在营销领域，诸多企业各领风骚三五年，其营销事件颇为大众所关注。但时过境迁，便渐渐被淡忘，而新的营销传奇则层出不穷，因此，本书对第一版中的多数案例予以更换，另选近年来颇具影响的营销案例。更重要的是，一方面青年学生对焦点事件爱关注，对时尚和潮流事件很敏感；另一方面，许多学生自身就是许多营销事件的个体参与者。前者如加多宝与王老吉的纠纷、万科的"城市花园"文化营销、茅台与五粮液的价格困境等，这些事件的发生，学生们必然会关注；后者如万达广场、微信、"苹果"与"三星"手机、宝洁产品、网络购物、"联想"电脑、"农夫山泉"等，无不是学生们日常生活中耳熟能详的产品或品牌。他们或作为顾客，或在社会实践中作为参与者，对这些企业或品牌的营销活动有较丰富的感性体验。本书坚持更多地选择这些时效性很强的案例，旨在借助学生对案例的现实感知而提高案例教学的效果，提升案例分析的质量。

3. 关注和提炼营销新观念、新手段的原则

在营销理论发展、实践的同时，营销手段也在不断创新。本书第十章"营销前沿案例"在对第一版3个案例进行补充、修订的基础上，又添加了3个新编案例。这样，本章就涵盖了整合营销、关系营销、事件营销、文化营销、体育营销、网络营销等6个方面的营销案例。冀求通过这些营销前沿案例的分析，开阔学生的营销视野，培养学生的营销创新意识。

基于以上3个原则，第一版的33个案例中，本书保留了8个经典的案例，更换了25个已显陈旧的案例，加上新增的3个营销前沿案例，共计编写了36个案例。

彭于寿老师任本书主编，在第一版的基础上，明确了新编和修订案例的原则以及编写者的任务分工，并具体负责了案例4和案例32的编写、对第一版的第一章内容进行修订等

工作。彭于寿老师还对所有新编和更新的案例进行了审阅、修订，并负责了统稿工作。

柯文昌、张洁函、刘俊琳三位老师任本书的副主编。其具体分工如下。

柯文昌：新编了案例5、14、15、16、19、20、24、33、35共9篇，对彭于寿原编案例2、案例18、案例26和于家姝原编案例30的内容进行了更新和修订。

张洁函：新编了案例6、7、11、13、17、21、32、36共8篇，对彭于寿原编案例1、陈慧颖原编案例3、张发明原编案例28、于家姝原编案例29的内容进行了更新和修订。

刘俊琳：新编了案例8、9、10、22、27、31、34共7篇，对彭于寿原编案例12、案例25的内容进行更新和修订。

本书编写完成之时，正值2013年岁末与2014年岁初交会之季。部分案例所出现的"目前为止""上半年"等时效性字眼，均以2014年为时间基点，在此特加以说明。

我们真诚地感谢所有编写本书的合作者和业界同人，使用本书并提出宝贵意见和建议、为高职教育贡献力量的教师们，感谢为本书出版耗费心力的北大出版社桂春编辑和出版社的相关领导及部门，第一版的编写者张发明、姚一雯、于家姝和陈慧颖老师。

展望未来，我们一如既往地希望继续得到大家的关心和支持，尤其希冀大家对本书的薄弱环节及需改进之处，不吝赐教。我们愿意和大家共同为中国的高职教育贡献自己微薄之力！

编　者
2015年7月

本教材配有教学课件，读者如有需要，请加QQ群（279806670）或发电子邮件至zyjy@pup.cn索取，也可致电北京大学出版社（010-62765126）。

目录

01 案例教学基础 1
第一节 案例教学及其特点 3
第二节 案例教学的组织与实施 6

02 市场分析案例 13
案例1 营销环境分析案例 15
案例2 市场调研案例分析 23

03 购买行为分析案例 29
案例3 消费者购买行为分析案例 31
案例4 组织市场购买行为案例 38

04 STP战略案例 43
案例5 STP战略案例 45
案例6 市场定位案例 51

05 市场竞争战略案例 57
案例7 市场竞争战略案例 59
案例8 市场竞争战略案例 64
案例9 产品整体概念案例 71

06 产品策略案例 77
案例10 产品组合策略案例 79
案例11 新产品开发推广案例 87
案例12 品牌建设案例 93
案例13 品牌竞争案例 100
案例14 产品包装案例 105
案例15 定价方法与策略案例 111

案例16　价格战案例 ……………………………………………… 118
　　案例17　价格调整案例 ……………………………………………… 125

07　分销渠道策略案例 …………………………………………… 133
　　案例18　渠道建设案例 ……………………………………………… 135
　　案例19　渠道管理案例 ……………………………………………… 142
　　案例20　特许经营案例 ……………………………………………… 147

08　促销案例 ………………………………………………………… 153
　　案例21　人员推销案例 ……………………………………………… 155
　　案例22　营业推广案例 ……………………………………………… 161
　　案例23　广告促销案例 ……………………………………………… 166
　　案例24　公共关系危机案例 ………………………………………… 171
　　案例25　促销综合案例 ……………………………………………… 177

09　营销综合案例 …………………………………………………… 183
　　案例26　市场营销综合案例分析 …………………………………… 185
　　案例27　营销组合案例 ……………………………………………… 194
　　案例28　营销综合案例 ……………………………………………… 200
　　案例29　营销与法律案例 …………………………………………… 209
　　案例30　广告促销与法律案例 ……………………………………… 216

10　营销前沿案例 …………………………………………………… 223
　　案例31　整合营销案例 ……………………………………………… 225
　　案例32　关系营销案例 ……………………………………………… 231
　　案例33　事件营销案例 ……………………………………………… 237
　　案例34　文化营销案例 ……………………………………………… 242
　　案例35　体育营销案例 ……………………………………………… 249
　　案例36　网络营销案例 ……………………………………………… 255

01 案例教学基础

学习重点

1. 案例教学的概念、特点、意义和作用;
2. 案例教学的原则、方法和应注意的问题;
3. 撰写案例分析报告的一般方法。

本章概述

本章在介绍案例教学的特点和作用的基础上，对高职院校案例教学的特点进行了详尽的阐述，要求在组织案例教学之前，先行掌握案例教学的原则、方法以及应注意的一些问题，并学习撰写案例分析报告。

关键词

案例教学　原则　方法　分析报告

第一节　案例教学及其特点

案例教学在大学的运用起源于 20 世纪 20 年代美国哈佛大学的商学院，到 20 世纪 40 年代初具规模，形成包括选题、编写、应用、储存、建档等环节在内的、较为完整的案例系统。后来哈佛同其他高等院校建立了有关的校际联系，于 1951 年以"校际案例研究规划"的名义开展工作，并将案例教学应用于管理教学中。我国从 20 世纪 80 年代开始引入案例教学，1983 年案例考题开始出现在由当时国家经委（中华人民共和国国家经济委员会，简称经委，1998 年与国内贸易部合并为国家经济贸易委员会）组织的全国管理干部统一考试中。随着课程改革的不断深入，研究性学习的广泛开展，案例教学越来越引起广大师生的高度重视。

一、什么是案例教学

所谓案例，就是为了一定的目的，围绕选定的一个或几个问题，以事实为素材编写而成的对某一实际情境的客观描述。它具有真实性、完整性、典型性、启发性和时空性等特点。

案例教学，简单地说，就是以案说理，以案传道。案例教学法是指教师根据教学目标的需要，采用案例进行讲解及组织学生对案例进行研讨，引导学生从实际案例中学习、理解和掌握一般规律、原则、方法，从而有效地将理论知识和实践技能相互结合的一种教学方法。案例教学已经成为发达国家的高等院校《市场营销学》教学中普遍采用的一种教学方法。

二、案例教学的特点

一般来说，案例教学具有以下特点。

（1）目的性。案例教学具有明确的目的。这表现为：一是围绕一定的教学目的、任务选择和设计案例；二是案例教学本身主要就是为了提高学生发现问题、分析问题和解决问题的能力，同时培养正确的管理理念、工作作风、沟通能力和协作精神。

（2）真实性。案例本身具有客观真实性的特点。案例所描述的情境基本上都是真实的，即便是为了某种需要虚拟了一些情节，但基本事实也是真实的。

（3）综合性。案例教学的综合性强。这表现为：一是案例教学不同于课堂讲授中为说明某个问题的举例，它的内涵更丰富；二是对案例的分析、解剖以及解决问题的过程更为复杂。

（4）启发性。案例教学的启发性较强。案例教学不追求所谓唯一正确的"标准"答案，而是启发学生独立地去思考、探索，启发学生建立一套思考问题的方法和分析问题、解决问题的思维方式。

（5）准实践性。案例教学强调准实践性。虽然案例教学不能替代社会实践活动，但案例所提供的资料均来源于社会现实。因此，学生在案例的讨论和分析过程中，加深了对社会实践的认识，可从一定程度上提高自己的实践技能。

（6）主体性。案例教学突出学生的主体性。案例教学一改传统的以教师为主体的做法，将学生推到了前台，由学生进行一系列的调查、分析活动，教师则成为组织者和引导者。

（7）多元性。案例教学结果是多元化的。案例教学中，虽然提供给学生的情景和信息是相同的，但学生们得出的结论或解决问题的方法则可能是多样化的。

三、高等职业院校案例教学的特点

高等职业院校由于其教学任务和培养学生的目标的不同，其案例教学在内容上有自己的独特之处。

（1）渐进性。高职案例教学在内容上是渐进的，由易到难。对高职学生开展案例教学，一般从阐述概念性的、简单的、单一的案例分析开始，逐步过渡到复杂的、综合的大型案例研讨。

（2）完整性。案例的内容保持其完整性。所谓完整性，是指对选取或编写的案例不能就事论事。尽管强调要尽量选取学生所熟悉的案例，但高职学生的社会阅历和实践经验非常缺乏，其熟悉的案例实际上是非常有限的。因此，教师应提供相关的资料，或指导学生去查找相关资料。例如，分析对象是案例《红帮西服的前世今生》，学生分析讨论时，很多人会因为缺乏西服的相关知识，从而影响案例分析的质量。因此，事先提供"西服的基本知识"的资料链接，就会有助于学生对案例内容的熟悉和掌握，从而有助于其分析案例。对主动性较强的学生，如果指导其自行查找相关资料，对学生的锻炼意义则更大。学生查找、搜集相关资料，本身就是一个学习的过程。

（3）实用性。高职案例教学更注重实用性。2005年10月28日国务院在《关于大力发展职业教育的决定》中指出，职业院校要"以服务社会主义现代化建设为宗旨，培养高素质劳动者和高技能专门人才"。2006年6月14日中共中央办公厅、国务院办公厅在《印发〈关于进一步加强高技能人才工作的意见〉》中指出，"职业院校应以市场需求为导向，深化教学改革，紧密结合企业技能岗位的要求"确定课程设置。一句话，高职院校注重的是学生的技能培养。因此，案例教学中，对案例的遴选和编写，除了部分解释型案例（过去的经典案例也包括在内）以外，还会对相当部分的热点事件进行跟踪、分析，整理成为实验型案例，从而避免一味地对案例内容进行静态的描述和总结，使案例教学具备动态性，保持案例教学的活力。提高学生分析问题、解决问题的能力，这是案例教学实用性的表现。

（4）动态性和前瞻性。案例选择及问题设置具有动态性和前瞻性。所谓实验型案例就是对一个企业新实践、新流程、新技术的执行情况及其收益进行评价的案例，它的特点之一是企业的某项新活动刚刚发生或者发生已久但尚未完成，其结果还是未知的，甚至其意图也不甚明了。利用实验型案例可以设置许多前瞻性的问题，促使学生去探究其意图，分析未来的走向，由于事情仍处于动态发展中，使得讨论的问题充满了悬念，这就促使学生自觉地去关注事态的发展进程与自己的分析预测相差多远，这也使得讨论者在案例分析中不敢随意下结论。例如，针对2004年年末的"联想收购IBM全球PC业务"事件，教师可在提供的案例正文中，对其收购行为进行描述，还可链接竞争对手的反应、媒体的分析等背景资料。但是，这个事件只是一个开始，还有更多的悬念引起了各方的关注和研究。因此，除了设置"联想开拓国际市场的优势和劣势""收购IBM PC业务给联想带来了什么机遇"等常规问题以外，还设置了"联想收购IBM PC业务的真正意图是什么？""联想与IBM将会如何实现跨文化整合？""联想如何打造世界性品牌？"等前瞻性问题。又如，本书中，对人们关注的王老吉与加多宝事件分别在不同案例中都有专门研讨。但对于广药向多个领域扩张这个事实，同样设置了诸如"广药在接下来的与药妆、保健品等企业的合作中，应该如何展开整合营销？"等前瞻性问题。对这些问题，学生没有现成的资料可收集，必须深思熟虑，提出自己的观点，而且此后一直关注着事态的进展。这种方式使学生始终关注事件的发展并保持着较高的分析、预测的积极性。

四、案例教学的意义和作用

（1）案例教学可以引导学生积极思考。规范的市场营销案例一般都有分析引导，或者文字说明。恰当的案例提示，能够引发学生积极思考，充分调动其思维的积极性，在思考中自己得出结论。这样做的结果，无疑会加深学生对所学知识的理解。

（2）案例教学可以调动学生学习的主动性、积极性。市场营销案例教学，其目的是要学生掌握市场营销学的基本原理和知识，并能应用这些基本原理和知识去解释和说明市场营销活动中存在的具体问题，从而提高学生在市场营销活动中发现问题、分析问题和解决问题的能力。所以，这必然要求所选案例：一方面具有针对性，即市场营销案例涉及的问题是学生最关心、最希望了解的理论问题和实际问题，这样，学生就会感到学得懂、用得上，就会对此产生浓厚的学习兴趣；另一方面具有趣味性，即所选的市场营销案例要有情节、有趣味，能引起学生的好奇心，提高其学习兴趣，这样，学生也就有了学习动力，其学习的主动性和积极性就会被充分调动起来。

（3）案例教学有利于把理论与实践结合起来，提高学生的市场营销能力。市场营销案例教学是运用市场营销理论来科学解释和说明市场营销活动中的营销行为或存在的问题，这一点仅在市场营销案例的知识要点和分析引导中就可以体现出来。

（4）案例教学有利于全面检验学生的学习效果。全面检验学生的学习效果，无非就是全面检验学生能否将自己所学的市场营销知识用来解释和说明市场营销活动中的营销行为或存在的问题，这实际上是在检验学生对市场营销案例的分析能力。具体操作上，一般是通过案例分析的讨论或作业来检验，这些都是市场营销案例教学的基本环节。所以，实行市场营销案例教学有利于全面检验学生的学习效果。

五、案例教学课堂上学生其他能力的培养

一项调查结果显示，企业希望应届毕业生具备多方面能力。这些能力中，企业首先看重的是沟通能力，这一比例占被调查者的36.5%，其次是职业道德、团队精神和协作能力。

尽管一些学校可能开设有"商务沟通及实训"一类的课程，但学生的这些能力或素质的培养并非一朝一夕之事，因此其他课程也应该兼顾这方面的能力培养，其中，案例教学课堂是最有条件的。也就是说，案例教学不仅是为了达到培养学生发现问题、分析问题和解决问题的能力这个主要目的，还有提高学生综合素质的功能。这些可以从案例教学以学生为主体的特点，以及案例教学的组织方式中表现出来。

（1）沟通能力。通过班组讨论、沙龙式和情景模拟式的课堂进行培养。

（2）口头表达能力。通过个人陈述、辩论、答辩等形式进行训练。

（3）书面表达能力。通过撰写案例分析报告得到提高。

（4）团队精神及协作能力。通过小组讨论的组织、参与、协调和配合活动进行提升。

（5）应变能力。通过案例课堂的辩论、答辩、情景模拟等方式得到磨炼。

在案例教学中，可以将上述能力的训练纳入教学内容，在讲评和总结中应该涉及这些内容，并公开宣布将学生这些方面的表现作为评分的依据之一，纳入成绩考核范畴。

第二节　案例教学的组织与实施

一、案例教学应遵循的原则

（1）能力原则。传统教学的主要目的是让学生了解一定的知识，而实践教学的着眼点则主要是让人们知道如何行动。案例教学正是此二者的最佳结合，而且更注重学生能力的培养。能力，是案例教学的出发点和立足点，通过案例教学，培养学生的思维能力、分析能力、判断能力以及运用所学到的知识处理复杂问题的能力。可以这样说，案例教学不仅重视人的知识，更看重人的能力。

（2）实践原则。在案例教学中，学生一定要面对现实，一切从实际情况出发，作出分析，作出判断，而不是做不切实际的空想。摆在面前的案例，有血有肉，有时间，有地点，有人物，就是一个实实在在的现实，使学生完全处于一种实践之中。而且，案例教学的目的并不是给学生一个标准的答案，而是培养学生学会在实践中处理、解决各种问题的能力。简言之，

案例教学是"从实践中来，在实践中练，到实践中干"。

（3）参与原则。高度参与是案例教学的一个重要原则。只有学生积极参与，主动参与，案例教学才可能成功。换句话说，学生参与的程度可以作为案例教学得失的重要标志。在哈佛的案例教学中，课堂气氛十分热烈，学生们为争得发言机会，常常是互不相让，你抢我夺，有的学生甚至不顾教师的引导，仍然在那里唇枪舌剑。可见，在案例教学中，学生参与程度是任何其他教学方法所不能比拟的。

二、案例教学的基本教学环节

案例教学必须有一个完整的流程。就一个综合或大型的案例而言，一般将其完整的教学过程分为4个阶段，即案例引入、案例准备、案例讨论和总结评估阶段。

（1）案例引入阶段。这个阶段应在正式的案例课堂讨论前3～7天进行，首先是引导学生温习涉及本案例的主要知识点，使学生将所学知识正确地运用到案例分析中；其次，可以介绍案例的编写过程（包括编写时的一些逸闻趣事）或者案例的来源，介绍以前高年级学生讨论此案例的情形，揭示该案例讨论的难易度，以引起学生的兴趣或激发其动力；最后，提醒学生注意一些资料的链接，或者提示学生自己去查找相关方面的资料，以作为分析案例的补充资料。

（2）案例准备阶段。这个阶段应该要求学生自主进行案例分析的前期准备。它包括：粗读案例，熟悉案例的整体结构；精读案例，进入案例所描述的情境；查找相关资料，以作为分析案例的补充，使得案例的分析更完整、更准确；如果没有分组，则由学生个人进行初步分析，如果进行了分组，可由学生课余先期进行预讨论，讨论后如果发现需要补充资料，则继续查找资料，并进行再讨论。这个阶段的重要环节是安排主动性强、学习积极性高的学生充当组长或召集人。有了这个阶段，就避免了学生在正式讨论时对案例内容的陌生感。

（3）案例讨论阶段。这个阶段由教师在课堂上以各种方式组织个人或小组进行集中讨论，学生成为课堂的主角，教师则退居幕后或充当主持人的角色。

（4）总结评估阶段。这个阶段，教师再度充当主角，主要任务是从全局的角度总结案例分析讨论的成功与不足，今后应改进的地方和努力的方向，推动案例分析的深入。此后，学生小组或个人必须在课后撰写和提交案例分析报告，教师对学生个人或小组的分析报告综合性地给予意见，即评语和等级评定。评语主要是指出案例分析报告中的优点和不足。等级评定一般分为优、良、中、差4个等级，视案例分析的质量而定。

以上过程如下图所示。

这个过程保证了案例教学的完整性，保证了案例教学的质量。就商科高职的学生来说，一般不倾向于像哈佛商学院那样追求案例教学的数量（哈佛商学院学生平均一天要做3个以上的案例分析），而倾向于通过保证每个案例教学的完整性，从而提高学生的综合素质。

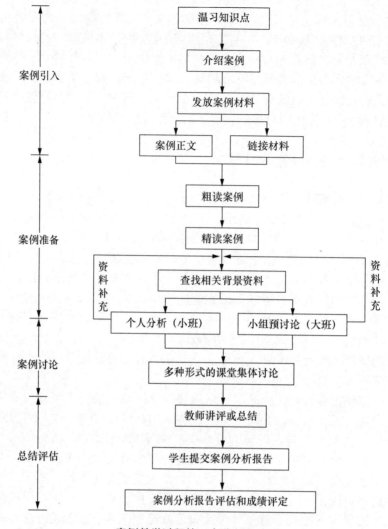

案例教学过程的4个阶段及流程

三、案例教学的课堂组织

案例教学的课堂不能是单一的。它必须根据学生、教师以及案例本身的特点进行组织。

案例教学最好以小班的形式进行，人数不宜太多，以便每个学生都能参与进来，充分发表自己的见解。但很多时候，由于教学条件所限，一些专业课的案例分析课不可能以小班的形式进行，为保证案例教学的效果，大班和小班的案例分析课在组织形式上应有所不同。

1. 小班案例分析课堂的组织

小班的案例教学课比较容易组织，通常有以下形式。

（1）个人发言式。这种方式就是在教师的主持下，每名学生依次上台，陈述自己的观点。

（2）沙龙式。这种形式放弃了"上讲台"的形式，师生围坐在一起，就讨论的主题畅所欲言。教师可以以"主持人"的身份参加，或者连主持人都不担任，而是指定一名学生做主持人。教师担任秘书角色做记录，到总结评估阶段才恢复教师角色。

（3）情景模拟式。有些案例涉及企业不同人物的活动，则可以由学生扮演案例中的角色，让学生进入不同的当事人角色中，去具体地处理或解决问题。这样，学生模拟了案例中的某一角色，既有新奇感，又可以"换位思考"。学生们通过模拟角色的发言、讨论甚至争论，切身体会所模拟的当事人可能的思想和行为，感受企业经营活动的过程。

2. 大班案例分析课堂的组织

大班的案例教学，最大的障碍是很难让所有或大多数学生都能参与进来。为了解决这个问题，可以使用以下方式。

（1）小组讨论式。将学生预先分为若干小组，按前面所述的流程，组长召集或主持本小组对案例进行预讨论，整理出本组的若干观点和意见。然后在正式的案例教学课堂上，小组之间进行交流和讨论。在此期间，可以由小组长或小组代表上台陈述本组观点，也可以小组集体上台（人数不多的情况下）分别陈述和补充，并接受质询。

（2）咨询答辩式。有些案例的主要问题是企业经营活动陷入僵局或者困境，或者是新产品上市、品牌推广等方面的内容。这种情况下，可以由学生自愿（不要求全部参加）做咨询式案例分析。通过诊断、探究问题，提出解决方案（甚至是一套完成的策划方案），然后在课堂上宣布。其他学生的任务是对这个解决方案提出质疑，由陈述人答辩。

（3）辩论会式。当案例分析出现两种截然不同的主要观点时，可以组织为两个阵营，展开辩论。这种形式气氛热烈，高潮迭起，是学生们所喜欢的方式。要注意的是，正反两方的人员不能人为指定，必须自然形成（人数也不需要相等）。

以上大小班的组织形式并非绝对分开的，只要组织得当，有些形式是可以互用的。

四、案例教学中教师的主要任务

在案例教学中，教师的作用很大，他既是教学的组织者，更是教学的引导者。教师要完成的主要任务如下。

（1）使讨论井然有序。在讨论继续开展之前，必须明确每一个观点，在黑板上记录可以帮助学生注意并记住其他同学提出的观点。这些观点可以是他们赞同的，也可以得到他们的修正或反对。

（2）提出切中要害的和关键性的问题。这些问题可以促使学生对某一问题进行更深入的思考，也可以使他们调整自己的视角，注意那些更为重要的问题。

（3）把学生个体的讨论意见集结在一起。对学生意见的重新表述、鼓励或汇总，可以帮助他们继续思考和改进他们的观点，也可以帮助他们更清晰地认识案例中的疑难问题，使有关解决问题的方案的想法更加具体化。

（4）要具有时间概念。小组讨论的时间至关重要，教师要注意运用这种形式有效地加以控制，要根据讨论问题的重要性来分配时间。

（5）要将自己置身于讨论之外。教师的任务是促成讨论，在讨论过程中，要尽可能让学生去发言、思考，作出决定。

（6）避免总是使用同样的案例。新奇和改进的案例可以增加学生的学习经历，而千篇一律总是让参与者大倒胃口。

（7）协助学生理清思路，使他们的观点更能站得住脚。如果学生的观点有一定的形成逻辑但不甚明确，教师可以通过提问、总结、鼓励同伴对他给予支持的方式，帮助他将自己的观点建立在更为扎实的基础之上。

（8）不要批评不同的意见。如果学生的看法不合逻辑，教师可以要求其他学生谈谈他们的看法。出现认识上的不同是正常的，对一个复杂的教学或学校管理的案例来说，极少出现只存在一种答案的现象。应该让所有学生都有展示他们观点的机会，并了解其他人的不同观点。

（9）当学生向教师提问时，教师应毫无保留地提出自己对一些问题的认识。

（10）如果教师经常对讨论予以总结的话，会增进学生的学习过程，这样的总结如果放在讨论的最后，效果会更明显。

（11）要完全掌握案例中所展示的全部事实。教师应该熟悉案例，并做好笔记，以便把握案例的重点内容，只有这样，才算对如何引导讨论做好了准备。

（12）仔细考虑教学参考书中给出的建议，如对案例的教学目标、案例中的难点和重点以及教学技巧等进行分析。

五、案例教学中应注意的问题

（1）案例教学法不能替代系统的理论学习和知识讲授。案例教学的优势是明显的，但也不是完美无缺。反过来讲，传统教学虽然有一定的局限性，但至少有两点是不容忽视的。其一，它的连贯性强。这对于某些学科的教学来说是至关重要的，如数学。其二，在一些人类智慧的结晶——重要的基本概念的灌输中，传统教学仍是必不可少的。

（2）案例教学法的实施要与整体教学环境相配合。要使案例教学充分发挥其功能，取得良好的效果，不但要求有高质量的教学案例，还要求教师具备相当的知识、经验和技巧，并需要花费相当多的精力和时间。这就要求在课时安排上要兼顾理论讲授与案例教学两者，并能在教学设施上创造条件。如果学校能够提供模拟仿真的环境，案例教学的效果会更佳。

（3）案例教学中教师要摆正自己的位置。长期以来，学生习惯了教师站在讲台上传授知识，而当教师到学生之中参加讨论时，学生仍感到有一种无形的界限，从而产生一定的消极影响。因此，教师要摆正自己的位置，一方面，理论讲课要深透；另一方面，走到学生中间，主动营造一种以学生为主体的环境氛围。在案例教学中，教师还应特别注意引导学生独立思考、分析问题，开拓他们的视野，使他们逐步克服学习上的依赖心理；努力加强学生各主要知识点综合应用能力的培养，使他们快速成长，满足社会经济发展对高质量人才的迫切需要。

（4）实施案例教学必须坚持"理论—实践—理论—实践"的思维方式，

切忌忽视理论知识的学习。现在有一种现象，一谈到案例教学就全盘否定理论知识学习的方法，认为案例教学就是不要学习理论，课堂上只要给学生几个案例讨论一下就可以了。这种做法是极其危险的，也违背了案例教学的宗旨。案例教学并不是不要理论知识，它强调在重视理论知识学习的同时，又要联系实际，用理论指导实际，在实际运用中提炼理论，但案例教学更重视学生实践能力的培养。

总之，案例教学体现了素质教育的宗旨，是一种行之有效的教学方法。它实质上属于研究性学习，能变被动为主动，变注入式为启发式，使学生处于积极参与状态，对于改进传统的教学方法、培养学生的创新能力并使之养成科学精神和科学态度具有极其重要的意义。

六、撰写案例分析报告

在案例教学的总结评估阶段，可以通过对案例分析内容的整理，撰写并提交案例分析报告。这个案例分析报告可以称为案例分析的书面成果。

案例分析报告并非对课堂上案例讨论与分析情况或结论的简单记录，而是对课堂讨论分析内容进行整理和再分析之后形成的书面报告。下面介绍撰写案例分析报告的一般方法。

1. 案例分析报告类型的确定

根据案例分析内容的单一性或综合性，案例分析报告可以分为专题分析报告和综合分析报告。

（1）专题分析报告。即根据案例选定的主题，集中分析某一个或数个问题所形成的分析报告。本书的第二章至第十章，就是分别围绕市场分析、购买行为、市场定位、竞争战略、产品策略、定价策略、分销渠道、促销策略和营销前沿理论而进行的某一个方面或某一个专题的案例分析，围绕这个专题撰写的案例分析报告就是专题分析报告。

（2）综合分析报告。即围绕营销这个大题目，对案例中所有的关键问题进行全面分析，分析内容不限于某一个方面。综合案例分析报告的撰写，基本涵盖了市场营销的所有内容，从市场的宏观、微观分析、市场定位分析、目标市场分析到营销的4P组合策略分析，直至对营销效果的总结、评价。

本书多数内容属于专题的案例分析，即便是第十章的综合性案例，也大多是重点介绍某一个或几个内容。因此，这里侧重介绍专题案例分析报告。

2. 专题案例分析报告的基本内容

基于某一主题进行的专题案例分析报告，一般应包括以下内容。

（1）案例情况概述。即对案例正文所介绍的内容进行归纳，简明扼要地点出将要讨论和分析的关键问题。

（2）整理案例分析内容。在案例分析的过程中，对问题的讨论可能是漫谈式的，或者是不系统的，甚至是零乱的。因此，报告的撰写者应该对讨论分析的记录进行系统的整理，做到在层次上清晰分明，在逻辑上环环相扣，形成较为完整的分析内容。整理时，如果有必要，可以辅之以图表等工具，力图使内容一目了然。

（3）观点总结。对同一案例分析，不同人或者因视角不一样，或者因分析方法不一样，所得出的结论也可能不一样。因此，撰写分析报告时，应该将不同方法的运用和不同的结论客观地进行总结，以利于人们进一步思考和探讨。

（4）结束语。案例分析报告的撰写者最后应该对案例分析过程的亮点和局限性进行适当的总结，并分析其原因，如因资料搜集全面而且充分使得案例分析较为深入，或者因时间仓促而未能深入分析，等等。

02 市场分析案例

学习重点

1. 福特公司内外部营销环境的分析；
2. 雀巢公司对市场需求特征的把握；
3. 营销环境、市场需求及营销策略调研与分析的方法和手段。

本章概述

　　本章通过福特和雀巢两大公司的营销环境分析和市场调研案例，引导学生深入思考企业内外环境对营销决策的影响，分析市场需求对制定营销策略的重要作用，从而促使学生对国内外企业的环境分析及市场调研进行比较。

关键词

营销环境　市场调研

案例 1　营销环境分析案例

一、知识要点

（1）市场营销环境是指影响企业营销活动，并与企业营销活动有潜在关系的所有外部力量和相关因素的集合。市场营销环境的内容很广泛，根据与企业的关系，可分为外部环境和内部环境；根据对环境的控制性难易程度，可分为可控环境和不可控环境。外部环境一般多是不可控因素，内部环境多为可控因素。根据营销环境的层次，可分为微观环境和宏观环境。

（2）企业微观环境包括企业本身、市场营销渠道企业（供应商、营销中介）、顾客、竞争者和各种公众，这些都会影响企业为其目标市场服务的能力和效果。

（3）市场营销的宏观环境包括六大因素，即政治法律环境、经济环境、社会文化环境、科学技术环境、自然环境和人口环境。

（4）市场营销环境分析常用方法为 SWOT 法。SWOT 是 Strength（优势）、Weakness（劣势）、Opportunity（机会）、Threat（威胁）4 个英文单词的首字母的缩写名词。其含义是帮助企业决策者在企业内部的优势和劣势、外部的机会和威胁的动态结合中，分析确定相应的生存和发展战略的一种实用而简单的决策分析方法。

二、案例正文

20世纪80年代以来福特汽车公司的营销环境

（一）福特汽车公司简介

福特汽车公司是世界最大的汽车企业之一。福特汽车公司创立于 20 世纪初，凭借创始人亨利·福特的"制造人人都买得起的汽车"的梦想和卓越远见，它历经一个世纪的风雨沧桑，终于成为世界四大汽车集团公司之一。到 2013 年，它拥有福特（Ford）和林肯（Lincoln）等世界著名汽车品牌。此外，还拥有全球最大的信贷企业——福特信贷（Ford Financial）、全球最大的汽车租赁公司 Hertz 和客户服务品牌 Quality Care。福特汽车在美国汽车市场连续 75 年保持销售量第二名，仅次于通用汽车，2007 年才因油价高涨，大型 SUV 休旅车与卡车销量减少，被丰田汽车超越，成为美国市场销售量第三名。2008 年，印度塔塔集团从福特手中以 23 亿

福特汽车

福特汽车商标

美元收购了捷豹、路虎品牌。福特汽车抛售马自达 26.8% 的股份。2009 年是中国第一次超过美国成为世界最大汽车市场的一年。2010 年 3 月 28 日,中国吉利汽车收购福特旗下沃尔沃(VOLVO)的轿车业务,并获得沃尔沃轿车品牌的拥有权。2011 年福克斯上市之后,仅 1 个月创造了近 2 万台的单月销量历史最高纪录,2011 年 1—10 月突破 15 万,达 156 217 台,较去年同期增长 13%。在中国,2010 年,福特在中国市场的汽车销量同比上升了 40%,增至 58.2 万辆。2010 年 10 月,福特汽车还将亚太及非洲区总部从泰国移到了上海。同年,福特开始了在中国市场激进的扩展计划,标志着福特发展全球重点开始转向了中国市场。福特计划到 2015 年会将其在中国市场的经销商数量扩大一倍,从目前的 340 家提高到 700 家以上。2011 年 3 月,福特在中国市场售出了 5.34 万辆汽车,同比增长幅度为 20%。

(二)福特汽车公司的内部环境

20 世纪 90 年代以前,福特汽车公司取得了令人瞩目的成功。它在所有汽车生产厂商中一直保持着最高的盈利地位,保持着高于行业的边际利润率,并且其销售额也保持了持续的增长。1988 年福特汽车销售额为 822 亿美元,比 1987 年增长 14%。公司的边际净利润率为 5.7%,高于行业平均值 4.5%。

1988 年,福特公司投资 48 亿美元用于新产品及设施,并且减少汽车业务的债务达 8.51 亿美元。公司还购买了 8.16 亿美元的福特公司普通股。同年,公司还增加了 46% 的股利,达到每股 2.30 美元,发放股利 11 亿美元。与每股收益 4.19 美元的行业水平相比,福特公司达到了前所未有的每股收益 9.53 美元。股东获得了他们投资额 26% 的回报。

1989 年第一季度,福特公司的市场份额为 23.4%,比前一季度增加了 1.6 个百分点。其余的市场份额分别为:占据领导地位的通用汽车公司(GM)占有 37% 的市场份额,日本公司占有 26% 的市场份额,克莱斯勒公司占有 10% 的市场份额,其余的 4% 属于其他公司。尽管这一消息对于福特公司来说是令人鼓舞的,但公司领导并没有因此就去庆祝一番。1989 年春天,福特公司宣布它将暂时关闭两家在美国的装配工厂,这是它自从 1983 年以来的首次停工。

福特汽车公司的流动资产情况要低于行业平均水平。福特公司 1988 年的流动比率低于行业平均值 1.35,其存货周转率也略低于行业平均值 13.2。尽管福特汽车公司的存货周转率低于平均值,但它通过较低数量的存货和准时化生产来运作,仍然在汽车领域取得了进展,这就确保了福特公司的生产每年能持续增长。1988 年年末,现金与可上市证券总额达 92 亿美元,比 1987 年降低了 9.33 亿美元。运营资本在 1988 年年末为 25 亿美元,比 1987 年降低了 5.87 亿美元。

在市场营销能力方面,如广告、促销、推销、分销等这些基本营销手段,福特和美国其他大的汽车公司远远落后于他们的国外竞争对手。在过去的 9 年里,只有两年美国汽车电视广告挤入观众调查的前 25 位之内。这两次分别在 1986 年和 1987 年,"雪佛兰"的"美国的心跳"广告运动分别排名第 11 位和第 15 位。

为了解决这一问题,福特与美国国内的一些公司开始求助于广告代理商以及诸如 General Mill 这样的日用消费品生产公司以增强其市场营销能力。福特公司希望这些举措能让其领导广告业，制作出能与丰田、日产公司做的那些时髦的、引人注意并给人留下深刻印象的广告相竞争的广告。日本的汽车公司取得如此成功的一个重要原因就在于它们长期的一致性。丰田公司自 1976 年以来对其广告主题仅改变了两次。

一个随之而来的困境就是有奖销售或折扣的应用似乎失去了它的光彩。消费者对折扣的反应逐渐冷淡。除此之外，这种方法对于生产厂家来说也要花费很大费用。尽管自 1978 年以来福特公司拥有较强的销售队伍和最大的市场份额，但在 1989 年第一季度，福特公司的利润下降了 5.5%。

福特公司开始转向利用一些其他手段来提高其市场影响力。消费者对于汽车推销员一直就持有否定的态度，福特公司试图改变这一形象，并在经销商行为中起到更积极的作用。超级经销商出现了，这些人在许多分店销售多种汽车，他们的目的就是要使品牌形象变得模糊。而且，这些经销商通常不愿意经销新的品牌，而更愿意支持那些经受住考验并证明是好的汽车。只有通过更具创造性的营销和更具影响力的宣传，福特公司才有希望促使经销商支持它的新式样和新设计。

日本的汽车生产厂家一直投资于生产设施以保持其竞争力，福特公司同样如此。通过比较，福特公司与通用公司设施的平均生产寿命约为 10 年；克莱斯勒公司平均为 12 年。为保持竞争力，福特公司不仅于 1988 年投资 48 亿美元建设新厂，而且 1990 年以后还不断增加生产设施的投资。

这样，福特公司的生产设施只需较少的人员就能生产更多的汽车。1987 年，福特公司世界范围生产能力增加了 11.3%。更进一步地讲，这一改进能使福特公司的雇员从利润分配中获得平均 3700 美元的收入。然而，仍然需要做更多的改进。福特公司必须做出更大的努力来降低其总的生产成本，举例来说，福特公司销售每辆汽车的劳动成本约占总成本的 20%，在其竞争对手中居第 5 位：克莱斯勒 17%，本田 18%，日产 18%，丰田 18%，福特 20%，通用 22%。为克服这种低效率，福特公司计划以更低的库存和更准时化的生产来利用其设施及设备。除此之外，福特公司还计划应用计算机控制的机器人，配合使用以精确检测为目的的红外线和超声波技术来辅助生产过程。

（三）福特汽车公司的外部环境

1. 竞争状况

20 世纪 80 年代，汽车行业竞争的主要企业是三家美国大公司——福特（Ford）、通用汽车公司（GM）、克莱斯勒公司（Chrysler）和三家日本公司——本田（Honda）、丰田（Toyota）、日产（Nissan）。

与美国三大汽车公司相比较而言，日本的汽车公司使用了高技术从而控制了成本。然而，美国三大汽车公司却在生产系统的现代化方面进行了大量投资，并与外国公司合作以使公司变得更有效率。例如，福特与马自达合资生产 Probe，克莱斯勒与法国雷诺公司合资生产微型车，克莱斯勒与现代公司将生产一种新型的中型车。

美国公司正采取措施收购以国外为基地的小公司，以使产品线更加多样化，并且利用小公司的独立精神和创造力。日本公司正在大量投资美国工厂以避开进口限制;欧洲的公司也在做类似的事情来避开在1992年欧共体形成一个真正的共同市场后那些新的严厉的贸易制度。

由于汽车工业增长较为缓慢,各公司普遍采用折扣和其他的优惠政策以刺激消费增长,而且日本公司更是以质优价廉的产品吸引了许多美国顾客。

以上几大公司20世纪80年代后期的销售额如下表所示。

几大汽车公司的销售额

公司/财政年度末	汽车销售额(百万)
通用/1988.12	110 228.5
福特/1988.12	82 193
克莱斯勒/1988.12	30 650
丰田/1988.6	39 080
日产/1989.3	29 717
本田/1989.3	18 527

这个时期,规模经济限制了任何主要竞争者加入汽车工业,而且汽车生产的资金要求极大地增长,使得新进入市场的可能性越来越小。机器人和其他自动化技术的发展有望控制成本。然而,开发和实施这些自动化技术需要巨大的先期项目成本、研究和开发成本以及高精尖的技术人才。

在政府方面,对尾气排放及油耗的政策将进一步限制新加入者进入市场。1990年,美国汽车的平均经济油耗为27.5英里/加仑。

2. 供应商

单一供货来源和制造系统中用户与供应商的合作关系保持着增强趋势。

(1)日本、美国和欧洲主要的汽车零部件供应商纷纷开始在其他国家建厂。

(2)与供应商订立长期合同变得越来越普遍。

(3)通用汽车公司和它的两个主要的资本设备供应商签订了无限期的长期协议。

(4)克莱斯勒公司和几家主要的工具生产公司已经订立了5年的合同。

3. 客户

激烈的竞争、滞销和随之而来的较高存货水平,使得各公司与客户间经常出现以下情况:

(1)为了吸引客户,各厂商竞相降价并给予折扣。

(2)客户在相当程度上可以对售价、担保及其他服务项目进行讨价还价。

(3)公司管理者逐渐采用服务等级来衡量销售绩效,这些等级常常用来决定经销授权的机会、获得广告基金和其他经济优惠的标准。

4. 替代产品或服务

(1)主要的大公司不能像小的专业汽车公司那样提供一个合适的细分市场。

(2)大城市居民面对日益增长的购车、保险、停车和维修费用等,纷纷转向使用公共交通工具。

（四）政治、经济、社会及技术环境

1. 政治环境

对汽车制造商们来说，20世纪90年代标志着一个日益增加的政府管制制度和环境上的压力的新纪元，促使他们提高燃料效率、安全标准和污染控制水平。净化空气的要求、全球变暖及新油耗标准的出台都将给福特公司的新产品计划蒙上阴影。

然而，全球还将会有更大的变化发生，如1992年欧洲经济统一、东欧剧变、中国市场经济的巨大潜力。

在欧洲和澳大利亚，福特公司有着巨大的市场潜力，销售网遍布两大陆，并且在英国、德国、比利时和西班牙都有组装厂。为准备在欧洲1992年以后的发展，公司在20世纪90年代初收购了英国的美洲豹股份有限公司，并有意在瑞典的SAAB汽车公司中获得一部分股份。

福特公司还拥有日本马自达汽车公司25%的股份。随着汽车工业变成真正国际行业，福特公司还将在国外寻求合资伙伴。

东欧政治上的变化可能会打开了一个巨大的、未开发的汽车市场，劳动力市场也很有利，贸易、投资和销售的机会将会改进。然而仍有极少一部分人认为事情不会发展那么快，因为政治局势还不稳定，而且基础设施不完善和缺少硬通货也是一个不可忽视的问题。但美国、欧洲和日本的公司已在筹划和东欧的官员谈判，意图分享市场份额。

在中国，20世纪80年代的汽车工业发展的前景不是很明朗，福特公司在中国这种情况下并未采取任何明显的行动。但到90年代，福特1995年就以ADRs发行B股方式持有江铃20%的股份，进入中国商用车市场。1997年，江铃/福特成功推出中国第一辆真正意义上中外联合开发的汽车——全顺轻客。1997年，福特汽车公司开始在中国生产、销售商用车，2003年开始生产、销售乘用车。2001年4月，世界领先的汽车公司——福特汽车公司和中国的百年企业——长安汽车集团共同签约成立了长安福特汽车有限公司（长安福特），并于2003年年初正式投产。2006年3月，马自达汽车公司参股长安福特，公司正式更名为"长安福特马自达汽车有限公司"（长安福特马自达汽车），三方持股比例为：长安50%，福特35%，马自达15%。10年间，长安福特马自达生产并销售了超过130万辆福特品牌汽车。随着中国汽车市场的快速发展，福特公司也开始大举进军中国市场，2008年，福特在中国投资580万美元，长安福特马自达的注册资本增加350万美元。截至2010年年底，福特及其在华合/投资企业在中国的员工总数超过20 000名。福特高层认为，中国政府正致力于控制通货膨胀，保持经济增长趋势不偏离轨道。为此，福特将进一步加大亚太地区尤其是对华投资和技术输出，将最好的车型和技术引入中国。福特当时的CEO穆拉利特地提及可能将旗下林肯豪华车品牌再次引入中国。2012年6月份福特汽车在华共计批售汽车52 440台，同比实现增长18%，其中乘用车销量同比上升达28%，连续3个月创单月销售纪录。

2. 经济环境

影响汽车工业和福特汽车公司成长的经济因素有利率、汽车价格的上涨、美元的价值和美国总体的经济大环境。

为了预测经济的变化，福特公司的经济学家和其他的经济分析人士分析了许多经济变量或"主要的指标"，其中一些指标包括批发和消费价格指数、耐用品订货量、消费者负债量、GNP 增长、利率。通常这些变量在复杂的经济预测模型中作因变量来模拟经济以及准确地预测经济趋势。

福特公司主要的几个经济学家预测 1990 年经济以 1.5% 的速度缓慢增长，头半年的状况是通货膨胀和失业率上升，利率下降，美元相对疲软。从长期看，汽油价格预计将持续上涨，生产费用将用于保证安全性、控制污染和油耗上。

享有"汽车大王"之美誉的亨利·福特

在北美装配的日本轿车的数量将很快达到每年 200 万辆，将会出现供大于求，这可能威胁美国汽车市场的价格结构并且给美国市场上各商家的收益带来负面影响。尽管多数经济学家认为美国经济的下降趋势不可逆转，美国商业部预言新车的销售量在 1990 年将下降 1.3%，但此后将逐年增长，直到 1994 年。福特公司认为，在未来很长一段时间，美国汽车市场的销量是非常低的，只有 1 000 万。所以在 2020 年之前，公司 60%～70% 的增量来自亚太非地区，其中中国占整个亚太区市场的 60%。

2008 年，全球金融危机爆发，作为美国三大汽车企业中，唯一在最近这场金融危机中没有受破产保护的企业，福特去年全球销量达到 531 万辆（不包括沃尔沃），其中美国市场销量为 193.5 万辆，同比增长 19%，市场份额上升至 16.4%；全年实现净利润 65.6 亿美元，较上一财年增长 1 倍以上，创 10 年新高。2009 年更集中出现众多重大变故，使汽车工业进入第二个发展时期。美国市场被亚洲厂商控制，菲亚特收购了克莱斯勒，中国吉利收购了沃尔沃。受到 2008 年金融危机的影响，福特公司高层把更多的精力和资金投放到了美国本土业务，因此错过了中国市场增长最快的一波行情。

3. 社会环境

20 世纪 90 年代的社会和经济趋势研究表明，汽车工业总会有大量的购买者，他们有购买的倾向，并有购买新车的财力，其中三种人群对汽车工业来说具有特殊的意义，他们分别是人口快速增长时期出生的人群、妇女和老人。

第一类群体会有更多的自由收入来购买汽车，而且有相当一部分人会购买豪华车或跑车。他们和老人对娱乐型车的需求也将有所增加，而对货车和微型货车的需求有所减少，因为他们的家庭已经成熟。然而，第一类群体中的蓝领阶层细分市场更喜爱美国车和国产的微型货车。

将有越来越多的妇女购买新车，并有望在汽车市场上表现出与男人相同的购买力。20 世纪 90 年代汽车市场的成功将在于向这类妇女做广告。

最后一个显著的群体是 55 岁以上的老年人，他们占了新车消费者 25% 的比例，并且这个比例还将升高。老年购买者倾向于驾驶的安全和方便，包括警告欲睡司机的电子系统、不刺眼的表盘和简化的电子控制设备。

4. 技术环境

未来的汽车将变得更加容易操作，并装有智能系统：快速敏捷的计算机会使发动机和传送系统的运转更加高效；电子悬浮系统、雷达障碍扫描系统会帮助司机避免车祸；导向系统在荧屏上显示各种可选择的路线，以帮助司机避免交通堵塞。自动变色玻璃和红外系统可提高夜间的可视度，刹车防抱死系统、安全气囊和牵引控制将会标准化。

塑料的使用将会增加，因为其重量轻，相对钢材价格便宜，并且不会腐蚀。通过运用计算机来设计模型和样车，将会成为未来的趋势。福特汽车致力于生产更多混合动力车，还有插电式混合动力车、纯电池电动车。在新能源方面，福特通过一个平台把一系列车型同时电气化。比如福克斯这种车型，福特在全球其他一些工厂，在同样一条生产线上面，可以生产汽油机、柴油机、混合动力车、插电式混合动力车和纯电动车。人们想要的车型，就是线上的车型。不管什么类型的车，不管客户想要什么，都以非常快的速度和非常低的成本来提供柴油机、汽油机、混合动力车、电动车等产品。

目前，福特投资5亿美元的发动机工厂也正在重庆建造。福特还将和江铃在南昌建造一座投资为3亿美元的新总装厂。目前，福特正在亚太和非洲区兴建7家新工厂，其中4家在中国，这些新工厂全部建成后，重庆将成为福特汽车公司除底特律之外最大的制造基地。2013年第4季度，长安福特马自达汽车变速箱工厂将建成投产。新工厂拥有世界先进水平的变速箱生产线，生产先进节油的6速自动变速箱，初期设计年产能可达40万台。其产品将主要用于配套长安福特马自达汽车的重庆生产基地。

主要参考资料

[1] 边伟. 汽车及配件营销[M]. 北京：机械工业出版社，2005.

[2] 杨锡怀等. 企业战略管理——理论与案例[M]. 北京：高等教育出版社，2004.

[3] 比尔·福特. 福特汽车公司发展史[EB/OL]. http://site.doun.com/158418/widget/notes/8382811/note/216410079/.2007-02-08.

[4] 苏蔓意. 汽车工业百年发展史启示录[EB/OL]. http://auto.sina.com.cn/news/2003-07-11/40986.shtml.2003-7-05.

[5] 周和双. 福特中国快跑 穆拉利还有新想法[EB/OL]. http://www.eeo.com.cn/2013/1025/251126.shtml.2013-12-5.

三、分析与讨论

（1）20世纪80年代，美国经济和工业很不景气。以日本汽车为主的进口汽车侵占了福特、克莱斯勒以及通用汽车公司三大巨头的市场份额。福特公司在这种情况下，必然进行深入细致的环境分析，以寻找市场机会，通过发挥自身优势，扭转困局，求得新的发展。

讨论题1： 根据案例所给的资料，运用SWOT分析方法分析20世纪80年代福特汽车所具备的优势、劣势，所面临的机会和威胁。

（2）1987年，福特收购了阿斯顿·马丁的主要股份，在林肯品牌之外又拥有了第二个豪华品牌。1989年，福特又以16亿英镑的价格收购了捷豹品牌，10年之后，它又将沃尔沃品牌收归旗下。2000年，福特又从宝马手中买下了路虎品牌。然而这些欧洲豪华品牌不仅没给福特带来多少利润，反而让福特背上了沉重的包袱。从收购捷豹开始，福特的销售业绩就始终没有大的起色。随后两年，福特销售额更大幅下滑，市场份额也有所流失。

2007年，对福特来说，注定是"分手"之年，继2007年3月以9.25亿美元将旗下的阿斯顿·马丁品牌出售之后，2008年3月26日，捷豹和路虎被印度企业界的巨人塔塔集团旗下塔塔汽车公司收购，VOLVO也于2010年3月28日被中国吉利公司收购。

讨论题2： 在当时的环境下，福特对一系列豪华品牌的收购行为有无不妥？为什么？

（3）福特公司在20世纪80年代的环境分析中，并不看好中国汽车市场，认为"由于中国经济还不够发达，所以汽车工业的获利可能会更慢些"。通用等公司当时也持同样的观点。如今，随着中国经济的起飞，特别是中国加入WTO后，中国汽车市场已经繁荣起来，国际、国内众多的汽车品牌在中国市场各领风骚，竞争异常激烈。中国汽车市场已成为世界最重要的市场之一。

讨论题3： 分析目前中国的汽车市场营销环境。

（4）中国汽车市场对于各路巨头来说不可忽视，因为其仍然是最具生机的市场。经历几年的探索，跨国巨头们在中国市场的布局已经越来越细密。面对强大的外资品牌，我国自主汽车品牌也毫不示弱。来自中国汽车工业协会的统计显示，2006年前10个月，自主品牌轿车的国内市场份额已升至26.4%，首次超过日系、韩系、德系、美系和法系品牌，位居第一。目前正是自主品牌发展的黄金期，政策也正在向自主品牌倾斜。2012年2月，工信部与国务院机关事务管理局、中共中央直属机关事务管理局下发党政机关公务用车目录，入选的全是自主品牌。2013年2月发布的党政机关公务车配备使用办法明确规定，党政机关应配备使用国产车。业内估计，每年政府公车采购量在百万辆。徐留平表示，中国企业必须把握这次机遇，中国品牌的市场占有率在未来10年可以向30%、40%前进。

讨论题4： 其他外资品牌汽车在中国目前的环境下发展情况如何？这些外资汽车品牌应该如何适应中国的环境？

四、教学组织建议

讨论题1、2小组讨论。讨论题3、4可以在课堂进行公开答辩。

案例2　市场调研案例分析

一、知识要点

（1）市场调研是指企业运用科学的方法和手段，对企业的营销环境及其发展趋势进行有目的、有计划的调查研究，为市场预测和企业营销决策提供依据。

（2）市场信息是资金、原料、设备和人才之外的第五资源，在企业营销中具有举足轻重的地位。它对于把握消费者的需求，制定正确的产品、价格、营销渠道和促销策略，选择目标市场，保持和扩大市场占有率，达到企业的营销目标等都具有重要意义。

（3）市场调研的内容通常包括顾客需求、营销环境、营销策略三大部分。

（4）调研的方法通常有两大类：一是实地调查法（对原始资料进行收集，包括询问法、观察法和实验法）；二是资料调查法（对二手资料的搜集和分析）。

二、案例正文

专注于市场的"雀巢"

（一）"雀巢"的诞生

远在19世纪的后拿破仑时代，欧洲仍处于动荡不安的战争时期。欧洲各国忙于穷兵黩武，忽略人民生计问题。长期的战乱与内忧外患导致民众生活品质的恶化。卫生环境不佳，医疗资源普遍不足，导致初生婴儿的夭折率因为营养不足而高居不下。以瑞士为例，一岁以下的婴儿死亡率高达20%，这在21世纪的发达国家里是难以想象的（尤其是当今福利制度居于世界之最的瑞士）。

当时，在瑞士日内瓦湖畔的一个名叫维威（Vevey）的小镇上，药剂师亨利·内斯尔（Henri Nestle）有鉴于此，尝试发明一些食品，能提供婴儿们所需要的营养，以挽救众多的小生命。他做了许多实验，从母牛身上取出新鲜牛奶，再加上他精心发明调制的谷类粥，制成一种可让幼儿食用消化及吸收的牛奶及谷类粥混合饮品。于是全世界第一瓶幼儿专用的"奶麦食品"诞生了。当时亨利·内斯尔先生目标先是设定在年龄较大的婴儿身上，并未尝试将他的发明用于初生婴儿。后来，当地有一位叫韦纳的先生，他的太太病得很重，无法亲自哺乳他们的小孩。而且韦纳夫妇的婴儿又不幸早产一个月，身体欠佳,又不肯进食。韦纳夫妇在无计可施之下,碰巧知道了亨利·内斯尔先生的新产品,就试着给这个出生只有15天的婴儿喂养这种食品,结果取得了出人意料的成功。从那天开始,韦纳夫妇就用这种食品喂养自己的宝贝,而且宝贝的健康情况非常好。这个消息不胫而走,轰动了当地。当地许多父母亲纷纷向亨利·内斯尔先生订购这种婴儿食品。

于是,亨利·内斯尔先生就在1867年,约50多岁时成立了自己的公司。亨利·内斯尔以他的名字Nestle作为其产品的品牌名称,并以鸟巢图案作为商标图形。因为英文雀巢(Nest)与他的名字为同一词根,所以中文一并译为"雀巢"。实际上,Nestle英文的含义是"舒适安顿下来"和"依偎";而雀巢图形自然会使人们联想到慈爱的母亲哺育婴儿的情景。因此,"雀巢"育儿奶粉的销路一直很好。

这便是雀巢公司的发端。如今,它是一家在全世界83个国家拥有461家工厂,大约33万名员工,制作和销售8 500种产品,营业额达922亿瑞士法郎(2012年财政年度)的大型跨国食品企业。

(二) 雀巢速溶咖啡的诞生与推广

雀巢品牌商标

在雀巢咖啡之前,人们一直要通过煮咖啡才能尝试到咖啡的美味,既费时又费力。当划时代的雀巢速溶咖啡面世时,改变了这一结果,使喝咖啡成为一件可以快速完成的事情。这种世界上第一种能够用水冲溶咖啡的开发,花费了设在瑞士韦威的雀巢公司实验室科学家们8年时光。

1930年,巴西咖啡研究院向雀巢公司主席路易斯·达波尔(Louis Dapples)传达了这样一个信息:巴西生产的咖啡豆过剩,积压大量咖啡是一件非常糟糕的事情,希望能够继续开发出新的产品以促进销售。雀巢随后开展了这一研究,直到1937年,当拿出了雀巢版本的咖啡粉的时候,这些瑞士科学家们发出了如同阿基米德发现王冠纯金量一样的欢呼。他们欣喜于工艺的突破给传统喝咖啡方式带来的革命,他们坚信这种基于新的工艺给顾客带来便利的新产品在市场上必然获得消费者的追捧。

这种被称为"速溶咖啡"的产品陆续投放到各地市场,并突出宣传其简单、方便的特点。但市场效果并非如当初预料的一上市即受追捧。20世纪40年代,速溶咖啡投入美国市场后,销路明显不畅。于是,雀巢公司请调研专家进行研究。他们先是用访谈的方法直接询问,很多被访的家庭主妇回答说,不愿选购速溶咖啡是因为不喜欢速溶咖啡的味道。但是在试饮中,主妇们却大多分辨不出速溶咖啡和真正咖啡的味道有什么不同。这使得雀巢的专家们十分郁闷。

为了找出家庭主妇们不接受速溶咖啡的真正原因,雀巢的研究人员再次进行了调查。他们设计出两张几乎相同的购物清单,唯一的区别在于两者上面写了不同的咖啡。然后把清单分给两组可比性的家庭主妇,要求她们评价清单持有人的特征。结果差异非常显著:读了含有速溶咖啡购物单的被访者,绝大多数认为,按照这张购物单买东西的家庭主妇是个懒惰、差劲、浪费、蹩脚的妻子,并且安排不好自己的计划;而看到含有咖啡豆购物单的被访者则认为,按照这个购物单购物的家庭主妇是个勤俭、称职的妻子。由此可见,当时的美国妇女存在一个共识:作为家庭主妇,担负繁重的家务劳动乃是一种天职,任何企图逃避或减轻这种劳动的行为都应该遭到谴责。速溶咖啡之所以受到冷落,问题并不在于自身,而是家庭主妇不愿让人非议,想要努力保持社会所认定的完美形象。

谜底揭开以后,雀巢公司首先对产品包装作了相应的修改,比如使密封十分牢固,启开时比较费力,这就在一定程度上打消了顾客因为用新产品省事而造成的心理压力。在广告中也不再强调简便的特点,而是宣传速溶咖啡同豆制咖啡一样醇香、美味。很快,速溶咖啡销路大增,成为西方世界最受欢迎的咖啡。第二次世界大战时,它在美国的工厂产量超过了100万包。战争使对雀巢咖啡的需求达到了顶峰,雀巢咖啡的总销量从1亿包上升到2.25亿包。

(三)准确把握市场并满足消费者的需求

众所周知,现代市场的变化主要体现在市场的划分越来越细和越来越个性化两个方面。从市场营销学的角度看,企业的盈利机会都是以消费需求为转移的,因此,消费需求的变化必然潜藏商机。

基于上述认识,雀巢咖啡的口味在各个国家都是不相同的。雀巢公司在不同国家的分公司都是在坚持雀巢咖啡产品理念的前提下,按照所在地区消费者的口味习惯,决定本地产品的口味。他们先是进行消费者调查,然后将得到大多数人认可的样品送到公司本部审查,获得通过后方能冠上雀巢咖啡的品牌。这得益于雀巢公司的模块组合战略。

雀巢公司旗下品牌

所谓模块组合战略,就是将公司的营销部门划分成直接运作于市场的多个规模较小的经营业务部门,灵活运作于市场,及时作出应变决策,各经营业务部门虽具有独立性,但服从于企业的总战略。在雀巢公司的模块组合战略中,各分公司就是作为一个模块,独立运作于所在的市场,有权采取独特的策略,但又接受公司总部的协调。

具体来说,雀巢公司经营中所表达的就是想法要和市场实况连接在一起,采取的行动和手段都力求能合乎当地的需要和要求。正因为如此,公司产品中仅雀巢咖啡就有100多个品种。各模块(分公司)基于自己的市场具有独立性,但又与其他模块相互联系,共同组成企业的"大块"结构。雀巢公司将其总市场分成各模块市场,每一模块市场由相应模块来负责,从而可以更准确地把握市场动态,满足市场需求。

雀巢公司拥有自己遍布全球的20家研究机构,广泛进行消费者偏好调查。例如,公司意识到亚洲人对食品有着更高的标准要求,他们不希望只图方便而降低要求(其中对方便面和速溶粥是一个例外)。因此,雀巢生产出调味料和肉汁,可以储存起来在烹饪时拿出来使用。

（四）雀巢在中国的发展

20世纪70年代末，雀巢公司决定再次进军中国（1908年，雀巢公司曾在上海开设过它在中国的第一家销售办事处）。当时中国的国情与雀巢所熟悉的环境相差甚远。但为了在中国出售牛奶和咖啡，雀巢还是选择了进入中国，这是个冒险的决策，因为它早已超出了产品销售的范畴，在某种程度上是在与中国的古老传统进行对抗。

1989年，雀巢公司考虑在广州东莞建立咖啡生产企业的时候，就开始在中国寻找可能的原料供应地。经过深入的调查研究发现，云南省思茅地区属于亚热带山地气候，海拔在1 000～1 300米的高山地带，年降水量1 350～1 750毫米，赤红壤，pH值在5～6.5，是全球北回归线附近最适宜种植小粒种咖啡的地方。因此，雀巢公司将其未来的原料供应地锁定在云南省思茅地区。

相比原材料供应问题，拉动中国消费者市场对咖啡的需求，对雀巢公司而言，则更为艰巨。

市场调研结果表明，中国是茶文化当道。中国是世界上最早种茶、制茶和饮茶的国家，是茶文化的发祥地。因此中国茶文化有着悠久的历史、丰富而浓郁的内涵。

面对中国人传统的喝茶习惯，雀巢首先做的是培养中国人喝咖啡的习惯。雀巢用广告等多种手段，来宣传喝咖啡是一种时尚、潮流，成功地吸引一群年轻人选择了咖啡。品尝雀巢咖啡，代表的是体验一种渐渐流行开来的西方文化。"味道好极了"的广告运动持续了很多年，尽管其间广告片的创意翻新有过很多次，但口号一直未变。直到今日，说起"味道好极了"，人们就会想起雀巢咖啡。

20世纪90年代后，雀巢公司再次通过大量的调查，对中国年轻人的生活形态进行深入细致的研究。他们发现年轻人渴望独立但并不疏远父母、渴望接受新事物又保留传统的伦理观念。雀巢敏锐地感受到年青一代的生活形态的微妙变化，广告口号变成了"好的开始"。广告以长辈对晚辈的关怀和支持为情感纽带，以刚刚进入社会的职场新人为主角，传达出雀巢咖啡将会帮助他们减轻工作压力，增强接受挑战的信心。这种社会背景也成了雀巢咖啡"好的开始"广告的沟通基础。

雀巢公司在中国市场的其他产品，也坚持市场调查先行的原则。雀巢的饮用水业务原本就是强项，遍及全球130多个国家，拥有60多个产品品牌。雀巢公司经过调查得出结论：随着中国居民生活水平的提高，瓶装饮用水市场呈现巨大发展潜力，中国成为世界瓶装水消费大国。而且中国幅员辽阔，表现出北方人喜欢纯天然水质，南方人爱喝甘甜绵软的纯净水等消费特点。

于是，雀巢公司审时度势，迅速准确地将产品类型划分为南北两大块。并在天津盘山脚下和上海分别建立天然矿泉水和纯净水两个现代化生产基地。其中天津蓟县盘山的生产基地，雀巢用了三年的时间考察水源，正是这种"特立独行"的做法，使得雀巢中国区的业绩以两位数的幅度增长。与此同时，雀巢的长线计划正变得清晰起来，在多数城市，"雀巢"的概念已经融入了本地文化之中。

进入21世纪，年轻人的观念在飞速地变化，此时，及时把握市场脉搏成为企业继续生存的关键。通过再次对年轻群体的调研，雀巢发现成长起来的"80后""90后""00后"追求新鲜、好玩、时尚，并且乐于分享。于是，推出了"像香蕉一样剥开吃的冰激凌"——笨NANA。并且通过选择了腾讯QQ、腾讯微博、微信及腾讯游戏等方式进行了推广，在游戏过程中，用户可以随时将自己的游戏体验和成果分享至人人网、豆瓣网、新浪微博等社会化媒体平台，形成多平台的互动传播。这一创意十足的产品自推出后便成为冰激凌行业2012年的明星产品。经过雀巢公司数字营销部门的周密布局与运作，这款从外观到名字都很惊艳的冰激凌一推出市场，就获得了极高的关注度和曝光率。这种全新的营销推广方式也正是雀巢在进行了周密的市场调研之后的结果。

一直以来，雀巢非常注重产品的本土化发展。2013年10月22日，雀巢咖啡在中国内地市场首次推出一款拥有个性设计的胶囊咖啡机——雀巢咖啡Dolce Gusto多趣酷思。虽然它是一个全球品牌概念，其相关技术和产品也都是国外进口，但是并不代表雀巢咖啡将其国外的经验照搬到国内市场。雀巢大中华区咖啡业务部资深副总裁葛文先生表示："雀巢咖啡Dolce Gusto多趣酷思是雀巢咖啡历史上最具创意的产品之一。中国的咖啡市场正在蓬勃发展，已成为雀巢咖啡最为重要的战略市场之一，我们非常荣幸可以把这一风靡欧美的创新体验带给中国的消费者。"通过对中国消费者的调查，雀巢发现中国人除了喜欢品茶之外，很多年轻人还非常喜欢奶茶这种休闲饮品，针对这种情况，雀巢专门推出了港式奶茶风味的咖啡胶囊供消费者选择，也是其专门针对中国消费者推出的口味。

如今，"雀巢"已成为在大中华地区消费者心中最驰名、最信任的外国品牌之一，该品牌覆盖了一系列按照国际质量标准制造的产品，包括奶粉、液体奶、酸奶、婴儿配方奶粉、婴儿米/麦粉、甜炼乳、成长奶粉、早餐谷物、速溶咖啡、咖啡伴侣（植脂末）、冰激凌、巧克力和糖果、瓶装水、饮品、鸡精和调味品。

主要参考资料

[1] 苏菲.雀巢笨NANA的数字营销哲学[J].新营销，2012，（07）.

[2] 中国市场成为雀巢最重要的战略市场[EB/OL].每日经济新闻，2013-11-06.

[3] 佚名.雀巢营销组织结构[EB/OL].http：//www.minicareer.com/main/pages/20060826042.htm。

[4] 林景新.巨人的浮沉：雀巢集团中国商业战略20年[EB/OL].（2005-11-01）.http://manage.org.cn/Article/200508/15750_4.html.

[5] 佚名.雀巢咖啡的"模块组合"营销策略[EB/OL].http://www.tech-food.co9m/news/2007-6-22/n0119859.htm.

三、分析与讨论

（1）雀巢公司的发展壮大，有着多种因素的作用。雀巢的一些竞争策略也正在被雀巢的竞争对手效法。例如，由政府支持发展起来的海口"力神咖啡"，就把雀巢作为行业内的领导品牌，强调要学习雀巢培育市场的手法、品牌宣传策略，甚至包括雀巢在原料选配、加工方面的技术手段，通过学习，来推动自身的发展。

企业目标的关键是正确认识目标市场的需要和欲望，并且比竞争对手更有效、更有利地传送目标市场所期望满足的东西。通过本案例，可以看到雀巢公司不仅在咖啡领域，而且在很多的产品领域都一再取得成功，进而发展成为大型跨国食品企业。

讨论题1：市场调研在雀巢公司的发展中起到了哪些作用？

（2）有位外国企业的领导人士在讲座时，讲了这样一个现象：在国外，任何一项工作的实施，必须以市场调查为前提。如果企业在经过充分、大量的市场调查后，作出一个符合调查结论的营销决策，却不幸在实践中失败了，企业的领导人会耸耸肩，认为他很不幸，然后重新去寻找解决问题的方法。相反，如果未经过市场调查，就凭经验、感觉、判断等作出营销决策并实施，不论成败与否，这个人立即可以卷铺盖走人了。

为了寻找或验证一个想法，跨国大公司习惯进行大规模的市场调研，中国企业则更多地倾向于拍脑子作决定。"发财的点子明明摆在面前，为什么还要投入大量时间和金钱做调研？"他们总是怀疑为考证一句话而投入大量经费做几百页厚的研究报告是否值得。概括起来说，大部分中国企业的决策都具备"五拍主义"特点：①拍脑袋：就这么办——决策；②拍胸部：没问题——保证；③拍大腿：完了——后悔；④拍桌子：这不是我一个人的原因，是大家一起决策的——推卸责任；⑤最后拍屁股：走人。

WTO的加入和更多的外资企业涌入，使中国的企业面对着一群群来自世界各地的"狼"。这些"狼"除了与中国企业争夺市场以外，还是一面镜子，可以反射出中国企业存在的诸多不足，因此不仅要"引狼入室"，还要能够"与狼共舞"。

讨论题2：中国大部分企业普遍不重视市场调研的根源是什么？

（3）市场是一只看不见的手，永远处于变动之中。而企业的经验，哪怕是成功的经验，则处于过去时的静止状态。市场调查的作用与意义非人的经验所能企及，它能给人以未来时的诸多昭示。雀巢公司在其近140年的发展中，积累了大量的、丰富的、宝贵的营销经验。但他们不吃老本，不凭老经验办事，仍然对每一个新产品、新市场，每一个营销策略都要进行深入的调研，有时甚至持续数年。

讨论题3：通过总结雀巢公司紧盯市场的经验，结合中国企业存在的实际问题以及具体例子，探讨中国企业应该如何学习雀巢公司的市场调研经验。

四、教学组织建议

讨论题1小组讨论。讨论题2和讨论题3可以展开课堂辩论。

03 购买行为分析案例

学习重点

1. 消费者市场的特点及影响消费者购买的因素;
2. 组织市场的特点及影响组织市场购买的因素;
3. 消费者市场与组织市场购买特点的比较。

本章概述

本章案例 3 通过中国汽车消费者购买行为的案例分析，揭示中国消费者的购买动机及特点，从而讨论企业对消费者市场的引导作用。本章案例 4 则通过描述斯凯孚公司致力于与客户共同成长的举措，引导学生讨论组织市场的购买特点，使学生清晰地认识到企业在组织市场的营销策略与消费者市场有着诸多的区别。

关键词

消费者市场　组织市场　特点

案例3 消费者购买行为分析案例

一、知识要点

（1）消费者市场又称消费品市场或终极市场，是指为满足生活消费需要而购买商品或服务的一切个人和家庭。消费者市场是通向最终消费的市场，是实现企业利润的最终环节，是一切社会生产的终极目标，因此，其他的产业市场都是为消费者市场而存在的。对消费者市场的研究，是对整个市场研究的基础与核心。

（2）消费者市场具有下述特点：需求的多样性，需求的层次性，需求的发展性，需求的可诱导性，需求的相关性，需求的分散性。

（3）影响消费者购买的因素有：环境因素，包括文化、亚文化、社会阶层、相关群体、家庭、消费者情境、消费者保护、角色和地位等；个体因素，包括年龄与家庭生命周期、职业、经济条件、个性和自我概念等；心理因素，包括动机、知觉、学习、信念和态度。

（4）消费者购买动机有：生理性购买动机，包括生存性购买动机、享受性购买动机、发展型购买动机；心理性购买动机，包括情感性购买动机、理智性购买定级、惠顾性购买动机。

（5）消费者购买决策过程包括：引起需要、收集信息、评价方案、决定购买、购后感受。

二、案例正文

中国消费者的汽车购买行为

（一）

20世纪90年代以来，我国汽车产量实现了四次突破。第一次是1992年突破百万辆大关。第二次突破的出现是2000年跨过200万辆大关。第三次突破是2006年中国汽车产量为728万辆，比上年增长27.6%，已超过德国，仅次于美国、日本，居世界第三位。随着国民经济的快速发展，城乡居民收入保持较快增长，中等收入阶层消费能力明显提高，我国汽车产量迎来了第四次重大突破，2009年中国汽车累计产销突破1 300万辆，同比增长创历年最高，中国成为世界第一的汽车生产和消费大国。

根据整理的OICA数据，2012年，全球汽车产量排在前10名的国家依次是中国、美国、日本、德国、韩国、印度、巴西、墨西哥、泰国和加拿大。

其中，排名榜首的中国，2012年汽车产量高达1 927.18万辆，远远高于其他汽车市场。排名第二和第三的美国和日本，汽车产量分别为1 032.89万辆和994.27万辆。而其他国家汽车产量均在600万辆以下（见下图）。

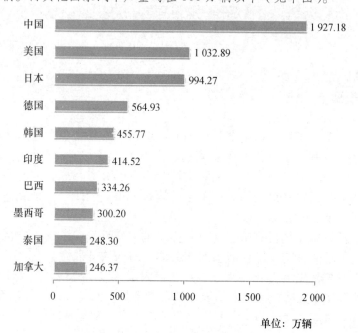

2012年全球汽车十大生产国排名

（二）

  国内乘用车产销连续大幅增长令汽车企业信心倍增，这从新车接连上市、产量不断扩大就能看出端倪。然而，当轿车以前所未有的速度进入普通家庭，很多消费者亲身体验了选车、买车、修车甚至卖车的全过程，老百姓对汽车消费有了真实体验和理解后，汽车消费理念也在潜移默化中转变。于是，降价不再是撬动消费者购买力的唯一动力，两厢车、多功能车等开始动摇三厢车在消费者心中的地位，自主品牌轿车销量猛增冲击洋品牌"霸主"地位。2004年的车市"冰封期"至今还让许多汽车企业和经销商心有余悸，但更让人记忆犹新的是，当年年底多个品牌集体跳水降价的"壮举"：全国几乎每天都有数款车降价或优惠超过万元。然而，这一"壮举"并未点燃消费者的购车热情。从那时起，一场在消费者与汽车厂商间的价格拉锯战悄然打响。

  "越是降越说明还有空间，还是不能买。"消费者学会了持币待购。于是，车市出现对持币待购的"饥饿销售"对策。这一手段在一段时间内确实起了作用，不少消费者以为是热销造成断货，于是争相购买，车市也在2005年有了起色。但消费者很快发现，没有现车并非全是热销所致，于是再次持币待购。

  从2005年开始，两厢车在国内市场的热销如同它的上市速度一样，让人猝不及防。两厢飞度的持续热销使三厢飞度不得不停产，骐达的风头则盖过同门的天籁、阳光成为东风日产销售高速增长的头号功臣……屡见不鲜的例子说明，如今，中国消费者的购车心态已经大大改变。看看现在大街上跑着

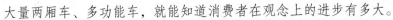
购买行为分析案例 03

大量两厢车、多功能车，就能知道消费者在观念上的进步有多大。

数据显示，2001年以来，两厢车的市场投放量占每年新车投放量的30%以上，近两年更是接近半数。由此不难看出，消费者正在抛弃"三厢才是车"的传统观念。消费观念进步是市场变革的主要动力。也许正是看到了这种消费趋势的变化，近两年各大汽车厂商投放市场的两厢车品质、价位不断升级。现在的两厢车不再是"小排量""低档""经济"的代名词。而品质的升级反过来也进一步强化了消费者对两厢车的认同与追捧。

2006年，我国自主品牌奇瑞汽车以30万辆的销量跻身国内汽车销售排行榜前4名。与此同时，国内自主品牌轿车市场份额上升至26%。有业内专家指出，正是消费者对自主品牌的热烈追捧，不再只认洋品牌，才使市场格局发生如此变化。

"国内市场自主品牌百花齐放已是不争事实，无论从销量还是品牌数量上都能看出这个趋势，消费者的选择起了至关重要的作用。"一位汽车分析师这样对记者表示。华晨骏捷的热销从某种程度上证明了这一点。上市8个月销售35 807辆的数字，足以显示中国消费者对自主品牌的信心，华晨也凭借20万辆总销量成为自主品牌的主力军。此外，海马汽车福美来2代上市后，每月平均8 000辆以上的销售成绩也一定让马自达大跌眼镜，换了自主车标还能卖这么火，可见消费者品牌取舍观念的转变。

随着对选车、购车、养车、修车全过程亲身体验的加深，消费者对服务的重要性有了越来越深刻的理解。

很多经销商和企业也都对消费者的这种观念转变表示认同。多位汽车企业工作人员告诉记者，中国老百姓从原来不懂车到现在开始换车，已经有了较强的服务需求。如果企业还只想通过卖车赚钱，忽略服务，势必会遭到消费者冷落。

目前，上海通用、广州本田、上汽汽车等国内主流汽车企业都推出了自己的服务品牌，而且大都涉及销售、售后、金融及二手车等各方面，这说明服务品质已经在消费者选车、购车中起着越来越重要的作用，也促使汽车企业将竞争从车辆本身拓展到配套服务领域。

（三）

2006年是中国"十一五"规划的第一年，经济保持稳定增长，国家继续"鼓励汽车进入家庭"。扩大内需是中国经济发展的长期战略方针和基本立足点，2006年实施"稳房促车"的消费政策，以拉动内需。但是，一些因素的变化，使得家用汽车市场充满了变数。

首先是油价不断上涨，为微型车和小型车的生产厂家及经销商带来了新的春天。有数字表明，夏利、奇瑞QQ、长安铃木奥拓这三款车的销量不断增加。和SUV等相对费油的车型相比，微型和小型轿车在油耗方面明显占有优势。

其次是央行的几次加息。加息之后对目前低迷的汽车产业将产生什么样的影响呢？对整个汽车产业来讲，虽然加息对汽车生产企业、消费者等有一些影响，加息后预计汽车行业的恢复时间会推迟，但短期内影响不大，而在长期将促进汽车产业结构调整。

加息后,潜在消费者的消费行为会更加谨慎,一些人的消费行为可能会延迟。加息后,过热的经济形势得到控制,通货膨胀率会下降,居民银行储蓄增加,消费支出增速减缓,尤其是对购房和买车等大宗消费可能有一定的影响。特别是前面所说的,此次加息可能是一连串货币紧缩政策的开始,这个预期对消费者的影响会更大,一些潜在的消费者可能会因此延迟购车行为而处于观望阶段。对通过消费信贷购车的消费者来说,在贷款成本增加的同时,还对自身的资质和诚信提出了更高的要求。

总体来看,加息会给汽车产业发展带来影响,客观上会抑制消费,但其影响应是间接和辐射性的,抑制作用不是很大。

首先,对于汽车产业来讲,其行业本身有自身的发展规律,即使不能出现前几年"井喷"式的增长速度,也会出现一个适度增长的势头,这与我国国民经济稳步发展、居民收入增长及消费结构升级是分不开的,外部势力很难扭转这个趋势。

其次,我国通过汽车信贷买车在购车者中的比例并不是很大,大约是10%,而且对那些真正想购车的用户,每个月增加10多元,影响也不会很大。因此,加息短期内对汽车产业总体影响不大,但会促使汽车产业结构调整,促使企业的竞争转入到技术创新能力、车型换代能力的竞争上去。

最后,在政策的干预下,各地开始取消"限制小排量汽车"的措施,但是又开始采取新的限制政策,如环保要求、提高停车费标准。一些地方酝酿征收城市拥堵费。新消费税对SUV、进口汽车影响较大,大排量汽车涨价。收入增加是汽车消费增长的根本原因,全国人均GDP超过1 700美元,沿海地区3 000~4 000美元。轿车市场向二、三级市场发展。一级市场主要指北京、上海,其特点是高基数,增长速度减慢;二级市场是江苏、浙江、山东、广东4个省,人均GDP 3 000美元以上,特点是高基数、高增长;三级市场又分为两部分,一部分是河北、河南、福建、四川、辽宁、天津等省市,人均GDP 1 000美元以上,低基数、快增长;另一部分是内蒙古、江西、安徽、广西等省区,人均GDP低于1 000美元,增长速度还不算快;还有部分省区如西藏、新疆、甘肃等,汽车市场还没有启动起来。2006年轿车增长孤军深入,乘用车增长速度超过44%,而商用车的增长速度只有6%。由于汽车消费条件恶化、道路拥堵、停车困难、越来越多新的收费限制(城市拥堵费、提高收费标准),一些城市领导仍然认为不宜发展家用汽车。由于油价上涨,供应缺乏安全保障(油荒),汽车消费者权益保护法规迟迟难以出台,汽车金融发展迟缓,国外消费信贷购车方式占70%~80%,国内不足10%。汽车金融发展滞后,影响了汽车市场的发展。银行认为中国缺乏信用体系是做不好汽车消费信贷的重要原因,但国外的经验表明,即使建立信用体系,也存在信用风险。

(四)

在传统消费观念中,中高级轿车属于商务用车,购买者多为企业家或者私营企业主。但目前,这种消费特征正慢慢变化。越来越多的个性化、具有品牌价值的中高级车正在为年轻一代消费者所接受,车企也正趁着潮流的变革,改变着自己的造车理念。"宜家宜商、公私两用"需求明显。近年来,中高级轿车纯商务性需求的消费者明显减少,原因主要有两个:一是目前入门级豪华车价格全线下探至30万元价格区间,部分消费者购买了这个级别车辆作为业务用车;二是中高级轿车的降价幅度非常大,原来打算购买低一个档次车型的消费者将消费需求提升至中高级轿车,这个细分市场的商务需求也因此被冲淡。

随着品牌和车型的爆发式增长,中高级车曾经作为公商务车代名词的形象也在近三年来开始转变,锐志、致胜和新君威的运动操控,大众CC、东风标致508、起亚K5的时尚个性……它们的相继出现不但丰富了这一市场区间的选择,也逐渐淡化了中高级车传统的社会属性。

记得在2003年马自达6进入中国市场的时候,在当时被中高级车"老三样"占据主流的中高级车市场,这款偏向于运动和操控的车型,也被当时的品牌方定义在了公商务车型中,并的确取得了不错的市场成绩。但到了2007年,同样以动感设计亮相的蒙迪欧致胜在国内上市,当品牌方面还想把这款车型销售指向于公商务市场时,国内的市场却给予了截然不同的回报。

马自达6和致胜销售的落差正代表了中国市场对于中高级车认识的进化。据数据统计,在2000年左右,国内中高级车的市场容量仅为8万辆,其价格区间集中在了22万~35万元;但到了2010年,这一市场容量已经扩大到115万辆,价格区间也相应延展到了16万~40万元,甚至车主的平均年龄也从35岁下降到了30岁。市场的扩大,让厂家对于中高级车的市场定位已经不能再仅仅局限于公商务,而必须回归到车型自身的产品性质。

近年来,中高级车扎堆在国内上市,很多新车人们并没有看到厂家在销售方向上有刻意的市场倾斜,也正表明在这一细分市场,品牌更愿意用开放的心态来接受自由选择。同样以迈锐宝为例,这款雪佛兰的旗舰车尽管拥有着相当深厚的家用车品牌积累,但其营销的重点却始终强调车辆本身的特点和综合优势,在它继承了雪佛兰一贯的亲民特质后,上海通用没有"教育"人们"应该"买什么车,而是"告诉"目标用户"你原本可以"拥有什么样的车,把选择权真正交到了用户手里,看似并不强势的态度,却让用户的选择成为发自内心的个人行为,让迈锐宝成为体验私人"驾享合一"的标签,事实上无形中强化了用户对雪佛兰品牌的忠诚度。

因此,在这样的市场条件下,各个汽车品牌需要迎合的,已经不再是10年前那样仅仅满足企业用户的形象需求,而是每个具体购车用户的品位,为此各个品牌也将传统的商务、运动等车型定位细化为包括时尚、设计、精致、科技等具体诉求。正因为如此,也可以从雪佛兰迈锐宝身上看到上海通用对于个人需求的各种迎合。

在油价上涨的趋势下,消费市场对节能产品的消费诉求越来越强烈。伴随着消费者受

教育程度的逐年提高，节能环保也成为人们关注的热点。很多消费者开始关注采用非常规车用燃料作为动力来源的新能源汽车。2009年，在密集的扶持政策出台背景下，我国新能源汽车驶入快速发展轨道。虽然新能源汽车在中国汽车市场的比重依然微乎其微，但它在中国商用车市场上的增长潜力已开始释放。2010年，我国正加大对新能源汽车的扶持力度，2010年6月1日起，国家在上海、长春、深圳、杭州、合肥等5个城市启动私人购买新能源汽车补贴试点工作。2010年7月，国家将十城千辆节能与新能源汽车示范推广试点城市由20个增至25个。新能源汽车正进入全面政策扶持阶段。比亚迪、长安、丰田、雷克萨斯、凯迪拉克等均在新能源汽车市场中推出了自己的车型。

中商情报网发布的《2013—2018年中国新能源汽车行业市场调研与投资预测分析报告》预测，到2015年，纯电动汽车和插电式混合动力汽车累计产销量力争达到50万辆；到2020年，纯电动汽车和插电式混合动力汽车生产能力达200万辆、累计产销量超过500万辆。

主要参考资料

[1] 林辉莹等.近距离观察中高级轿车购买行为七大动因 [N].南方都市报，2011-9-12.

[2] 卢泰宏.中国消费者行为报告：中国消费者行为的研究 [M].北京：中国社会科学出版社，2005.

[3] 佚名.购买中高级轿车需要向前看 [EB/OL].http：//www.pcauto.com.cn/news/changshang/1101/1383985.html.

[4] 张国方.现代汽车营销 [M].北京：电子工业出版社，2005.

[5] 佚名.新能源车.[EB/OL].http：//baike.baidu.com/link?url=5ggo4 E7KUB-yva2-mkG 9T_borXD5csKxAh5K3LxtHp24laWWlJFsrtMmN4ZUINnub.

三、分析与讨论

（1）消费者市场又称消费品市场或终极市场，是指为满足生活消费需要而购买商品或服务的一切个人和家庭。消费者市场是通向最终消费的市场，是实现企业利润的最终环节，是一切社会生产的终极目标，因此，其他的产业市场都是为消费者市场而存在的。对消费者市场的研究，是对整个市场研究的基础与核心。

讨论题1：影响消费者购买汽车行为的有哪些因素？

（2）行为科学认为，人们的行为是由动机决定的，而动机又是由需要引起的。任何消费者行为都受人为的需要所支配，而人类的需要最终可以从生理、心理、社会等方面找到终极的源头。正是需要的共性决定了行为的共性，由此使对消费者行为规律的探索成为可能。消费者行为还具有可诱导的特点。消费者有时对自己的需要并不能清楚地意识到。此时，企业可以通过提供合适的产品来激发消费者的需要，正是在这个意义上，可以说，消费者的行为能够被影响。企业可以通过其产品或营销活动来影响消费者购买行为，从而实现企业的最大化和利润最大化。

讨论题 2：消费者购买汽车的动机有哪些？

讨论题 3：结合实例，讨论中国的汽车生产和经销企业应如何有效地诱导和刺激消费者的需求。

四、教学组织建议

讨论题 1 小组讨论。对讨论题 2 和讨论题 3，可以展开课堂讨论。

案例 4　组织市场购买行为案例

一、知识要点

（1）组织市场的购买目的是维持生产经营活动，对产品再加工或转售，或向其他组织和社会提供服务。它由 3 部分组成：产业市场、中间商市场和政府市场。

（2）产业市场，又称生产者市场或企业市场，它指所购买的一切产品和服务，将用于其他产品或劳务，以供销售、出租或供应给他人的组织。与消费者市场相比，产业市场有以下特征：产业市场的购买者数量少（相对消费者人数），但每单采购量大；用户地理位置集中；存在派生需求，也就是延伸需求；需求与价格之间的弹性较小；需求波动大；专业人员购买；直接购买。

（3）产业市场购买行为的特点：购买的目的性；购买的理智性；购买的组织性；购买的集团性；个人的动机性；购买的环境性。

（4）产业市场在新购的情况下，购买过程的阶段最多，要经过 8 个阶段：认识需要；确定需要；说明需要；物色供应商；征求建议；选择供应商；选择订货程序；检查合同履行情况。

（5）作伙伴关系，即供应商 - 制造商关系。其定义为供应商与制造商之间，为了特定的目标和利益，在一定时期内共享信息、共担风险、共同获利的协议关系。具体目的通常是降低供应链总成本、降低库存水平、增强信息共享、改善相互之间的交流、保持战略伙伴关系、产生更大的竞争优势，以实现供应链各个环节的财务状况、质量、产量、交货期、用户满意度以及业绩的改善和提高。因此，合作伙伴之间强调合作和信任。

二、案例正文

斯凯孚，与客户共成长

（一）斯凯孚简介

1907 年，瑞典哥德堡一位年轻的维修工程师温奎斯特先生，由于轴承的经常损坏非常苦恼，因而发明了自调心球轴承，并成功地在同年创立了斯凯孚（SKF）轴承公司。

时至今日，斯凯孚集团已由创立时的轴承公司发展为全球领先的轴承、密封件、机电一体化、服务和润滑系统的供应商，业务遍布全球 130 多个国家。斯凯孚在全球 32 个国家拥有大约 130 家生产企业，雇员 46 000 名左右以及15 000多家授权代理商和经销商。凭借电子商务平台和全球经销网络,斯凯孚能够始终紧贴客户需求,为客户提供产品和服务。

财报显示,2011年第四季度斯凯孚集团销售额(以当地货币计)与2010年同期相比(排除结构影响),集团销售额增长2.8%,欧洲增长0.5%,北美为5.6%,拉美为11.0%,亚洲为0.8%,中东地区及非洲为19.9%。

斯凯孚集团2011年净销售额为662.16亿瑞典克朗,比2010年增长8.4%;净利润为62.24亿瑞典克朗,比2010年增长17.5%。

(二)服务提供需求

"未来10~15年的经济发展,将不仅是制造提供需求,更是服务提供需求。"斯凯孚服务部北亚区总裁葛佳民的话可谓一语中的。虽然不是中国人,但葛佳民对于中国经济的发展显然很有研究。中国提出要在"十二五"期间由投资型经济向消费型经济转型,因此,未来市场的需求将会更多地从使用者那里产生,而不仅仅是来自制造方。他进一步分析说,经济转型之前市场话语权掌握在制造商手里,而未来将会更多地转移到客户那里。"使用者需求"也是西方经济发展的一种模式。

葛佳民解释说,作为零部件制造商的终端用户,他们需要越来越多的是带有附加值的服务,是一整套的解决方案,而不仅仅是一个产品。而终端用户之所以需要这些,是他们希望供应商能够借此帮助提高生产能效。

因此,为了满足供应商的这个需求,制造商更多地向以服务为中心转型,转变以前以产品提供为中心的生存模式。

正是基于这样的理念,斯凯孚在中国的机构框架由三大部门组成:汽车部、服务部和工业部。事实上,这些年特别是近两年的业绩也表明,斯凯孚服务部正日益体现出其"三分天下有其一"的重要性。2010年,斯凯孚中国的业务增长为35%左右,服务部为24%。进入2011年,斯凯孚服务部的业绩依旧强劲增长。葛佳民非常自豪地说:"毫无疑问,我们服务部在中国的发展依旧保持着高速发展。"

为了紧贴中国经济的发展脉搏,斯凯孚又将目光投向了中国西部,把服务的网络延伸到那里。目前,斯凯孚已经在中国西北部地区新建了大约10家经销处,服务于中国的矿山行业,并计划于投入几百万元在中国西北部设立服务中心,主要提供维修保养服务。

同时,斯凯孚还在服务中国客户方面拓展了新的业务模式。他们在上海与一家客户合资建立了服务中心,除了为这家客户提供业务支持外,合资的服务中心也会为外部的其他客户提供服务。此模式将会推广应用到中国西部的服务中心。

(三)斯凯孚的工业解决方案工厂

为了提升为客户服务的水平,斯凯孚在中国建有两家工业解决方案工厂,一家是2008年8月在上海开设的亚太区第一家工业解决方案工厂;2009年3月,第二家工业解决方案工厂在天津落成。斯凯孚工业解决方案工厂为客户提供的主要服务内容包括轴承修复、机床主轴维修、PSD(轴承改制和特殊产品)、远程诊断和培训等。

斯凯孚工业解决方案工厂是斯凯孚的独创。该概念源于为客户提供全球资源最直接的方式和平台。斯凯孚在天津和上海的解决方案工厂充分利用其全球的核心技术和行业知识，为客户提供全方位和真正定制的解决方案和服务。

斯凯孚工业解决方案工厂提供的轴承服务和综合性增值服务解决方案包括：轴承修复和产品定制、应用工程、主轴服务、润滑系统定制、远程诊断和培训以及集安装、对中和平衡于一体的轴系全套解决方案。此外，斯凯孚工业解决方案工厂还提供定制化密封解决方案，提供定制化的机加工密封件。

2013年4月7日斯凯孚在瑞典哥德堡宣布：斯凯孚于2012年启用了5座全新解决方案工厂，从而进一步将其服务拓展至全球。目前，为客户提供斯凯孚五大技术平台知识与资源的全球工厂网络已增加至21座，包括莫斯科（俄罗斯）、上海（中国）、克利夫兰（美国）和珀斯（澳大利亚）。

斯凯孚工业市场区域销售及服务全球总裁万达联表示："我们的客户来自几乎各个行业，他们都希望我们提供能够可持续性地提高产能并降低成本的解决方案。当他们面临新的问题或挑战，或者需要特定设备的帮助或运营资产的生命周期管理方案时，斯凯孚工业解决方案工厂可以定制解决方案，帮助客户解决问题。"

凭借来自斯凯孚五大技术平台（轴承及轴承单元、密封件、服务、润滑系统和机电一体化）的专家组成的专业项目团队，斯凯孚工业解决方案工厂致力于解决方案的设计，并且将所制订的方案在全球工业解决方案工厂中进行分享。这一不断扩充的解决方案数据库能够帮助客户提高资产性能，减少总体拥有成本。

斯凯孚工业解决方案工厂已帮助全球客户显著提高了效率。比利时Argex是一家开采和烘烤建筑用黏土的公司，该公司需要更换支承辊子单元中可靠性差的滑动轴承。斯凯孚不仅为其更换了轴承，还提供支承辊子和轴、轴承座和底座以及斯凯孚自动润滑系统。这套解决方案为其回转窑减少了10%的能耗，同时也提高了安全性。同样，斯凯孚工业解决方案工厂帮助英国大型食品制造商Allied Mills制定了一项提高其可靠性的策略，从而最大限度地减少了意外停机时间并且确保了产品的持续高品质。

斯凯孚工业解决方案工厂的网络在不断完善和扩展，为全球更多的客户提供量身定制的服务和解决方案，助力客户优化工厂资产效率，降低总体拥有成本。

（四）与经销商紧密合作

"经销商对我们来说是至关重要的一个合作伙伴，是我们面对客户的窗口。"斯凯孚服务部北亚区总裁葛佳民充分表达了对经销商的重视。

葛佳民表示，在欧洲一些国家，要判断一个国家的工业实力及工业状况，有一种标准可供判定，那就是去鉴别该国工业经销商的复杂以及先进程度。比如在德国这个工业非常先进的国家，他们的工业经销网络也非常发达。工业经销商和工业经销网络，为德国的工业竞争力提供了非常强大的支撑。"所以在中国，我们始终大力发展工业经销网络。因为我们觉得未来的5~10年，中国还是有非常好的潜力和机会,能够在发展工业经销网络方面有所提升。"葛佳民这样总结说。

一年一度的斯凯孚经销商大会也正是这种认识的体现。2011年9月,500多名经销商代表及斯凯孚员工齐聚北京,进行了整整3天的研讨。与会人员都注意到,在会议室外的墙上,经销商们将反映他们服务及生活中种种场景的照片装裱在墙上。照片中的张张笑脸,洋溢着他们对斯凯孚这个大家庭的热爱。

斯凯孚服务部经销商总监葛晓丽也表示,斯凯孚的服务模式是一定要通过经销商来做的,这主要基于三方面的考虑:第一,经销商的触角肯定比斯凯孚伸得更远;第二,经销商有更多的人数优势,能以更大的力量推动业务,寻找更多的客户,并将斯凯孚的价值主张和服务带给客户;第三,经销商的服务更加本地化,也更加适应本地的文化。

葛晓丽还介绍说,事实上很多经销商跟斯凯孚一起走过了10年、15年,乃至20年,有很多经销商还学习了斯凯孚先进的管理理念,有的经销公司从三五人的家族企业逐渐成长为有一定规模的公司。通过完善公司架构,这些经销商们增加了销售人员,提升了服务能力,他们自己也越来越有成就感。斯凯孚与经销商的紧密合作伙伴关系,也由此形成和加深。

斯凯孚与经销商的紧密合作还体现在为客户的共同服务上。葛佳民介绍说,大连的一家钢铁厂,就是合作的一个典型案例。在联手为客户提供资产管理方面的咨询服务中,经销商主要提供预测性的维护服务,他们会到钢厂现场测量机器和设备的健康状况,记录设备的震动状态以及轴承的温度等,而斯凯孚则负责给客户提供整个咨询方案。

为了帮助经销商顺利完成这些任务,斯凯孚往往会定期或者不定期地进行经销商的培训,以不同行业、省份、人员为目标,进行不同内容、不同形式的培训,并进行考核。

关于具体的考核标准,斯凯孚首先会从客户的需求和要求来分析他到底需要什么样的服务,从而来设定一些标准,并以此考核经销商是否能够按照这个标准满足终端用户的需求。终端用户的要求往往是多方面的,如有的需要及时的库存服务,有的需要完善的技术服务,斯凯孚就以此反推经销商应该达到哪些标准。每年度的经销商协议,斯凯孚都会设定一些关键性指标,同时斯凯孚还会定期跟经销商共同回顾和总结,不断完善和提高经销商的服务水平。在这样的相互沟通和合作中,经销商的规模不断扩大,目前在中国,斯凯孚服务部希望在2009年120家经销商网点的基础上,到2015年发展至300个经销商网点。同时,单个经销商的规模也随之扩大。据介绍,现在斯凯孚服务部最大的经销处,员工人数已经达到200人,一些经销商的分支机构更是多达15～20个分公司。

主要参考资料

[1] 严曼青. 斯凯孚:未来十年的市场需求将来自服务[EB/OL]. http://218.247.239.222/zbzz/249229.shtml, 2011-11-24.

[2] 严曼青. 斯凯孚:投资不停歇[EB/OL]. [2012-09-20]. http://www.cinn.cn/wzgk/wy/275425.shtml.

[3] 佚名.斯凯孚（SKF）解决方案工厂网络进一步将其高效服务拓展至全球［EB/OL］.［2013-04-07］.http：//www.cnbearing.biz/gb/news/13538.htm.

[4] 佚名.斯凯孚在中国［EB/OL］.http：//www.ptc-asia.com/CN/Co/?CID=9&AID=169.

三、分析与讨论

（1）产业市场作为组织市场的主要组织部分，其购买行为特点以及购买决策，皆不同于消费者市场。斯凯孚的客户分布在水泥、轨道交通、化工、机械、纺织、陶瓷等产业市场。斯凯孚充分研究了客户的购买心理与行为，从而决定推出具有自己特色的营销方案。

讨论题1：斯凯孚是如何认识和分析产业市场的客户需求特点的？它是如何由此制定了何种营销策略的？

讨论题2：总结斯凯孚的"工业解决方案工厂"的主要内容和特点，它为斯凯孚带来了哪些竞争优势？

（2）市场是由制造商和经销商参与并组成的。随着制造商经营环境和竞争手段的同质化，加上自身生存与相互竞争的压力，市场层面的主角已经逐渐从制造商转移到经销商。可以说，经销商（中间商）市场是组织市场中的主要组成部分。产品要快速占领市场，经销商的关键作用不可替代。

讨论题3：斯凯孚与经销商的紧密合作表现在哪些方面？结合斯凯孚与经销商合作的案例，讨论制造商与经销商结成战略伙伴关系的重要意义。

四、教学组织建议

各小组课余充分讨论后，在课堂公开陈述其观点。

04 STP战略案例

学习重点

1. STP 战略的内涵；
2. 市场细分、目标市场及市场定位之间的逻辑关系；
3. 几种典型的市场竞争战略；
4. 企业基于市场定位的竞争战略案例分析。

本章概述

　　本章通过"红罐王老吉"、"1号店"、中国各卖场的"豆浆机之争"以及万达竞争战略的发展等四个案例，促使学生深度解读市场细分、目标市场、市场定位以及制定竞争战略在企业中的实际运用，并分析其成功经验和失败的教训。

▶ 关键词

市场定位　STP战略　竞争战略

案例5　STP战略案例

一、知识要点

（1）STP战略的内容：第一步，市场细分，根据购买者对产品或营销组合的不同需要，将市场分为若干不同的顾客群体，并勾勒出细分市场的轮廓；第二步，确定目标市场，选择要进入的一个或多个细分市场；第三步，定位，在目标市场顾客群体中形成一个印象，这个印象即为定位。

（2）市场细分。就是把整个市场划分成若干个更小的市场，每个细分市场是具有某种共同特征的组织或个人组成的群体。

（3）市场细分的变量。目前，常用的消费者市场细分变量主要有地理、人口、心理、行为特征等。组织市场的细分变量除了与消费者市场基本相同外，还可以以地理位置、顾客类型、采购数量、产品用途等变量进行细分。企业可以依据其中一个或几个变量对市场进行细分。

（4）在细分市场的基础上，企业可以选择目标市场并采取相应的营销策略。目标市场选择有5种策略，即集中性单一市场策略、产品专业化市场策略、市场专业化策略、有选择专业化市场策略、完全覆盖市场策略。

（5）目标市场定位。就是为企业的产品或服务在目标市场顾客心目中确定一个合适的位置，或者说使企业的产品或服务在顾客心目中有一个有利于企业进行销售的总体感觉。

目标市场定位的有效手段是努力创造并宣传与竞争对手的差异，而且这种差异对顾客来说是有价值的，对企业来说也是可实现的。例如，产品差异、服务差异、渠道差异、形象差异、价格差异等。在具体方法上，市场定位可分为初次定位、重新定位、对峙定位、回避定位等。

二、案例正文

红罐"王老吉"，从区域走向全国

2003年，红罐"王老吉"的销售额比2002年同期增长了近4倍，由2002年的1亿多元猛增至6亿元，并以迅雷不及掩耳之势冲出广东，2004年，尽管企业不断扩大产能，但仍供不应求，订单如雪片般纷至踏来，全年销量突破10亿元，并持续高速增长，2005年25亿元（含盒装），2006年40亿元（含盒装），2007年近90亿元（含盒装），2008年约150亿元（含盒装），2009年约170亿元（含盒装），2010年约190亿元（含盒装）。2012年全年，由加多宝集团（以下简称"加多宝"）生产和销售的红罐凉茶占据罐装凉茶94.92%的市场份额，最高的月份一度曾达到惊人的

96.47%，稳居凉茶行业第一的位置。

（一）红罐王老吉的难题

加多宝在取得"王老吉"的品牌经营权之后，其红色罐装王老吉饮料的销售业绩连续六七年都处于不温不火的状态当中。

红罐"王老吉"国内竞争对手主要是娃哈哈、康师傅、统一、黄振龙凉茶等。国外竞争对手主要是可口可乐、百事可乐等。据著名调查机构AC尼尔森公司做的市场监测结果，2002—2003年度拥有"全球第一品牌"的可口可乐（中国）有限公司的可口可乐系列产品在中国饮料市场的占有率已经超过50%，而其余的还有当时的百事可乐、非常可乐等。从当时的中国市场上的饮料行情来看，饮料市场大体上主要有三支队伍：一支是中国台湾的企业统一和康师傅，其主要特点为产品线比较长，以包装的创新和口味取胜；一支是包括汇源、娃哈哈、养生堂等国内知名企业；还有一支是大的跨国公司如可口可乐、百事可乐等。饮料市场品牌、种类非常多，新厂家还在不断涌现。

2002年以前，从表面看，红色罐装"王老吉"是一个活得很不错的品牌，在广东、浙南地区销量稳定，盈利状况良好，有比较固定的消费群，红罐"王老吉"饮料的销售业绩连续几年维持在1亿多元。但是，受区域限制，"王老吉"凉茶销量大大受限，一直徘徊不前。

面对这些问题，企业急需通过广告提供一个强势的引导，明确红罐"王老吉"的核心价值，并与竞争对手区别开来。

（二）王老吉的STP战略

2002年年底，加多宝找到A营销顾问公司（以下简称"A公司"），初衷是想为红罐"王老吉"拍一条以赞助奥运会为主题的广告片，要以"体育、健康"的口号来进行宣传，以期推动销售。通过对红罐"王老吉"的基本情况的了解，A公司项目组形成了红罐"王老吉"定位研究的总体思路。

在与加多宝内部、经销商、零售商进行大量访谈后，A公司项目组聘请市场调查公司对王老吉现有用户进行调查。以此为基础，研究人员进行综合分析，厘清红罐"王老吉"在消费者心中的位置，即在哪个市场中参与竞争。

2003年2月17日下午，历经一个半月的调研分析，研究基本完成。在东莞加多宝的大会议室，A公司正式向加多宝提交了《红罐"王老吉"品牌定位研究报告》。加多宝公司所有高层均参加了此次会议，具体是：董事长陈鸿道、销售部总经理陶应泽、市场部总经理阳爱星以及"王老吉"品牌经理王月贵等。报告首先明确红罐"王老吉"是在"饮料"行业中竞争，竞争对手应是其他饮料；因而，他们将"王老吉"凉茶的市场按照产品功能进行细分：饮料→非碳酸饮料→功能性饮料→功能性凉茶饮料→预防上火凉茶饮料。

在市场选择上,由于红罐"王老吉"清热下火的特殊疗效,因此A公司为加多宝所设计的目标市场,是一系列害怕上火,担心不健康的消费者群体。具体来说,主要有以下几类。

(1)经常吃煎炸食品、烧烤、火锅的消费者。对于这一类人来说,由于喜爱吃煎炸食品、喜爱烧烤、火锅,因此相对其他人而言更容易上火。

(2)非常关注自身健康的消费者。对于这一类消费者而言,上火是一种不健康的症状。在消费者日益注意提高自身身体素质,日益注重身体健康的今天,能够预防和治疗上火的红罐"王老吉"就成为他们的最佳选择。

(3)喜爱户外运动的消费者。喜爱户外运动的消费者通常会携带许多方便食品,或者在野外的时候烧烤、吃油炸食品之类的食品,而红罐"王老吉"带有的淡淡中药味以及偏甜的口感,具有一定的解渴作用,能够吸引不少户外运动爱好者。

最终将红罐"王老吉"定位为各地怕上火的人群。确立了其作为"预防上火的饮料"的定位,其独特的价值在于——喝红罐"王老吉"能预防上火,让消费者无忧地尽情享受生活:吃煎炸、香辣美食,烧烤,通宵达旦看足球……"怕上火,喝王老吉"的地位得以充分体现。

(三)品牌的推广

为更好地唤起消费者的需求,电视广告选用了消费者认为日常生活中最易上火的5个场景:吃火锅、通宵看球、吃油炸食品薯条、烧烤和夏日阳光浴,画面中人们在开心享受上述活动的同时,纷纷畅饮红罐"王老吉"。结合时尚、动感十足的广告歌反复吟唱"不用害怕什么,尽情享受生活,怕上火,喝王老吉",促使消费者在吃火锅、烧烤时,自然联想到红罐"王老吉",从而促成购买。

红罐"王老吉"的电视媒体选择主要锁定覆盖全国的中央电视台,并结合原有销售区域(广东、浙南)的强势地方媒体,2003年年初,企业用于红罐"王老吉"推广的总预算仅1 000万元,这是根据2002年的实际销量来划拨的。红罐"王老吉"当时的销售主要集中在深圳、东莞和浙南这三个区域,因此投放量相对充足。随着定位广告的第一轮投放,销量迅速上升,给企业以极大的信心,于是不断追加推广费用,滚动发展。在2003年短短几个月,一举投入4 000多万元广告费,销量立竿见影,得到迅速提升。同年11月,加多宝乘胜追击,再斥巨资购买了中央电视台2004年的黄金广告时段。正是这种疾风暴雨式的投放方式保证了红罐"王老吉"在短期内迅速进入人们的视线,给人们一个深刻的印象,并迅速红遍全国大江南北。

在地面推广上,除了强调传统渠道的POP广告外,还配合餐饮新渠道的开拓，为餐饮渠道设计布置了大量终端物料，如设计制作了电子显示屏、灯笼等餐饮场所乐于接受的实用物品，免费赠送。在传播内容选择上，充分考虑终端广告应直接刺激消费者的购买欲望，将产品包装作为主要视觉元素，集中宣传一个信息："怕上火，喝王老吉饮料。"餐饮场所的现场提示，最有效地配合了电视广告。正是这种针对性的推广，消费者对红罐"王老吉""是什么""有什么用"有了更强、更直观的认知。目前，餐饮渠道业已成为红罐"王老吉"的重要销售传播渠道之一。

同时，在针对中间商的促销活动中，加多宝除了继续巩固传统渠道的"加多宝销售精英俱乐部"外，还充分考虑了如何加强餐饮渠道的开拓与控制，推行"火锅店铺市"与"合作酒店"的计划，选择主要的火锅店、酒楼作为"王老吉诚意合作店"，投入资金与他们共同进行节假日的促销活动。由于给商家提供了实惠的利益，因此红罐"王老吉"迅速进入餐饮渠道，成为主要推荐饮品。

红罐"王老吉"的变化给这个有177年历史的、带有浓厚岭南特色的产品带来了巨大的效益。

主要参考资料

[1]［美］詹姆斯·H. 迈尔斯. 市场细分与定位 [M]. 王祎译. 北京：电子工业出版社，2005.

[2] 刘军. 定位定天下 [M]. 上海：东方出版社，2010.

[3] 魏东升. 王老吉的新营销 [J]. 企业改革与管理，2006.

[4] 林思勉. 王老吉的飙红主线 [J]. 成功营销，2006.

[5] 陈啸天. 谈企业目标市场的选择 [EB/OL]. http://www.Emkt.com.cn/.2006.11-13.

三、案例分析与讨论

（1）一般来说，任何市场在启动之前，企业不会主动地去细分市场，而是自觉或不自觉地去寻求最适合本企业产品的市场并最大限度地占领。王老吉最初是选择在江浙一带进行销售，将本地区喝凉茶的人作为目标顾客，但在广东，传统凉茶（如颗粒冲剂、自家煲制、凉茶铺煲制等）因下火功效显著，消费者普遍将其当成"药"服用，并不是经常饮用。而"王老吉"这个具有上百年历史的品牌就是凉茶的代称，可谓说起凉茶就会想到"王老吉"，说起"王老吉"就想到凉茶。让消费者觉得"它好像是凉茶，又好像是饮料"，陷入认知混乱之中。所以对消费者来说，在最讲究"功效"的凉茶中，它也不是一个好的选择。而且，在两广以外，人们并没有凉茶的概念，人们普遍认为"凉茶就是凉白开""茶应该是泡热的，而不能喝冷的"。要想让人们接受凉茶这一新事物，显然所需费用惊人。而且，消费者"降火"的需求已经被填补，他们大多是通过服用牛黄解毒片之类的药物来解决。做凉茶困难重重，做饮料同样危机四伏。如果放眼整个饮料行业，以可口可乐、百事可乐为代表的碳酸饮料，以康师傅、统一为代表的茶饮料、果汁饮料更是处在难以撼动的市场领先地位。这就使红罐"王老吉"面临一个极为尴尬的境地：既不能固守两地，也无法在全国范围推广。截至2002年，其销售额一直在1亿元左右徘徊，很难再上升。在销售区域上，也无法走出江浙一带，迈向全国。

讨论题1：2002年以前，红罐"王老吉"凉茶在广东、江浙一带的销量为何难以突破？当时红罐"王老吉"凉茶走向全国的障碍有哪些？

（2）目前，常用的消费者市场细分变量主要有地理、人口、心理、行为特征等。组织市场的细分变量除了与消费者市场基本相同外，还可以以地理位置、顾客类型、采购数量、产品用途等变量进行细分。企业可以依据其中一个或几个变量对市场进行细分。

消费者的认知和购买消费行为均表明，消费者对红罐"王老吉"并无"治疗"要求，而是作为一个功能饮料购买，购买红罐"王老吉"的真实动机是能预防上火，如希望在品尝烧烤时减少上火情况的发生等，真正上火以后可能会采用药物，如牛黄解毒片、传统凉茶类治疗。由于预防上火是消费者购买红罐"王老吉"的真实动机，企业从这个角度出发，将红罐"王老吉"的功能定位为预防上火，显然能满足江浙两广地带人们的去火需求，避免出现对症下药式的负面诉求，从而把红罐"王老吉"和"传统凉茶"区分开来。

同时，中国几千年的中药概念"清热解毒"在全国广为普及，上火、去火的概念也在各地深入人心，这就使红罐"王老吉"突破了地域品牌的局限，能满足企业对于新定位的期望——进军全国市场，从而有了走向全国市场的可能。

讨论题2：从STP战略角度，分析2002年后"王老吉"凉茶成功的关键是什么？

（3）随着国内外企业纷纷扩大产能，未来饮料行业竞争将出现白热化。据悉，2010年可口可乐成为中国本土最大的软饮料生产商，市场占有率为16.8%，排名第二的康师傅，市场占有率为14.4%，第四是市场占有率达5.5%的百事可乐，单从市场占有率方面看，康师傅和百事可乐达成战略合作后，两者的市场份额之和将超过可口可乐。这将给中国饮料行业的市场布局带来深远的影响。

虽然经过30多年的发展，中国本土诞生的饮料行业已经诞生众多饮料品牌，但中国本土饮料企业发展规模普遍比较小，在全国市场上占据较大优势的巨型饮料企业迟迟未能诞生，从而无法在中国本土及海外市场和美国饮料巨头可口可乐和百事可乐匹敌。

各大企业纷纷在中国扩大产能，我国饮料行业的产能过剩问题已经出现，市场上供过于求的局面已经形成。各大企业的扩产计划将不断加剧中国饮料市场的竞争态势，从而推动我国饮料行业的兼并重组，当然也导致中国各大饮料企业的利润率降低。同时，我国本土饮料企业在商业模式和国际化经验方面与跨国饮料巨头还有差距。要想继续在中国市场站稳脚跟，中国企业就必须开发适应不同消费需求的饮品，打造各具特色的饮料品种。

讨论题3：从目标市场选择和市场定位的角度，探讨面对众多国外知名企业的竞争，我国饮料行业如何建立自身的战略优势？

四、教学组织建议

讨论题中的 1 和 2 题可以进行小组讨论，课堂公开陈述。讨论题 3 可以用公开答辩的方式进行。

案例6 市场定位案例

一、知识要点

（1）市场定位是20世纪70年代由美国学者阿尔·赖斯提出的一个重要营销学概念。所谓市场定位，就是企业根据目标市场上同类产品竞争状况，针对顾客对该类产品某些特征或属性的重视程度，为本企业产品塑造强有力的、与众不同的鲜明个性，并将其形象生动地传递给顾客，求得顾客认同。

（2）市场定位的实质是使本企业与其他企业严格区分开来，使顾客明显感觉和认识到这种差别，从而在顾客心目中占有特殊的位置，给消费者一个购买本企业产品的理由。

（3）市场定位的有效手段是努力宣传本企业产品与竞争对手的差异，体现特色；对顾客而言，企业所宣称的产品差异是有价值的，这种差异企业可以实现。

（4）创造差异途径：产品差异，服务差异，渠道差异，形象差异，价格差异。

（5）市场定位误区：定位不当，信息传递不一致。

二、案例正文

1号店——用鼠标逛超市

（一）跃入视野的"1号店"

1号店是中国领先的B2C电子商务网站，于2008年7月11日正式上线，开创了中国电子商务行业"网上超市"的先河。1号店通过多方调研决定从风险最大的综合性B2C模式入手，以形成差异化的特色，它并没有将目光锁定在某个狭小的特定行业，而是以"家"为经营主题，销售与家息息相关的各类商品。

2011年，1号店以三年192倍的成长率荣登德勤亚太地区高科技、高成长企业500强榜首。目前，1号店在线销售商品超过数十万种，拥有2 400万注册用户，为北京、上海和广州的客户提供当日配送服务，同时在中国一百多个城市提供次日配送服务。

1号店传奇式的发展速度引起很多人的关注，人们对于幕后主导者也充满了好奇。

(二)"1号店"的幕后主导

2007年11月,全球500强企业戴尔原全球采购副总裁于刚和原中国区总裁刘峻岭突然宣布离职,此后便消失在公众视野之中。刘峻岭曾被评选为2005年中国IT十大财经人物和2006年计算机世界十大新闻人物。在加入戴尔之前,于刚曾任亚马孙全球供应链副总裁,他对亚马孙的供应链进行改造并取得了巨大的成功;在戴尔,他负责180亿美元的采购。2008年,刘峻岭与于刚重回公众视野,由职业经理人转变为创业者,成了1号店的掌门人,他们致力于"做一个比超市还便宜的网络超市"。

与一般人创业不同,两个明星职业经理人此番有备而来,创业可谓"高举高打",他们聘请了国际猎头公司到处寻人,有丰厚电商经验的林文钦被聘来做市场副总;51JOB的前CTO被他们聘来开发系统……

短短几年时间,当许多同行还在苦苦思索商业模式时,1号店已跑出最快的速度,在江浙沪的白领阶层刮起了一股"足不出户,随心所欲购物就去1号店"的旋风。1号店给自己的定位是:国内第一家综合网上超市的电子商务B2C企业。

(三)与众不同的互联网超市

在电子商务企业产品严重同质化的今天,人们看到当当和卓越,从曾经的专业网上书城发展到日用百货领域,曾经专注于电子产品及家用电器的京东也向综合领域发展,更有国美、苏宁等实体电器城也向电子商务领域进军。1号店此时并没有参与到原本就很激烈的此类产品竞争中去,而是选择了很少有人敢尝试的小额、高使用频率的日常用品作为突破口,打造"网络超市"。

实际上,在网上销售日常用品的网络超市早就存在。在美国,网络超市是紧跟亚马孙出现的第一批电子商务企业,然而不幸的是,在这个领域,至今鲜见成功者。2001年7月,投资额达到12亿美金的Webvan关门大吉,这家美国的网上超市试图代替沃尔玛,但最终Webvan无法在运营成本和顾客体验上找到平衡,成为迄今为止最大也是最著名的电子商务行业破产案。

1号店作为中国网上超市的先行者,其商业模式必须有创新才能突出重围,不能再继续模仿当当和卓越。所以,要根据中国社会的多样性及互联网发展的特点来打造适合中国的网上超市模式。1号店从创建之初就认识到市场的特殊性,确定了差异化的经营策略。

1号店超市所提供的产品包括13个大类,产品市场范围很广,潜在顾客很多。从大的方面来说,所有的网民都是潜在顾客,从CNNIC最新调研报告可知:中国网民数量达到5.38亿,互联网普及率达39.9%,网购用户规模达到2.1亿,手机网民规模达到3.88亿,占网民总数的72%(见下图)。

来源：CNNIC中国互联网络发展状况统计调查　　　　2012.6

按照网名年龄划分如下图所示，年龄在10～49岁的占了绝大多数。

来源：CNNIC中国互联网络发展状况统计调查　　　　2012.6

认真分析市场竞争形势和消费者需求，确定独特、明确的市场定位是至关重要的。按照城乡结构划分（见下图），城镇居民约占73%。

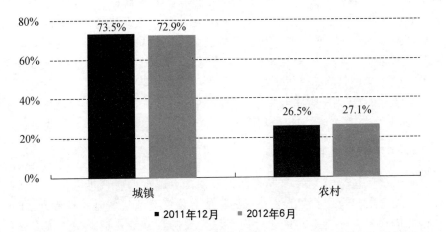

来源：CNNIC中国互联网络发展状况统计调查　　　　2012.6

按照收入划分（见下图），收入在5 000元以下的网民占绝大多数。

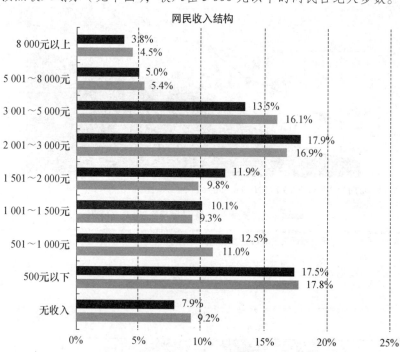

来源：CNNIC中国互联网络发展状况统计调查　　　　　　　　　　2012.6

从上边陈述的分类中不难看出，网民年龄在10～49岁、收入在5 000元以下、生活在城镇的人占的比重大，且有一些共同的特点，比较容易接受新事物，敢想敢做，比较集中。1号店的现有及整合沃尔玛后的物流体系能够比较容易地把货送给这些人，易于节省成本，这些网民是1号店网上超市较为理想的目标顾客。

1号店的口号是"只为更好生活"，为那些忙绿的人或者乐于享受网购乐趣的人提供便利，依托沃尔玛的全球采购，为上述分析中理想的目标顾客提供更为丰富的商品和服务。这类顾客不仅需要各种商品，更需要这种便捷服务。他们通常居住在人口密集区域，如住宅小区或者写字楼，打开这些市场不仅可以获得一定规模的订单，而且可以提供更快的配送和服务，提高顾客的满意度，更能节省物流成本，获得收益。所以1号店的市场定位应该是这些年龄在10～49岁、收入在5 000元以下且生活在城镇的顾客。

再按照这些目标顾客的个人特征（如性别、年龄、职业等）和上网习惯（如经常打开何种网页、经常搜索何种类型产品）分类提供差异化营销。

（四）有针对性的营销策略

对于生活在快节奏的都市的白领来说，去超市购物已不再是一种休闲活动，排队结账、物品太重、公交拥挤等使白领们花费较多时间和精力。1号店目标群体锁定在大都市的高学历的年轻白领阶层，给他们提供更加方便快捷的新型购物方式。1号店经营的商品也考虑到年轻白领们的需求，时下流行的小零食、减肥食品、休闲食品、保健食品、冲调饮品、外国小食品等一应俱全，这些收入不高却喜欢网购的年轻人在工作闲暇时只需简单几个步骤，就可以在办公室收到1号店的包裹，方便且快捷。

对家庭主妇们来说，尽管有更充裕的时间逛超市，但是有些日常用品体积大、重量也不轻，买好以后带回家还是很费力。1号店经营的日常家居用品、洗护用品、纸品等可以在主妇们轻点鼠标之后就送到家门口，这恰恰也帮助很多人解决了一个难题。

年轻的白领们很多时候收入并不会如人们想象的那么丰厚，在国外很多电子商务网站也会通过购物返利的方式来吸引顾客，1号店也通过积分的方式，向客户返利，积分可以兑换商品，可以以更加优惠的价格购买特定的积分商品，这种方式无疑也是为这些年轻顾客们量身定制的。无论是年轻白领还是家庭主妇，在优惠面前都会失去抵抗力。1号店会择机进行不同的优惠促销方式，包括满额减、直降、赠品、积分等，这些都对顾客产生了极大的吸引力。

不可回避的问题是，很多日用商品价格较低，如一包薯片、一块巧克力、一瓶洗洁精，顾客和商家都会考虑到邮费的问题。为此，1号店的满百免邮计划消除了人们的顾虑。在上海、北京、长三角等诸多大城市，1号店已经实行满百免费送货上门服务。在数十万种商品面前，为了能够减免邮费，凑够100元的日用品是很轻松的事情，借助这样的方式，1号店的商品顺利地走进了千家万户。

1号店优质的售前售后服务，提高了顾客体验。在网站设计上，按照顾客在实体超市购买习惯进行布局，将在实体超市销量最大的食品饮料类放在商品分类的第1位，方便顾客选购，而当当网上食品饮料类位于第11位，卓越网上位于第5位。1号店售前会根据顾客的搜索信息和以往购买习惯进行关联推荐，售后提供良好的退换货服务。1号店最初选择第三方物流，顾客投诉率很高。为了获得更高的顾客体验，1号店决定自建物流系统，效果甚好，投诉率大幅度降低。例如，一箱物品，第三方物流会要求用户自己到楼下取，但1号店规定要送到顾客门口。现在，1号店正在推行当天送服务，早上下单，晚上送到，并且顾客可以根据个人情况选择下午送到公司，或者晚上送到家里。所有创新和细节，良好的服务赢得了顾客的口碑。

（五）精准定位，收获颇丰

1号店不仅为自己找到了大量的忠实顾客，在业绩节节攀升之后，更为自己找到了一个好"婆家"。2012年，全球零售业巨头沃尔玛宣布，他们已经获得中国电子商务网站1号店51%的控股权，成为第一大股东。

主要参考资料

  [1] 佚名.1号店："网上沃尔玛"崛起［J］.光彩，2010-11-16.
  [2] 佚名.1号店网上超市的商业模式研究［EB/OL］.［2013-3-31］.http：//blog.sina.com.cn/s/blog_7a23ef9a0101jt1t.html.

三、分析与讨论

（1）网络购物已成为年轻人生活的一部分，年轻家庭网购支出比例占家庭总支出的比例也在逐年提升。网络购物不仅方便了人们的生活，也为商家带来了巨大的空间和商机。近年来，电商之间的竞争也愈演愈烈，如果要更好地生存和发展，就必须从多方面挖掘自己的顾客。1号店正是凭借其精准的市场定位，使得其营业额迅速增长，企业获得了快速的发展。这里面的关键环节是科学地细分市场和合理地选择目标市场。

讨论题1：请根据案例正文提供的资料，总结1号店根据哪些变量进行了市场细分？在此基础上，选择了哪些目标市场并如何做出了相应的市场定位？

（2）1号店在对中国网民状况进行分析之后，发现年轻网民的比例及收入状况，决定了网络超市必将有巨大的市场空间。但是这个巨大的市场空间面临着实体超市的竞争，网络超市要吸引更多的消费者，必须根据市场定位设计相应的营销策略。

讨论题2：在不同目标市场，1号店是如何根据其不同的市场定位，推出其竞争策略的？

（3）不可否认，网络购物有其自身无法回避的硬伤，如无法看到实物、无法了解商品的生产日期（对于超市中的很多商品，这一点尤为重要）、支付手段的限制等。但是这种越来越普及的购物方式让人们的生活更加便利，也让人们可以从中体会到意外的惊喜，如商家额外的小赠品，也是1号店常用的促销手段。

讨论题3：结合你个人的实际感受，以1号店及类似其他电商在不同目标市场的市场定位为例，谈谈网络购物在竞争中如何进一步取长补短？

四、教学组织建议

（1）在案例开始讨论之前，建议学生能够到国内知名的多家购物网站进行体验。

（2）可以采取分组讨论，也可以采用自由发表看法的形式。

05 市场竞争战略案例

学习重点

1. 产品的整体概念、产品组合及产品生命周期；
2. 品牌建设与品牌竞争；
3. 产品包装策略；
4. 企业产品策略案例分析。

本章概述

  本章分别用格力空调、苹果产品、微信产品、"红帮"西服品牌、万科品牌以及水井坊的产品包装等6个案例，组织学生全面地分析和讨论不同企业从产品的整体概念、产品组合、新产品推广、品牌建设与竞争以及产品包装等诸方面的不同运用，并展望其未来发展方向。

关键词

产品　品牌　包装

案例7 市场竞争战略案例

一、知识要点

（1）市场竞争战略是企业将自身能力与顾客需求相结合所建立的经营目标和战略行动方案。

（2）市场竞争战略的3个层次：在哪些产业或市场参与竞争，如何与竞争对手展开市场竞争，企业内部各职能部门如何协调一致为实现企业目标服务。

（3）市场竞争面临的5种力量：同行业竞争者，潜在竞争者，替代产品或服务，供应商力量，购买者力量。

（4）一般竞争战略，迈克尔·波特[①]提出了3种形式：低成本战略，差异化战略，目标集聚战略。

（5）特殊竞争战略：市场领导者战略，市场挑战者战略，市场追随者战略，市场利基者战略。

二、案例正文

豆浆机之争

（一）硝烟弥漫的豆浆机市场

2012年10月2日，北京天通苑的家乐福卖场，来自九阳股份有限公司（以下简称"九阳公司"）豆浆机促销员被逼到消防通道里，被来自美的公司的4个促销员围殴。

这次围殴只是当天发生在北京家乐福门店暴力事件的一场。美的集团股份有限公司（以下简称"美的集团"）促销员与九阳公司促销员仅在当天就"打了三场"。中秋节、国庆节假日期间，美的集团与九阳集团双方的促销员在北京15家家乐福店里一共发生了7次冲突。

据媒体报道，类似的冲突继续在全国上演。同一时期，在安徽、浙江、福建、湖北、云南、陕西等多个卖场中，单单九阳与美的之间发生的暴力事件就有约50起。

2008年秋季的三聚氰胺事件后，九阳豆浆机迅速崛起。当时的豆浆机毛

---

① 迈克尔·波特：美国学者，被誉为"竞争战略之父"，于1980年在其出版的《竞争战争》中提出"竞争战略"概念。

利极高，可达 40% 以上。彼时，空调和冰箱的毛利约为 20%，其他领域的家电产品毛利极低，甚至是个位数。后来美的集团全面进入这个领域，竞争开始变得极其激烈。

伴随着美的和九阳的竞争升级，市场占有率发生了改变：2010 年 8 月，九阳豆浆机的国内市场占有率是 61.62%，美的豆浆机占 26.17%；而 2009 年 8 月，九阳占有率在 80% 以上。其 20% 的份额被美的拿走了。

美的集团和九阳集团在卖场营销中的摩擦已经有一段时间，促销员为了争抢客户而发生一些冲突。这种现象不只在一家卖场存在，在家乐福和其他超市的门店都曾出现过。

对于促销员而言，分销的压力一层层地压下来，最后到终端这里就很具体和直接了。在一个商场里，销售的总量是相对固定的，这时候一旦对手销量多了，自己的销量相对就少了。为了不让自己的销量丢失，有时候就会发生直接冲突。

（二）从第一台豆浆机面世到 100 家企业的参与

九阳股份有限公司前身为山东九阳小家电有限公司，1994 年，九阳公司创始人王旭宁发明了世界上第一台全自动家用豆浆机。"家庭自制熟豆浆"使九阳家用全自动豆浆机很快在市场上占有一席之地，人们的豆浆消费习惯随之开始由传统的"外出购买"转变为"家庭自制"。自此，九阳公司成为豆浆机行业的首创者，在这个前人尚未涉足的领域开疆辟土。当年 11 月，在《齐鲁晚报》上紧贴在通档广告上方出现一则 1 厘米高的宣传九阳豆浆机的反白长条补缝广告，花钱不多，但效果却出奇地好。补了几次缝下来，到 1995 年春节前，2 000 台豆浆机便销售一空。1995 年，九阳豆浆机的销售量突破了 1 万台。

自此，前后与九阳公司合作过的媒体有 500 家之多。从与报刊共同推出专栏，宣传豆浆的健康功效，到参与央视《夕阳红》栏目活动，继而在央视《东方时空》和《开心辞典》投入品牌广告，九阳豆浆机将人们从"引导消费豆浆"转移到"引导消费九阳豆浆机"，进而带动发展起了一个新兴的豆浆机产业。

2004 年，九阳公司建立了多个生产基地，开始朝着集团化方向发展。

受益于"三聚氰胺"事件，2008 年豆浆机行业异军突起，销量从 2007 年的 500 万台翻番，猛增至近 1 000 万台，成为家电业黑马，国内市场调研机构数据显示，2008 年豆浆机销量，九阳、东菱、美的名列三甲，尤其是九阳和东菱，产销量较 2007 年增长一倍有余。九阳公司 2008 年营业收入同比大增 122.58%，净利润增加 72.24%，销量也是 100% 增长；东菱的销量也实现了翻番。

火爆的市场，引来 100 多家企业的加入。有些是具有一定知名度的竞争者，如美的、欧科、东菱、苏泊尔、步步高等，也出现了众多的市场短期逐利者和投机者。这些企业的加入，直接将此前由九阳公司一家力撑的豆浆机产业迅速做大，整个市场规模快速扩张，一度高达近百亿元。

不过，由于上述企业存在进入时间短、对产品缺乏深入了解、品牌影响力弱等缺点，相比九阳公司长达 10 多年在行业内精耕细作形成的品牌影响力、产品口碑、市场认知度等优势，绝大多数企业很快便被九阳公司击败。但此时，美的在豆浆机市场异军突起，曾一度被九阳公司在内部提升到"战略级竞争对手"的高度。

(三)"无网干豆"向"权威"挑战

2008年中国第一台无网干豆制浆家用豆浆机在美的诞生。

在央视每晚《新闻联播》后、天气预报前的黄金广告时段上,美的品牌以"豆浆机换代了"为广告口号,亮出"免泡豆""无网设计"和"不锈钢材料"三大产品卖点对消费者进行劝服,并以一句"豆浆机选美的"作为广告的结尾。这使得正春风得意的九阳公司觉察到,凭借美的以往的经验和业绩,残酷的竞争即将来临。

消费者是否应该更新换代豆浆机另当别论,美的集团此次展开的豆浆机广告攻势,"项庄舞剑意在沛公"的意味却是十分明显,即利用产品升级换代之机,把最大竞争品牌九阳拉下马。

作为豆浆机产品的领导者,九阳公司已经通过一系列的广告活动和强大的市场占有率让顾客树立起了"豆浆机就是九阳"的品牌联想,可以说九阳就是豆浆机中的"战斗机"。但不可否认的是,由于豆浆机的技术壁垒并不高,九阳豆浆机始终面临着潜在市场进入者的威胁,如东菱和美的等品牌更是觊觎九阳的市场霸主宝座已久。此番面对美的公司发起的正面广告进攻,九阳公司到底应该如何迎战呢?

美的豆浆机

(四)"专注"的力量

经典的定位理论认为,维护市场领导地位的根本方法就是强化最初的品牌形象。九阳公司的品牌形象是什么?专门做豆浆机的品牌!这是九阳公司和四处进行品牌延伸的美的公司最大的不同。所以"九阳"意味着"豆浆机",可"豆浆机"并不意味着"美的"。

如果九阳公司在接下来的广告战役中要反击对手,那么继续强调"专注豆浆机某某年"是最好的进攻武器。就像患者会信任医疗专家的话一样,消费者在选购豆浆机时同样会信赖行业中的"专家级"企业,因此九阳公司在传播策略上应该让消费者有这样的认知,即"九阳"专门做豆浆机,是品质上乘、技术领先的代名词。

看看微软在电脑操作系统创建行业标准所带来的滚滚财源,就知道企业制定行业标准是多么有利的事情了。2008年9月,全国家用电器标准化技术委员会委托九阳公司担任豆浆机国家标准起草工作组组长单位,负责组织标准的制定。2011年6月1日,由九阳公司作为起草组组长单位,国家标准化管理委员

九阳植物奶牛豆浆机

会等权威机构共同制定的《豆浆机国家标准》正式实施。至此，九阳公司在豆浆机领域的"专业性"得到官方确认。和"专注豆浆机某某年"的广告语相比，"豆浆机国家标准的参与制定者"显然更具有说服力。

除了继续强化最初的品牌形象之外，革新产品也是九阳公司对抗竞争对手的又一利器。在家电产品同质化十分严重的今天，推出具有和竞争对手一样功能的新产品并非一件遥不可及的事情，况且豆浆机本来的技术壁垒就不高，美的公司可以生产新一代豆浆机，九阳公司同样可以做到。

通过对竞争产品的分析及消费者需求的调查，九阳公司陆续推出了多个系列豆浆机，有些可以看到是明显针对某一竞争对手而设计的（见下表）。

产品功能与容量

产品系列	功能	容量/mL	杯体材质
倍浓植物奶牛系列	超微原磨、立体熬煮、智能控温	800～1 400	全钢
植物奶牛系列	超微原磨、一体式底盘加热	500～1 300	双层杯体、内杯为食品级不锈钢
双磨全能系列	文火熬煮、双层保温	1 100～1 500	全钢
精磨星系列	五谷精磨、文火熬煮	1 100～1 500	不锈钢
无网系列	无网精磨、一体式底盘加热	1 000～1 200	不锈钢

美的公司目前的豆浆机主要有全钢系列和外塑内钢系列，并且推出了古法生磨和古法熬煮的磨盘豆浆机，和九阳公司丰富的产品系列相比，不难看出美的集团在策略上的调整。

（五）豆浆机市场上群雄逐鹿

万维家电网厨卫频道联合中怡康市场研究公司在2012年10月份对全国豆浆机零售市场的调研显示，九阳、美的、苏泊尔分别以62.13%、22.70%、9.88%的百分比占据领先位置。飞利浦、松桥、北欧等其他品牌紧随其后。九阳公司依旧保持着其在豆浆机市场的"单寡头"地位。

主要参考资料

[1] 佚名.豆浆机引发恶战　九阳美的陷竞争困局［EB/OL］.万维家电网，2010-11-09.

[2] 佚名.九阳豆浆机营销策略［EB/OL］.［2011-06-04］.http://zhuyanfeng777.blog.163.com/blog/static/1373838212011541053306/.

[3] 佚名.豆浆机换代　九阳如何阻击竞争对手［EB/OL］.［2009-10-14］.http://www.globrand.com/2009/283733.shtml.

三、分析与讨论

（1）企业的快速发展，离不开对市场机会的分析和把握，离不开正确的战略规划。其中，最重要的就是将自身实力与顾客需求相结合，制定切合实际的经营目标和行动方案。这就是企业的营销战略。

讨论题1：九阳公司在发展初期，选择的是什么营销战略？其快速发展，同它的营销战略有何关系？

（2）九阳公司和美的公司在国内家电行业都是知名度较高的品牌，美的集团在近些年的发展过程中，不断地拓宽领域，在很多方面都取得了不错的成绩。在豆浆机之争中，九阳公司和美的集团也都动用了十八般武器。

讨论题2：九阳公司和美的集团的竞争战略有什么不同？

（3）美的集团要在豆浆机市场向九阳公司正面进攻的实力至少目前还不具备。但可以知道，对于一个处于市场第二位的企业，觊觎老大的想法随时都会存在。然而这一定得有一个前提条件，那就是首先要保存自己的力量不被对方消灭，只有这样才有可能发展自己。

讨论题3：九阳公司和美的集团在国内豆浆机市场中，资源和品牌方面有何差别？

讨论题4：参与市场竞争的方法有很多种，美的集团在与九阳公司的竞争中，常用方法是什么？请结合案例讨论。

四、教学组织建议

（1）查阅资料，了解相关信息，为学习案例做准备。
（2）分成两个大组讨论以上问题，充分阐述九阳公司和美的集团的市场竞争战略。

案例8　市场竞争战略案例

一、知识要点

市场营销战略是指企业在现代市场营销观念下，为实现其经营目标，对一定时期内市场营销发展的总体设想和规划。营销战略的核心是竞争战略。

市场竞争战略是企业将自身能力与顾客需求相结合所建立的经营目标和战略行动方案。它包括三个层次，即企业在哪些产业或市场参与竞争；在所选择的产业或市场区域如何与竞争对手展开竞争；研发、生产、营销、财务、人力资源管理等各职能部门如何行动并协调一致，实现企业目标。

迈克尔·波特[①]提出，企业有三种竞争战略可以选择，即低成本战略、差异化战略、目标集聚战略。

二、案例正文

万达战略——打造国际范儿"大万达"

（一）万达简介

大连万达集团创立于1988年，1992年改制为股份有限公司，是东北首批股份制试点企业之一。1995年，万达开发建设的项目中曾有三个获得"鲁班奖"。1996年年初，在全国率先提出保护消费者利益的"三项承诺"对当时的全国房地产市场影响极大，带动相当一部分房地产企业掀起销售放心房活动。

截至2013年，万达集团已形成商业地产、五星酒店、文化产业、连锁百货、旅游度假五大支柱产业。企业资产3 000亿元，年销售额1 417亿元，年纳税202亿元。万达集团已在全国开业83个万达广场、50家五星级酒店、1 197块电影银幕、73家连锁百货店、79家量贩KTV。到2015年，万达集团计划使企业资产达到5 000亿元，年销售额达3 000亿元，净收入达200亿元以上，成为世界级的企业。

（二）万达制定2000—2011年商业地产发展战略

多少年来，我国各主要城市的商业黄金地段上建的基本都是国营百货公司，其开发模式是由政府商业管理委员会出项目建议书，由计委立项筹集资金，安排担保，银行贷款给百货公司，建委安排建设，建成后再交给百货公司进行经营管理。但由于历史包袱过重和体制僵化等原因，我国大多数的百货公司竞争力越来越差，而逐渐失去了银行的支持。我国商业零售市场具极大发展潜力，我国加入世贸组织后，世界超级零售企业纷纷来我国抢滩，连锁业的迅速发展，人们消费观念和结构的巨大变化，都使传统商业面临巨大挑战。万达通过对商业房地产市场的详细研究，在绝大多数房地产企业还没有这方面投资意识的时候，率先进入该领域。2000年5月17日，万达集团召开了一个不同寻常的董事会。在这次会议上，首次提出打造百年企业的长期发展目标。万达搞商业房地产项目开发的最根本目的就是创造更多的自有资产，在激烈的市场竞争中立于不败之地并为国家和社会创造更多的财富。在这次会议上，集团制定了公司在接下来将要进行变革的重大战略决策。

1. 产业选择战略

随着国家和地方政府对住宅房地产产业政策的进一步限制，万达内部通过资产重组，从自身管理资源、资金实力和对产业的驾驭能力出发，调整产业结构，逐渐从足球、外贸、酒店、电梯制造、药业、酒业、餐饮等行业退出。

万达决定学习国外商业企业连锁经营的先进经验，与沃尔玛、欧倍德、太平洋百货等零售业内的知名企业建立战略联盟，把商业与房地产相结合，进行整体规划与设计，一方面商业投资可以直接带来销售利润，另一方面利用品牌捆绑聚合效应，拿到理想的商业用地，高标准建名店，突出其经营特色，走商业房地产全国连锁发展的路子。同时按照现代人的消费观念，满足人们对购物、休闲、娱乐、社交"一站式服务"的多层次需求，在每个城市的黄金地段为当地消费者提供品位高、档次全、质量优、信誉好的全新购物环境。

2. 品牌捆绑发展战略

万达抓住我国当前商业零售业重组和升级换代的历史机遇，实施品牌捆绑联合发展战略，并迅速扩大规模，在市场中赢得竞争优势。万达之所以选择一批世界500强的著名零售企业开展合作，主要因为以下四点：一是外资零售企业在业态创新、商品供应和管理技术的提升方面优势明显；二是外资企业有资金上的优势，及时结款、讲信誉，以及与供应商结成合作伙伴的做法，是国内零售企业难以做到的；三是外资零售业的采购优势明显，这也是万达购买商业项目土地时能获得当地政府支持的一个重要方面；四是外资企业的"顾客至上"企业文化理念已逐步被中国消费者接受。

3. 进攻型的赶超战略

在亚洲金融风暴来临之时，新加坡、中国香港楼市低迷，缩水甚至达到60%以上。而一些大型的房地产公司则在亚洲金融风暴中屹立不倒，原因在于他们拥有相当数量的自有商业物业，其长年出租的物业在危机中起到了绝对支撑作用。

从2000年实施房地产跨区域发展战略以来，万达的房地产开发量和销售额在国内同行中已连续三年名列前茅。万达在认真研究香港新世界、新鸿基、长江实业、太古地产等几大亚洲房地产大鳄所走过的资本扩张之路后，利用我国商业房地产发展广阔的空间，在优化内部资源配置的同时，将自己的产品结构、业务拓展能力、内部管理机制、成本控制等方面与这些竞争对手进行比较,找出了自己的缺点和不足,切实制定了以商业房地产开发、住宅房地产开发、百货连锁为三大发展主业的发展战略和2011年之前的定向赶超战略计划。

(三) 万达商业模式的发展

1. 商业模式1.0到4.0的飞跃

万达商业地产开发模式从第一代到第四代,经历了近十几年的艰辛波折,也通过了市场对万达每一代商业开发模式的检验,在第三代开发模式屡试不爽的今天,万达为众多强势企业提供了一个平台,同时也将这些跨行业的业态充分进行了资源整合,使得各种业态交相辉映,相得益彰,并释放出整体的辐射力。正是选择了成功的商业模式,万达才能在商业地产领域迈着坚实的步伐前行,一步一个脚印。

(1) 万达模式1.0时代——单店模式,以销售平衡现金流。涉足商业地产之初,万达项目多选择城市的核心商圈,借助商圈业已形成的商业氛围为万达广场造势,以保证中小业主的投资收益。但早期万达商业广场将大多商铺出售给中小投资者,靠销售平衡现金流,短期内迅速回收数亿元资金,但由于产权多元化、经营分散化、商业模式单一和主力店间的无连续性,以及经济环境的不成熟和投资者心理上的不成熟,万达广场也经历了一些磨难,商户过高的投资回报期望没能实现。

经营初期,在这些单体楼一层,在进行分割销售的小店铺外,经常能够看到,由于商铺经营品种的庞杂繁多,商铺经营权的分散以及管理职能的滞后,小业主们只能单打独斗,卖力地为自己的产品摇旗呐喊。其间,还要担心同在一个楼体里的另一些商铺"抢了风头",在这样的竞争形势下,业主不但要担心同区域以及同行业的竞争,还要担心同一地理位置下不同行业的竞争。人流分散、混乱严重影响了这些商铺后期的盈利,由此,万达商业地产第一代商业模式不可避免地遇到了发展初期的瓶颈。此时,一直对市场进行密切观察和详细研究的万达很快做出了调整,提出了万达商业地产发展的第二代开发模式——纯商业组合店。

(2) 万达模式2.0时代——组合店模式,业态布局尚欠火候。看到第一代商业地产开发模式在实践应用中遇到的一些市场阻力,果断的万达人迅速调整"作战思路",为烘托商业氛围和吸引更多消费者驻足,进而引进了更多的主力店和不同商业业态,最终形成巨大合力。此时,万达商业地产第二代开发模式开始进入人们的生活。在表现形式上,万达商业地产第二代开发模式比第一代有了长足的进步,如项目规模上较之第一代有了两至三倍的增加,业态上也在超市、影院等基础上引进百货、电玩、餐饮、建材等多种业态和更多品牌店,最终形成一种纯商业组合店联合发展的模式。在当时的南宁、武汉、天津、哈尔滨、沈阳、大连等六个城市,这种新一代的商业开发模式的出现,再度引起人们的关注。但在经营中发现,主力店吸引来的大量人流、客流在走出百货店、超市等大经营场所后,并没有流向小业主的商铺,经营者们过高的期望值并没有如期实现。万达的第二代商业开发模式仍然没有把握住商业地产的精髓。

(3) 万达模式3.0时代——综合体,开始创造新城市中心。万达第三代商业地产城市综合体,就是把国外的室内步行街与中国的商业大楼结合在一起,同时在商业综合体中组合了写字楼、公寓、酒店等业态,商业中心里面增加文化、娱乐、健身、餐饮等内容。万达第三代城市综合体的成功不仅是商业的成功,更是投资模式的成功,万达从第一代单店和第二代组合店卖街铺到现在只卖非商业之外的产品如写字楼、公寓,既达到了综合体规模上的城市标志性象征的目的,又使产品链和资金链实现了最优组合和良性循环,正在逐步实现以营销为导向的订单地产向持有型订单地产的重大转折,从而为真正的资本之路打下坚实的基础,为资产之桥构筑了预期的升值空间。

当万达的第三代商业模式出现,"城市综合体"显然已经不是一个城市业已成形的传统商圈所能容纳,由此,万达的选址体系发生了重大变化,大体量的建筑群、业态丰富的综合体开始出现在各城市的非中心地带,如位于上海五角场的万达广场、位于宁波鄞州的万达广场、位于北京石景山的万达广场……万达集团将选址体系的重心完全转向了城市非中心甚至郊区地带,而万达所要做的正是启动这些区域,通过成功的万达商业模式带动整个区域的发展甚至让整个城市的经济提速。

现在万达广场所在的区域,无论在万达进入之前是怎样的一种荒凉状态,如宁波鄞州;无论在万达进入之前是怎样的无人问津,如上海五角场,但在万达进入后,这些第三代城市综合体项目的大规模、大体量都在所在城市成为新的地标式建筑、新的商业中心、新的城市中心,成为一个城市新的象征、行业新的标准,周边很多知名地产商在销售房子时,都把距离万达多少米作为项目的最大卖点,可见城市综合体的影响力之大。

(4)万达模式4.0时代——万达城。自面世之日起,万达的第三代产品就出尽风头,成为当之无愧的业界标杆。然而,由于第三代产品的主力店面积占比过高,非零售类业态所占比例不足,以至于租金坪效("坪效"是拿来计算商场经营效益的指标,指的是每坪的面积可以产出多少营业额,而租金坪效可以反映商户的承租能力)较低,再加上多年来万达的"城市综合体"模式被国内的商业地产企业研究了个底朝天,而过去在万达打过硬仗的老臣,成为同行竞相挖掘的对象。这些万达老臣不断将"城市综合体"思维和经验带到新的企业,以至于出现了"城市综合体"扎堆竞争的局面。面对众多城市综合体一哄而上,向来敢为天下先的万达不能容忍被竞争者恣意模仿、任意超越。于是,万达4.0模式应运而生。

如果说"城市综合体"尚可以被对手模仿、复制,那么承载了深厚文化底蕴的万达4.0模式——"万达城"则到了其他开发商无法触摸的高度。在某种程度上,万达4.0有着迪士尼乐园的影子。在全球各地,迪士尼建造了一座座"欢乐之城",其开发面积通常在一平方千米以上。与迪士尼的"玩乐城"不同的是,"万达城"以购物、旅游、观光为主题,深植于当地城市的文化。因此,每一座"万达城"都有着当地独特的文化DNA,与当地的城市融为一体,具有不可复制性。

2. 独创的"订单商业模式"

在万达成功的经验中,值得一提的是其开发商业地产的新路子——"订单商业模式"。即首先确定项目经营管理者——主力店联合发展的合作伙伴,双方共同确定发展的目标城市、项目的位置、地段、项目规划的概念设计,双方确认后上报政府批准立项,然后由万达去购地和安排项目建设。万达与世界500强企业联合发展,借助品牌捆绑聚合的优势,可以在购买土地、融资、商铺销售、招商、物业管理等各方面获利。由于选择的合作伙伴都是世界和国内知名品牌连锁企业,使万达在全国各地的商业地产项目起点高、规模大、经济效益好和社会效益显著。

万达通过商业房地产项目引入沃尔玛、大洋百货、欧倍德等世界知名品牌,这种品牌效应使万达集团跳过在各行业的原始积累,借用他们在各自领域的影响力,将万达品牌渗透到商业零售领域,同时为万达涉足这些领域打下良好的基础。

商业模式比产品甚至品牌的建立更重要,而最好的商业模式是人无我有的商业模式,作为国内唯一的全国性商业地产商,万达独创的"订单商业地产"模式因为带动了区域周边的发展、带动了整个城市经济的上升而获得了各地政府的认可并成为各地政府邀请的对象。

3. 完整产业链——从商业地产到文化产业的延伸

万达之所以成功,与其精心打造的完整商业产业链是分不开的。为了提高现有商业项目的投资回报率、培育新的利润增长点,万达不断加长产业半径做加法,延伸发展商业地产产业链,在院线、酒店、百货、KTV连锁等产业上积极布局。曾有不少人质疑万达将业务延伸到院线、酒店、百货,多元化的步子迈得太大,很容易造成消化不良。但无论是院线、酒店还是百货,都是万达商业地产中不可缺少的组成部分。

万达集团董事长王健林这样评价自己的集团战略:"榕树,它的根须落在地上,会长出一棵新的榕树来,但是新长出来的榕树和从前的榕树是血脉相通的,更重要的是,所有的榕树都长在同一个生态环境里,这才是商业地产。"

万达2005年开始进入文化产业,到2012年,万达的发展战略发生了转变,其商业地产几乎发生了质的变化,这个变化就是文化元素和内涵已经脱颖而出,甚至成了万达发展的一个方向。

2012年,万达斥巨资成立了万海文化旅游公司。它计划投资1 000亿元,在东北长白山建亚洲最大的滑雪场,在云南西双版纳建媲美迪士尼的大型主题公园,在大连金石建世界最大的影视文化产业园,同时建50家高端旅游度假酒店和多台国际顶级水平的大型舞台秀。除此之外,万达还成立了文化产业集团,业务涵盖电影制作放映、舞台演艺、电影科技娱乐、连锁文化娱乐、报刊传媒和中国字画收藏。这些旅游文化类项目是商业地产逐步延伸的结果。

2012年6月万达在北京注册成立万达文化产业集团公司,这标志着发展文化产业已经成为万达的战略方向。在发展商业地产时通过场地的优势,文化旅游的分量逐渐加重,并上升到战略地位。

在2012年9月,万达斥巨资收购了美国AMC院线,到年末时旗下共有11家公司,覆盖9个行业。收购AMC后,万达成为全球最大的电影院线运营商,拥有亚洲最大的万达院线和美国AMC影院公司。除此之外,它还拥有影视制作公司、影视产业园区、演艺公司、中国最大的连锁量贩KTV娱乐企业、《大众电影》杂志、《华夏时报》等。

按今人对万达的认知,凭借雄厚的资金实力和身经百战的常胜将军之资历及其不断进取的精神，万达集团在商业地产的开发、招商、运营领域取得了骄人的成绩。万达的下一步商业发展战略是推行"轻资产"模式，即采用"轻重并举"的商业地产模式。未来的万达将去房地产化，转型为以服务业为主的企业。此外，万达还将加快发展文化旅游、金融产业、电子商务3个产业，到2020年形成商业、文化旅游、金融产业、电子商务基本相当的四大板块，彻底实现万达模式的转型升级。

主要参考资料

[1] 谢文心．万达的产品进化论［J］．新营销．2012（07）．

[2] 佚名．万达将主打文化牌［EB/OL］．http://www.funxun.com/news/56/2013102394548.html.

[3] 任洪彬．品牌捆绑发展战略研究——大连万达集团商业房地产开发实例［EB/OL］．http://wenku.baidu.com/view/30a6cb34ee06eff9aef80766.html.

三、分析与讨论

（1）万达的成长史其实是一部商业生态与外部环境互相影响的进化史，它的经验与教训、成功与失败都离不开这个主题。从万达的4次产品进化中，可以看到万达构建和谐商业生态关系的基本逻辑。

讨论题1：请分析万达各时期的发展战略与当时的外部环境变化之间的关系。

（2）如今，商业模式创新是商业地产最具竞争力的因素。不管是技术层面的创新、管理方式的创新还是营销方式的创新，都不如商业模式创新重要。即使是在传统产业，通过进行商业流程的再造，也会产生无穷的放大效应，从而形成核心竞争力。比如，当其他企业都在卖担担面时，如果能够通过连锁的方式，像麦当劳那样，对面条生产加工企业进行流程再造，做大企业的规模，做响产品的品牌，也就创造了新的商业模式。

所以，商业模式决定企业的成败，这一理念越来越多地得到企业家与业内专家的认可。中国的商业地产发展要向更高的境界迈进，必须依靠商业模式的创新。而能否打造符合国情和市场规律的商业模式，是中国企业决胜未来的关键所在。

讨论题2：请结合万达不断创新的商业模式，分析万达最基本的竞争战略是什么？这种战略显示出万达哪些优势？

（3）最初，万达调整产业结构，逐渐从足球、外贸、酒店、电梯制造、药业、酒业、餐饮等行业退出，专注于地产，并成为商业地产的龙头企业。

随后十几年，万达集团像一条八爪鱼，围绕商业地产不断延伸产业链，触角已伸至酒店、百货、旅游、文化等领域。在经济不景气的背景下，万达集团逆市扩张的举动显得格外突兀。王健林对万达集团的扩张有着自己的见解："商业广场是一个消费、娱乐、交流的综合体，想达到这些功能，超市、百货、影院、游乐中心都是必需的业态。"在王健林看来，延伸发展商业地产产业链，不仅提高了万达集团商业项目的投资回报率，而且培育了新的利润增长点。

无独有偶，万科早期也是从诸多行业脱身出来，用14年时间剥离了与房地产无关的诸多业务，从而专注于住宅地产，并成为国内住宅地产的龙头企业。后来在国家对住宅地产调控力度不断加大的形势下，又逐渐步入了商业地产。

也就是说，万达与万科都经历了"多元化—专业化—多元化"的发展历程。

讨论题3：试讨论万达和万科专业化发展前后的两次多元化，其业务内涵有何不同？二者的市场竞争战略有哪些不同之处？

四、教学组织建议

小组讨论。对万达的公司战略、竞争战略进行分析，可以展开课堂讨论。

案例9　产品整体概念案例

一、知识要点

产品是企业连接市场的中介，是企业的立足之本。一个企业，如果没有产品，不能满足客户的需求，就不可能生存。在营销管理中，企业必须关注产品，特别是选择恰当的产品、用最恰当的方式把产品推向市场、随时根据市场的变化开发新产品。

产品的整体概念：从市场营销的观点来看，产品是指人们通过购买（或租赁）所获得的需要的满足，包括一切能满足顾客某种需求和利益的有形产品和无形服务。下面从核心产品、有形产品和延伸产品等三个层次来研究产品和服务。

（1）核心产品。是最基础的一个层次，位于整个产品的中心。它是指消费者在购买一个产品或一项服务时所寻找的能够解决问题的核心利益。

（2）有形产品。是产品呈现在市场上的具体形态，一般通过质量、特色、设计、品牌、包装等表现出来，产品的核心利益通过产品实体才能表现出来。

（3）延伸产品。是指顾客购买产品所得到的附加利益的总和，是产品的延伸性和附加性，所以又称附加产品，如产品维修、咨询、送货、培训、信贷安排等。

产品的整体概念提醒营销人员要注意：产品价值的大小不是由生产者决定的，顾客才是最终的裁决者。企业必须从顾客的角度考虑如何增加产品价值，给顾客提供更多的利益，以此获取竞争优势，真正贯彻现代市场营销观念。

随着生产力的发展和社会文明的进步，消费者购买能力增强，需求也日益多样化。我国企业要想在国际国内市场竞争中立于不败之地，生产和销售产品时要注意提高产品品质，降低成本，发挥价格优势，更重要的是要关注顾客需求，根据顾客的要求开发、生产合格的产品，这样才能跟上国际市场发展的潮流。

二、案例正文

好空调，格力造！

（一）格力简介

成立于1991年的珠海格力电器股份有限公司（以下简称"格力"）是集研发、生产、销售、服务于一体的专业化空调企业，2012年，公司销售收入突破 1 000 亿元，成为国内首家年收入突破千亿的家电上市公司，并且连续 9 年上榜美国《财富》杂志"中国上市公司 100 强"。

格力旗下的"格力"空调，是中国空调业唯一的"世界名牌"产品，业务遍及全球 100 多个国家和地区。1995—2013 年，格力空调连续 18 年产销量位居中国空调行业第一；2005—2013 年，格力空调连续 8 年产销量位居世界第一。

作为一家专注于空调产品的大型电器制造商，格力致力于为全球消费者提供技术领先、品质卓越的空调产品。在全球拥有珠海、重庆、合肥、巴西、巴基斯坦、越南 6 大生产基地，4 万多名员工，至今已开发出包括家用空调、商用空调在内的 20 大类、400 个系列、7 000 多个品种规格的产品，能充分满足不同消费群体的各种需求；拥有技术专利 3 000 多项，自主研发的 GMV 数码多联一拖多空调机组、超低温数码多联中央空调、新型高效离心式大型中央空调、G10 变频空调、超高效定速压缩机等一系列国际领先产品填补了行业空白，成为从"中国制造"走向"中国创造"的典范，在国际舞台上赢得了广泛的知名度和影响力。

（二）格力空调产品大事件

1993 年，格力空调凭借质量好、制造成本低，获得了松下、大金等众多国际知名品牌的代工订单，出口量迅速增长，并出口家电强国日本，开始打入国际主流市场。

1995 年，首次超过昔日中国空调业的领航者——春兰，格力空调的产销量一举跃居全国同行第一。

2001 年 9 月，格力空调获得国家质量监督检验检疫总局授予的"中国名牌产品"称号。

2001 年，格力推出变频空调。

2002 年年底，格力开发出中国第一台数码多联式中央空调，宣告中国企业打破了日本企业对多联式中央空调核心技术的垄断。

2005 年 1 月 1 日，格力家用空调售后保修期正式调整为整机免费包修 6 年，对压缩机、主控板、接收头等零部件实行 6 年免费保修。这一年，格力家用空调销量突破 1 000 万台，成为全球家用空调的"单打冠军"。

2007 年，格力首次大规模推出系列高效节能的空调产品，如新"节能王子""睡梦宝""王者之尊"一、二级能效的定频空调，"睡美人"直流变频空调、GMV 家用中央空调等节能产品。

2010 年，格力"智能化霜"技术使制热效果比传统空调提高了 30%，经统计，截至 2010 年 5 月，仅智能化霜一项技术，格力电器已经累计节电 30 亿度，约合人民币 18 亿元，相当于一个大型发电厂一年的发电量，取得巨大的经济和社会效益。

（三）格力用"核心科技 + 品质"驱动"中国创造"

格力空调的产品坚持一切以市场为导向，适应市场需要，同时又根据未来发展潮流创造市场。格力空调在产品的研发水平上处于行业领先地位，并坚持"以技术创新抢占制高点"的开发战略，生产一代、构思一代、研制一代，向市场推出众多极具竞争力的空调产品。

在适应市场需求方面，格力"思消费者之所思"，先后开发出："空调王"——制冷效果最好的空调器；"冷静王"——噪声最低的空调器；三匹窗机——最便宜的空调器。在创造市场方面，格力开发出：灯箱柜式空调——适用于酒吧饭店，广告兼制冷；家用灯箱柜机——适用于三室一厅的家庭；三匹壁挂机、分体吊顶式空调、分体式天井空调等，适用于黄金地段的商店。这些产品的开发，各有自己的特色和目标市场，又形成了较为完整的产品系列，充分显示出格力注重产品品质的经营之道。

格力空调自进入市场以来，从不参与损人不利己的价格战，而是靠提高技术含量和服务品质来增加市场份额。

1. **格力空调专注技术研发与创新**

格力有个原则："思消费者之所思，想消费者之所想。"这一原则始终贯穿于格力空调生产的全过程。"思消费者之所思"就是要满足需求。格力人发现，消费者需要能效高、噪声低、还省电的空调。消费者的需求就是技术创新的出发点和归宿。1992年，在空调市场供不应求的情况下，格力人就开始研制节能的分体机——"空调王"，产品创新目标是生产世界上制冷效果最好的空调器，能效比要超过3.3，国家规定才2.8。经过艰苦努力，"空调王"研制成功了，投放市场后，立即引起轰动，消费者争先购买。1993年，格力人在2万台的流水线上生产出了12万台空调器。"空调王"的成功并没有使格力人停下脚步，紧接着，格力人在1996年11月又开发出"冷静王"，这种新产品能效比高达3.35，而噪声仅34.2分贝，两项关键指标都位居前列。"冷静王"投放市场，一直供不应求。产品不仅在国内畅销，而且还打入国际市场。根据中国大城市住房特点，格力人又开发出被消费者誉为"家庭中央空调"的家用灯箱柜机。这种空调小巧玲珑，噪声极低，一台就能满足三室一厅之家制冷的需要。针对那些位于黄金地段的一家商店需要大功率空调，却没有更多的地方摆放，格力又专门开发出三匹壁挂机，进而又推出分体吊顶式空调和四面出风的分体式天井空调，满足了不同消费者的需求。专业化生产、品种系列化大大增强了格力的市场竞争力。

在技术创新层面，格力从外形、性价比、节能低碳环保、适应不同消费人群这几个方面出发，努力适应市场，生产消费者喜欢，值得消费者信赖的产品。在技术创新科研投入方面，格力投入大量人力、物力、财力，建成了行业内独一无二的技术研发体系，组建了一支拥有外国专家在内的5 000多名专业人员的研发队伍，格力珠海总部现有3万余名员工，各类技术人才就占了20%左右。格力空调先后成立了制冷技术研究院、机电技术研究院和家电技术研究院3个基础性研究机构，拥有300多个国家实验室。这些研究院不参与产品开发，只从事基础性理论研究，专门研究空调业3～5年后甚至10年后的技术。2009年，格力组建了国家节能环保制冷设备工程技术研究中心，总投资1.63亿元，是空调行业唯一的国家级工程技术研究中心。有公开资料显示，仅在2011年，格力科研投入便超过30亿元。当年新增专利1 480多项，平均每天4项专利问世。

1992—2012 年，格力每年都为实验室投入巨资，其中专为生产中央空调而建造的实验室就达 20 多个，无论数量、规模和技术含量均处于世界领先水平。

2. 格力空调的多样化、个性化

截至 2012 年，格力空调独立研制开发出包括家用空调、家庭中央空调和商用中央空调在内的 20 大类、400 多个系列、7 000 多个品种规格的产品，空调品种规格之多、种类之齐全居全国同行首位。

（1）变频一拖多空调机组。2002 年，格力凭借雄厚的技术实力，用不到两年的时间自主研发出日本企业花了 16 年才研制成功并垄断多年的"变频一拖多"技术。该设备的室外机会随着室内机设定的温度及开机数量无级调速，既节能，又舒适。

（2）离心式冷水机组。2005 年 8 月 24 日，"中国创造"的第一台大型离心式中央空调在格力下线。格力高效直流变频离心冷水机组可以大幅降低建筑能耗，节能效果显著。更为重要的是，格力高效直流变频离心冷水机组的问世还打破了外资企业在中央空调领域的技术垄断，提高了我国空调行业的国际地位。格力高效直流变频离心冷水机组是迄今为止最为节能的大型中央空调产品。经检测，其综合能效比高达 11.2，在相同工况条件下，可比普通离心式冷水机组节能 40% 以上，机组效率提升 60% 以上。

（3）超低温数码多联机组。2005 年 11 月 7 日，世界第一台"超低温数码多联机组"在格力空调问世，成功解决了超低温下空调机组正常采暖这一困扰制冷界多年的技术难题，不仅可以给零下 25℃ 的寒冷地区送去温暖，而且高效制热、省电节能。

（4）热回收数码多联空调机组。该机组被列入 2007 年国家火炬计划项目，是国内第一台热回收数码多联空调机组，也是世界第一台热回收数码多联空调机组。打破了传统空调单一主机只能统一制冷或制热的"呆板"局面，实现同时制冷制热。

（5）2007 年，应用 EVI 超低温制热和智能化霜技术的全新滑动门柜机面世。该系统能做到有霜即化，无霜不化，彻底打破常规的定时化霜模式；格力专利自动滑动门技术，美观大方，引领设计潮流。

（6）2009 年，格力电器陆续推出了"王者之尊"、"睡梦宝"、"睡美人"、"天巧"、新"节能王子"等一系列新产品，能效比均达到了二级以上，用实际行动支持国家节能减排事业。其中，睡梦宝系列卧室空调开启了注重消费者个性化的空调消费新时代。23 分贝超静音设计；特有独立换气技术；3 种睡眠曲线，实现"我的睡眠我做主"的个性选择。

（7）2008 年，格力自主研发推出 1 赫兹变频空调。2010 年，当应用 1 赫兹变频技术的格力空调开始陆续投放市场之后，格力变频空调市场占有率一路飙升。2011 年的全年销售总量为 1 209.60 万台套，同比 2010 年增幅达 185.28%，远远领先 93.61% 的行业平均增速，占总销量的 37.5%。

（8）2012 年，格力空调亮出了市场撒手锏——全能王系列变频空调，一举打开空调"全能"时代。同时，格力掌握了很多核心技术，新一代 G10 低频控制技术、高效离心式冷水机组、新型超高效定速压缩机三大核心科技，分别应用在变频空调、中央空调和定频空调领域，其主要技术指标不仅领先国内同行，也超越美、日、欧等国际同类产品。

3. 格力空调的设计

2012年，格力空调卖场上的主流变频产品受到不少顾客的关注。产品的外观设计简单，以节能和人性化的设计为卖点，配以红色面板搭配蝶恋花花纹的设计，赢得了不少消费者的芳心。空调外观上采用了清新的镜面设计，搭配具有活力的橄榄枝，让人感觉简单自然。空调的显示屏设置在面板上，当用户开启空调后室温显示即一目了然。加上产品的舒适睡眠功能，能够智能地感知用户的体温，并据此调节室内温度，方便了用户在夜晚使用。另外，该款空调采用智慧双向换新风技术，不会对人体直接送风，而且能够在提高室内温度的同时，增加室内空气的含氧度。该系列的空调还使用了智能独立除湿功能，能够有效地去除室内的湿润空气，达到用户想要的干爽效果。

2012年，格力空调推出"I系列空调"。这款格力I系列空调采用行业首创"太空舱"机身，有如太空舱一般的一体化闭合设计，独一无二的创新大全景扫风，相较普通柜机长度30厘米左右的出风口，110厘米的超长纵向出风口既能让人足部感到温暖，又能避免气流直吹头部带来的不适。

4. 格力独特的售后服务模式

格力首推空调业的售前、售中、售后服务的模式。售前服务包括产品咨询、新品推介、空调知识的讲解。售中服务包括业务员向消费者介绍产品系列，对用户需求进行设计，实体考察用户的房间，匹配相应的空调款式，力争让消费者买到满意的空调。售后服务包括电话跟踪服务效果，顾客满意度的调查，顾客意见的收集、采纳。

除了按照国家实行的三包标准外，格力空调还将核心部件的维修提高到6年。可以说，目前格力空调的售后服务是空调业最高标准。服务体系上的创新突破使格力电器的核心竞争力大大提高。

从安装到售后，格力电器的要求近于苛刻。格力空调在对全国服务网点进行专业化技能培训、要求执证上岗外，还率先在业内创造性地建立"安装巡视监督制度"，通过遍及全国各地的"安装巡视监督员"，来保障安装环节的质量标准。

另外，自2011年年初以来，家电企业的服务承诺不断升级。当大多家电企业纷纷在延长包修期限上大做文章的时候，作为中国家电行业的领军企业，格力高调宣布：自2011年1月1日起，凡是购买格力变频空调者，1年之内免费包换，以"换机"服务承诺引领中国家电企业服务水平。

主要参考资料

[1] 唐东方. 格力如何成就千亿帝国 [EB/OL].(2014-10-11).http://blog.sina.com.cn/s/blog_541c5b2e0102v8j8.html.

[2] 佚名.浅谈格力空调的营销策略[EB/OL].http://wenku.baidu.com/link?url=vSWYK1WtWBYDovRgQURlZ8oonRIy0HvPZp-n6AxJbEji-DGnN9UPpli0-Fdy-rcpH8VTZuD7alJOXJATsRkPClCy3VaIzUpXD6Q1Jqq2WFW。

[3] 佚名. 格力电器的企业文化 [EB/OL].http://doc.mbalib.com/view/d0e4a5742bb3d18907a68f9071612f9b.html.

[4] 高敬文. 格力电器专一化经营战略评析 [EB/OL].http://www.doc88.com/p-3157185981609.html.

三、分析与讨论

（1）格力推出的三大核心技术为"新一代G10低频控制技术""高效离心式冷水机组""新型超高效定速压缩机"，分别应用在变频空调、中央空调和定频空调领域。经专家鉴定，其主要技术不仅在国内同领域领先，在国际上也处于领先水平。三项核心技术均具有显著的节能、低碳、环保等特点，并具有良好的经济和社会效益。据发布会上的专家介绍，一台1.5匹G10低频控制技术空调与普通空调相比，一年可节约用电400多度；采用新型超高效定速压缩机技术，1.5匹空调一年可节约用电150多度，同时还可以节约空调所需的铜等金属材料。

讨论题1：结合案例，分析格力空调产品的核心竞争力是什么？

（2）"好空调，格力造！"格力空调质量监控部负责人介绍说，格力空调的质量把控特别严格，每台空调从设计到出厂，都有着独立而严格的流程。从生产出新品到试验测试、零部件检验、生产线检查到出厂前，每台空调都要经过严格的检验，格力空调质量监控部在工作中始终遵循一个准则：有缺陷的产品就是废品。如果格力空调在使用过程中出现了任何质量问题，格力空调完备的售后服务体系也会让消费者很安心。从2001—2006年，格力空调在空调行业内率先实行包修、包换、包退的三包服务政策。从2005年1月1日起，在格力购买的家用空调器整机包修6年。2011年，格力又提出了1年之内免费包换的服务承诺。

讨论题2：请从产品的整体概念出发，分析格力空调产品的三个层次（核心产品、有形产品、延伸产品）各有什么特点？

（3）格力空调的成功与其一直宣扬的专业化、高品质、多样化是密不可分的。其产品分为三大类，中央空调，分体挂壁，分体柜式，但是分体挂壁就分为七大类，37种型号。格力之所以能在市场上纵横笑傲，最重要的是在人们心目中，格力首先就代表"空调"，其次它意味着"空调专家"。格力从20世纪90年代中期就开始推出"好空调，格力造"这短短6个字的广告语，十多年间几乎没有改变，即现时的推广也是在这一主题之下展开。因而，在消费者脑海中深深地印下了格力就是"好空调"这样一个印象。而在这方面，它的对手们都无法望其项背。海尔、美的、春兰、科龙、长虹等都是延伸品牌，多元化稀释了它们在顾客心中的位置。近年来增长颇为快速的志高是相对专业化的，但在人们心中它是一个低价品牌，本质上与格力处在不同的市场上。

讨论题3：与国内其他品牌的空调对比，格力空调的产品是如何满足消费者的需求，并在消费者心中建立牢固地位的？

四、教学组织建议

小组讨论。如果各组分歧较大，且观点集中，宜采取课堂辩论的形式。

06 产品策略案例

学习重点

1. 影响价格的主要因素；
2. 定价策略与方法；
3. 新产品的价格策略；
4. 价格策略在企业的实际运用。

本章概述

本章通过介绍奥克斯空调、长虹电视以及中国白酒的价格案例,组织学生讨论和分析价格策略在企业中的实际运用,并分析价格战在市场竞争中的正负影响。

关键词

价格策略　定价方法

案例 10 产品组合策略案例

一、知识要点

(一)产品组合

产品组合是指一个企业生产或经营的全部产品线、产品项目的组合方式,它包括 4 个变数:广度、长度、深度和密度。

(1)产品组合的广度。这是指一个企业所拥有的产品线的数量。较多的产品线,说明产品组合的广度较宽。

(2)产品组合的长度。这是指企业所拥有的产品品种的平均数,即全部品种数除以全部产品线数所得的商。

(3)产品组合的深度。这是指每个品种的花色、规格有多少。

(4)产品组合的密度。这是指各产品线的产品在最终使用、生产条件、分销等方面的相关程度。

(二)调整产品组合

1. 扩大产品组合的策略

(1)垂直多样化策略。这种策略不增加产品线,只是增加产品线的深度。它分为以下三种。

① 向上延伸。即在定位于低档产品的产品线中增加高档产品。

② 向下延伸。即在定位于高档产品的产品线中增加低档产品。

③ 双向延伸。即在定位于生产经营中等质量、中等价格的产品线中增加高档和低档产品项目。

(2)平行多样化策略。这种策略根据市场需求状况增加产品线,是增加产品组合的广度。它包括以下两个方面。

① 相关多样化。这是根据产品组合关联性原则,增加相关的产品线。

② 无关联多样化。这是指拓展产品线时,不考虑关联性原则,增加与原产品无关的产品,开拓新市场,创造新需求。

2. 缩减产品组合的策略

当一些产品不能适应市场需求,很难销售出去,不能为企业创造利润时,就有必要减少或淘汰一些产品线和产品项目,让企业集中资源去经营优势产品。

二、案例正文

"苹果"风潮席卷世界的奇迹

苹果公司是美国的一家高科技公司,2007年由美国苹果电脑公司改名而来,核心业务为电子科技产品,总部位于加利福尼亚州的库比蒂诺(Cupertino)。苹果公司由史蒂夫·乔布斯、斯蒂夫·盖瑞·沃兹尼亚克和罗纳德·杰拉尔德·韦恩在1976年4月1日创立,在高科技企业中以创新而闻名,知名的产品有Apple Ⅱ、Macbook笔记本电脑、iPod音乐播放器、iTunes商店、iMac一体机、iPhone手机和iPad平板电脑等。

2013年9月21日凌晨,苹果公司正式发布了新一代的iPhone手机,这一代分为iPhone 5s和iPhone 5c两个版本,在中国定价分别为5 288元和4 488元起。2013年10月23日,苹果公司在旧金山芳草地艺术中心举办新品发布会,推出新款平板电脑iPad Air、Retina iPad Mini、新款13英寸/15英寸MacBook Pro Retina、新Mac Pro等5款硬件新品。此外,苹果公司还在发布会上发布了正式版OS X Mavericks。苹果公司已连续三年成为全球市值最大公司(创下6 235亿美元纪录,现为4 779亿美元)。

(一)苹果公司的企业发展历程

在创立电脑之前,创始人之一的沃兹已经是一名电子黑客,1975年,他在惠普公司上班,并帮史蒂夫·乔布斯设计Atari电子游戏。1976年,乔布斯成功说服沃兹组装机器之后再拿去推销,他们的另一位朋友——韦恩也加入,三人在1976年4月1日成立了苹果电脑公司,总部位于硅谷中心地带。苹果公司的第一个产品被命名为Apple Ⅰ,同期其他电脑并没有显示器,Apple Ⅰ却大胆地以电视机作为其显示器,同时沃兹也设计了一个用于装载和存储程序的卡式磁带接口,以1 200位每秒的高速运行,而且比其他同等级的主机需用的零件少,使沃兹赢得了设计大师的名誉。1995年,苹果公司已经成为全球第三大个人电脑供应商,从其产品来看,公司核心业务是电子科技产品,共拥有电脑硬件、电脑软件、手机和掌上娱乐终端的多个产业,在全球电脑市场占有率达5%。其Mac Book、iPod、iPhone、iPad、iTunes音乐商店等产品,已经成为市场消费者认可的知名产品。

(二)苹果公司依靠产品及技术创新成功化解三次危机

2013年世界500强发布,苹果公司排名第19位。然而,苹果公司的成长与发展并不是一帆风顺的,而是充满了崎岖和挑战。

1.苹果公司第一次危机(1996—1998)的化解神器:iMac的横空出世

(1)危机根源。

由于企业高层乔布斯和斯卡利在技术研发和企业管理上的分歧越来越大,矛盾逐渐不可调和,乔布斯从苹果公司完全辞职。随着乔布斯的负气出走,苹果公司也失去了灵感的源泉,失去了创新的力量,为以后的大幅度亏损埋下了伏笔。苹果公司的黄金时期定格在1995年,营业额110亿6 200万美元,利润4亿2 400万美元。但在1996年,苹果公司不是利润下滑,而是干脆出现了8亿4000万美元的亏损。1997年营业额和利润均创新低，特别是亏损达到创纪录的10亿4500万美元，产品销量也跌到历史新低。

（2）iMac的横空出世。

在乔布斯的带领下，苹果于1998年8月15日推出了真正的划时代苹果产品——iMac。该机型适合家庭，集成了多种强大功能，能满足家用电脑的各种需求，而且价格完全可以让消费者接受。其操作系统OS8也同样出色和稳定，其上的软件保持向后兼容性。其新颖的外观也是一次个人计算机的革命。

（3）iMac振兴市场原因的分析。

① 设计理念创新——iMac是一件精美的艺术品（见下图）。它一体化的整机好似半透明的玻璃鱼，透过绿白色调的机身，可隐约看到内部的电路结构，奇特的半透明圆形鼠标令人爱不释手。色彩用了亮丽的海蓝色，大面积使用弧面造型，有一种无拘无束的令人震撼的美感，给电脑业和设计界带来巨大的影响。

图　iMac一体机

② 人性化创新——iMac满足深层次的精神文化需求。iMac是设计的人性化创新。iMac的设计，把一个新的复杂机器设计得像人类久违的伙伴那样平易亲切，又符合生产的要求。iMac的成功得益于它对人性的特别关注和对"产品语意学"的成功运用。iMac界面设计开创了软件操作人性化的先河，减缓了人们内心对高科技技术的恐慌感。

2. 苹果公司第二次危机（2000—2002）的化解神器：iPod的横空出世

（1）危机根源：互联网泡沫。

从1995年开始，IT技术突飞猛进。除了传统的摩尔定律支配的电子产品升级，以互联网为代表的在通信方面的创新不断，使我们的生活起了天翻地覆的变化。以此为契机带动了一轮新的增长。然而2000年3月左右，互联网泡沫破裂，纳指下跌了66.11%，大量中小企业蒸发，整个IT业都遇到了困难，尤其是与互联网相关的公司，苹果公司也受到重创。

（2）iPod横空出世。

iPod从第一代起就有许多不错的特性：5 GB的容量，可以储存1 000首高质量歌曲；电力支持10小时播放，1小时可补充80%的电能；依靠firewire可以在10分钟内上传1 000首歌曲；强大好用的iTunes可管理、制作、刻录自己的音乐库。

苹果公司将iPod硬件与软件和在线服务成功地整合在一起，进行"iTunes+iPod"模式捆绑销售，是一种独特的经营模式。苹果的iTunes音乐商店在2003年4月正式开业，作为与iPod密不可分的有机体，iTunes音乐商店打通了音乐营销的上游，使得"音乐无处不在"，更加接近理想状态。iTunes简化了歌曲导入和压缩的整个过程，更重要的是iTunes是一个强有力的数据平台，能够批量分类数万首歌曲，并能够在很短的时间内找到合适的音轨。通过iTunes数字音乐管理软件，顾客可以在iPod播放器中对收听的音乐进行搜索、浏览、下载和分类管理；而通过iTunes在线音乐商店，顾客拥有了唱片公司授权的5亿多首正版音乐的下载源。

同时，这种捆绑销售的模式也有助于苹果公司实现付费方式的创新。在苹果公司iTunes音乐店成立之前，在线音乐只能通过P2P音乐交换模式进行传输，这曾被唱片公司指责为盗版行为而予以制止。而对于消费者来说，付几十美元买一张CD却往往只喜欢其中的一两首歌曲实在太不划算。2003年4月，iTunes音乐店率先采取单首歌曲付费下载模式，该模式与P2P最大的区别在于下载的歌曲得到了唱片公司的授权，即苹果公司向唱片公司支付版费（占单曲价格的60%～70%），然后再向消费者收取每首99美分的下载费用。这种模式实现了唱片公司、音乐商店和消费者之间互赢的格局。如今iTunes已经变成数字音乐、数字视频的综合网络销售平台，支撑苹果公司向消费电子公司转型。iPod在美国MP3市场也已经占到65%以上的份额，iTunes更是占据了全球75%的网上付费数字音乐市场。

此外，苹果公司还明智地选择了跨界产品合作——"iTunes+iPod"模式的引申。苹果公司与耐克公司积极使用联合营销战略，实现了资源整合和优势互补。

2006年5月，耐克公司和苹果公司合作推出一系列"Nike+iPod"的产品，横跨体育、消费电子和娱乐等多个市场。作为现代人急需放松、调节身心的生活方式，运动和音乐之间存在天然的联系，两个公司合作推出的产品同时满足了这两种功能，不仅迎合了消费者潜在的需求，还围绕消费者的生活方式建立了固有的品牌联系，只要一想到运动就会联想到耐克，想到苹果iPod。"Nike+iPod"用全新的体验方式，吸引了更多的市场关注度，刺激了消费者的购买欲望。同时在构建全新生活方式的基础上，培育消费者对品牌的长期友好关系和忠诚度。

2006年8月初，苹果公司又与福特汽车公司、通用汽车公司和日本马自达汽车公司达成合作协议。

iPod运用联合营销模式，将这些世界顶尖品牌公司凝聚在一起，无限放大了边际效用，并跨越行业的界线，与其他国际品牌成为新的组合体，实现了品牌1+1>2的效果。

3. 达到的效果

从2001—2007年苹果公司收入结构变化情况来看，在2003年iPod上市以前，苹果公司的主要收入来源集中在desktops和portables，自iPod上市后，"iPod+iTunes"系列服务的收入占比已经达到了总收入的50%。

通过分析发现，2003年iPod上市在很大限度上促进了苹果公司整体收入的快速增长。

（三）苹果公司第三次危机（2005—2007）的化解神器：iPhone 的横空出世

1. 危机根源

2006 年 iPod 增长率从 2004 年的 499.73% 下降到 31.47%，从而导致苹果公司在当年收入增长力的迅速下降。

iPod 收入增长乏力的主要原因有：一是 iPod 上市初期的爆发期已经过去，开始进入平稳增长期；二是音乐手机在全球市场的盛行，一定程度上挤占了一部分 iPod 的潜在市场，在"iPod+iTunes"收入已经占据苹果公司总收入超过 50% 的情况下，iPod 受到的威胁使得苹果公司感受到极大的危机。

2001—2007 iPod 产品收入的增长情况如下图所示。

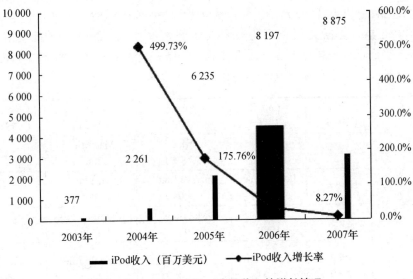

图　2001—2007年iPod产品收入的增长情况

2. iPhone 的横空出世

在这一危机的影响下，苹果公司推出了相应的新产品——iPhone 手机。

iPhone 是一款具备强大音乐、网络应用等多媒体功能的手机终端，它具备"iPod+iPhone"的融合性定位，既能帮助苹果公司占据原有的音乐播放器和在线音乐服务市场，又能帮助苹果公司开拓一个全新的市场，扩大用户覆盖范围。

iPhone 于 2007 年 6 月 29 日正式上市。仅第三季度销量增长率就高达 314.44%。

（四）苹果公司 2007—2013 年的产品研发

（1）2008 年，史蒂夫·乔布斯在 Mac World 上发布（从信封中取出）了 MacBook Air，这是当时最薄的笔记本电脑。

（2）2008 年 7 月 11 日，苹果公司推出 iPhone 3G。8 GB 版售价为 199.99 美元（不含税），16 GB 版售价为 299.99 美元（不含税）。iOS2x 版正式提供

全球语言。

（3）2009年6月25日，推出新款iPhone，命名为iPhone 3GS，S代表speed，iPhone 3GS是当时iPhone中性能最好的一款，其运行速度是前两代iPhone的两倍多，并且设置了指南针、摄像等功能。

（4）2010年4月3日，苹果公司推出iPad系列产品（wifi，wifi+3G）。

（5）2010年6月7～11日（美国当地时间），苹果2010全球开发者大会在旧金山Moscone West会展中心举行，史蒂夫•乔布斯发布了第四代iPhone手机，型号为iPhone 4。

（6）2011年3月2日，推出iPad 2系列产品（wifi，wifi+3G）。

（7）2011年10月5日，推出iPhone 4S，iOS 5，iCloud。同时发布iPhone 4 8G版。

（8）2012年9月5日，苹果公司宣布将于美国时间9月12日在旧金山召开发布会。此前业内预期本次发布会将发布新一代iPhone5。

（9）2013年9月11日凌晨，苹果公司正式发布了新一代的iPhone手机，这一代iPhone分为5s和5c两个版本，在中国定价分别为5 288元和4 488元起。

2013年，美国某权威调查公司公布的数据显示，2013年8月至10月，全球上市公司市值排行榜出现显著变化，苹果公司重回全球公司市值榜首。

苹果公司硬件产品一览表如下图所示。

早期产品	Apple I（1976）	Apple II（1976）	Apple III（1976）	Apple Lisa（1976）	Macintosh（1984）
电脑产品	消费型	iMac（1998）	eMac（2002）	Mac Mini（2005）	
	专业型	Power Mac（1999）	Xserve Raid（2004）	Mac Pro（2005）	
	笔记本	iBook（1999）	MacBook（2006）	MacBook Pro（2006）	MacBook
数字产品	iPod（2001）	iPod Mini（2004）	iPod Nano（2005）	iPod Shuffle（2005）	Apple TV（2006）
	iPod classic（2007）	iPod touch（2007）	iPad（2010）	iPad2（2011）	全新iPad（2010）
	iPad Mini（2012）	iPad4（2012）	iWatch（2015）		
通信产品	iPhone（2007）	iPhone 3G（2008）	iPhone 3GS（2009）	iPhone4（2010）	iPhone4s（2011）
	iPhone5（2012）	iPhone5s（2013）	iPhone5c（2013）	iPhone6（2014）	iPhone6 Plus（2014）

（五）苹果公司主要硬件产品种类

1. 个人数位音乐播放器

个人数位音乐播放器包含了人们耳熟能详的iPod Classic、iPod Nano、iPod Shuffle以及除了没有电话功能，其余功能都能和iPhone媲美的播放器iPod Touch。

2. 笔记本型电脑

笔记本型电脑包含了 MacBook、MacBook Pro 以及拥有最纤细身材的 MacBook Air，其拥有最厚部分只有 1.73 厘米，而最薄部分更只有 0.28 厘米的优秀生产水准。

3. 个人电脑

个人电脑包含了 Mac Pro 和 iMac 两个最新的桌上型电脑，iMac 是一款针对消费者和教育市场一体化的 Mac 电脑系列，显示器已经和主机结合为一体，减少了占地空间，只需添置鼠标及键盘就能够完成对 iMac 的体验。

4. 小型桌面电脑

小型桌面电脑包含了 Mac Mini，这个设备相当于一个电脑主机，它大约有一本普通书籍的大小，预先安装了 Mac OS X 操作系统，所以只需购置显示器以及鼠标或其他外接操作设备即可使用。

5. 移动电话

移动电话包含了 iPhone、iPhone 3G、iPhone 3Gs、iPhone 4、iPhone 4s、iPhone 4s、iPhone 5、iPhone 5s、iPhone 5c、iPhone 6、iPhone 6 plus。其中，iPhone 6、iPhone 6 plus 拥有先进的 Apple A5 处理器，搭载了 Siri 语音助理系统，提供了人机互动的可能。

6. 平板电脑

平板电脑包含了 iPad、iPad2、iPad2 Mini 三款产品，iPad 可以说是掀起平板电脑革命的产品之一，它拥有多点触碰的良好操作体验，并且能够胜任诸如浏览互联网、收发电子邮件、观看电子书、播放音频或视频、玩游戏等功能。

主要参考资料

[1] 苹果公司［EB/OL］.［2013-12-05］http://baike.baidu.com/link?url=ILrm AvPq1sMSVtvtgwPGgjNXNOUlLZwKhts-AP4ezlZsZdaLoCCijCEl0_q3uaiE.

[2] 沃尔特·艾萨克森. 史蒂夫·乔布斯传［M］. 管延圻，魏群，余倩，等译. 北京：中信出版社，2011.

[3] 杰弗里·扬，威廉·西蒙. 缔造苹果神话［M］. 蒋永军，译. 北京：中信出版社，2007.

[4] 史蒂夫·乔布斯. 追随你的心［M］. 胡晔，译. 北京：北京联合出版公司，2012.

三、分析与讨论

（1）苹果公司深知消费者的选择是重要的，但是太多的选择容易导致消费者的费解和信心的丧失。综合苹果公司的发展历程，能够清晰地看到，从前期一味的、脱离市场的技术创新到如今技术层面、经营层面和商业层面等多层面、多点创新，苹果公司已经凭借着综合性的产品市场定位及产品组合策略，实现了自我蜕变，在原有市场获得了稳定的发展之后，不断对自己的版图进行着合理化扩张，从而造就了其今日的成功。

讨论题 1：请结合苹果公司的产品定位，系统分析苹果公司硬件产品的组合策略。

（2）从 iPod 到 iPod Touch，从 iPhone 到 iPhone6 plus，从 iPad 到 iPad6，苹果公司每一次产品升级，都大大提升了消费者的用户体验。2010 年，苹果 iPad 正式发布。它带来了一块精美的触控屏，以及用户在 iPhone 和 iPod Touch 上早已习惯和爱不释手的操作方式。截至 2012 年 10 月，苹果公司共计销售出 1 亿部 iPad，而 2013 的销量将近 3 300 万部，此外还有来自于 iPad Mini 5 500 万部的销量。在上一代 iPad 还在热销之际，苹果公司就在不断研发并连续推出 iPad2、iPad Mini、iPad4。作为一个高科技公司，苹果公司始终坚持不变的是专注于产品线的延伸和拓展。作为一个电子消费品企业，苹果公司始终坚持不变的是满足消费者的体验需求，不断推出能更好满足消费者体验的产品。

讨论题 2：苹果公司向电脑以外的市场延伸以后，其营销状况如何？请结合相关资料，从产品组合策略角度分析苹果 iPad 在平板电脑市场中，针对三星、微软、索尼等强劲对手时所采用的方法和手段，并阐述其成功的原因。

讨论题 3：目前苹果公司在产品创新和组合上有什么新举措？试分析其市场前景。

四、教学组织建议

分组讨论，并搜集最新资料进行补充。各组在课堂上汇报分析整理资料的情况，陈述本组主要观点。

案例 11　新产品开发推广案例

一、知识要点

（1）市场营销学中，新产品是指与旧产品相比，具有新的功能、新的特征、新的结构和新的用途，能满足顾客新的需求的产品。按照新颖程度，新产品可划分为4类：全新型新产品、换代型新产品、改进型新产品和仿制型新产品。按照地域范围，新产品可划分为4类：世界级新产品、国家级新产品、地区级新产品和企业级新产品。

（2）企业开发新颖程度较高的新产品时，要注意新产品开发的以下三个特点：耗资大，成本高；难度大，时间长；风险大，失败率高。

（3）新产品开发程序一般可分为7个步骤：提出构思方案→筛选构思方案→产品概念的形成及验证→可行性分析→试制→试销→正式投放市场。

二、案例正文

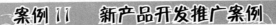

微信——只为用户所想

（一）全新的沟通方式——微信

微信是腾讯公司推出的一款即时语音通信软件，用户可以通过手机、平板和网页快速发送语音、视频、图片和文字。微信提供公众平台、朋友圈和消息推送等功能，用户可以通过摇一摇、搜索号码、附近的人、扫二维码方式添加好友和关注微信公众平台，同时微信帮用户将内容分享给好友以及将用户看到的精彩内容分享到微信朋友圈。截至2013年11月，微信注册用户量已经突破6亿，成为亚洲地区最大用户群体的移动即时通信软件，它曾在27个国家和地区的App Store排行榜上排名第一。

微信由深圳腾讯控股有限公司于2010年10月筹划启动，由腾讯广州研发中心产品团队打造。该团队经理张小龙所带领的团队曾成功开发过Foxmail、QQ邮箱等互联网项目。腾讯公司总裁在产品策划的邮件中确定了这款产品的名称叫作"微信"。

（二）人气爆棚的微信

在移动互联网领域，Kik Messenger 15天获得100万用户，让人们看到又一个机会的出现。虽然在Kik之后出现了大量类似应用，但是在这次机会上把握得最好的当属腾讯公司出品的微信。据微信团队公布的最新数据，微信用户已超过 5 000 万,在用户量上把米聊、Talkbox、Kik、Whatsapp 等应用都远远地甩在了后面。

即便是和 2010 年成长最快的移动互联网应用微博比,手机应用微信的增长速度仍然非常惊人。以新浪微博为例,其注册用户数达到 5 000 万用了 15 个月,而微信获得同样的注册用户数只用了仅仅 10 个月。

虽然腾讯公司在移动互联网领域经验丰富,如手机 QQ 一直都是移动设备上安装量最大的应用,但微信的发展速度仍然远远超出所有人的预期。每天,因为摇一摇功能,微信都会为用户"摇"出超过 1 亿次线上碰面机会。而它也成为腾讯公司战略级产品,在腾迅公司高层的亲自督战之下,有望成为腾讯公司在移动互联网上的 Killer App。

微信的幕后功臣腾讯广州研发中心团队(以下简称"广研")也因此成为年度最耀眼的产品团队。

作为中国最大、拥有用户最多的互联网公司,腾讯公司在推广其新产品的时候有着天然的优势,但这并不意味着无论腾讯公司推出什么产品,只要借助拥有的数亿 QQ 用户就一定能获得成功。事实上,在电商、下载、视频等诸多领域,腾讯公司虽凭资源却未获得期盼中的领导者地位。但是,由前 Foxmail 创始人、现腾讯"超级产品经理"张小龙领导的这支团队,却在成功打造了 QQ 邮箱后,再度用微信这款移动客户端将产品体验做到极致,毫无疑问,其中必有成功规律。

微信的火爆绝非因为腾讯公司拥有海量的用户:假设产品本身不够优秀,有再多的用户也都会很快流失殆尽。聚焦于微信个案,从想法到产品成型,从发挥出潜力获得资源倾斜,到最后成为腾讯的战略级产品,其自身也有诸多被外界忽略的独特的因素。

(三)与众不同的微信

微信是一种更快速的即时通信工具,具有零资费、跨平台沟通、显示实时输入状态等功能,与传统的短信沟通方式相比,更灵活、更智能,且节省资费。

通过不断的版本升级,现在的微信版本支持发送语音短信、视频、图片和文字,支持多人群聊,支持查看所在位置附近使用微信的人,支持腾讯微博、QQ 邮箱、漂流瓶、语音记事本等功能。具有直接性、互动性特点。

除此之外,微信与众不同的地方还有很多,具体如下。

第一,微信是服务,而不是骚扰。传统广告之所以不讨人喜欢,是因为在没有得到受众允许的情况下,给受众展示了他不需要的内容。没允许、不需要,是扰民的根本原因。微信在这方面做得非常好,用户可以凭自己的意愿来接受自己想要的东西。

第二,微信让 UV、手机号、E-mail 等"数据人"变成了实实在在的人。做过精准营销的人都知道,从数据库中一堆手机号、E-mail 地址里,是根本看不出一点儿个性来的,那又谈何精准呢?不过是借用一个概念罢了。而微信账号,则让 ID 有了人性,通过 ID 知道用户是男是女,是哪里的人。更重要的是,未来它会成为一个像手机号一样的通用 ID,这就具备了建立用户数据库的可行性。

第三，微信给了营销者一个直接与用户对话的渠道。几乎所有的营销者，这么多年来，都在强调要和用户互动，要了解用户的真实需求，但是如何做到？靠把十几个样本拉到公司来开会？还是靠电话拜访或者问卷调查？先不说真实性如何，其效率本身就非常之低。而微信，可以让营销者和一个具体的顾客对话。

第四，微信真正实现了绑定移动设备。总有人说，微信和移动QQ不是一个道理吗？因为从形态上看，二者太像了，功能基本都差不多，那怎么能说只有微信绑定了手机呢？要回答这个问题现在其实很简单，当发微信给微信好友时，他一定收得到，这点是肯定的，但是当发QQ消息给QQ好友时，他未必会收到，因为他不一定时刻都在线。所以，只有微信才是绑定手机的通信工具，移动QQ不是。绑定了手机以后，移动互联网的各种功能，才能变成现实应用。

第五，微信营销提供了更多的技术可能性。微信未来会成为一个开放平台，营销者可以开发有独特功能的插件，这在营销技术上是个革命。随着伟大的HTML5技术普及，营销者完全可以开发出独具特色的营销工具，然后用微信发送给用户。比方说，某歌星要开演唱会了，那主办方开发一个歌曲投票器，粉丝们在上面直接点选投票决定最后唱哪些歌。

正是这些与众不同的新功能、新特点，使得微信被用户接受，并且呼朋唤友，邀请更多人加入。

（四）微信的延伸产品

微信不仅成功地将自己营销给了大众，也意识到如果希望一直保持优势，必须有更大的吸引力，才能留住用户。除了产品自身功能不断完善和强化，针对企业用户，微信设置了公共平台，帮助用户营销。微信营销已经成为很多商家的营销手段之一，并且以其自身与众不同的模式赢得商家和消费者的一致赞同。

当品牌成功得到关注后，便可以进行到达率几乎为100%的对话，它的维系用户的能力便远远超过了微博。此外，通过LBS、语音功能、实时对话等一系列多媒体功能，品牌可以为用户提供更加丰富的服务，制定更明确的营销策略。基于这种功能，微信已远远超越了其最初设计的语音通信属性，其平台化的商业价值显然更值得期待。

模式一：活动式微信——漂流瓶

营销方式：微信官方可以对漂流瓶的参数进行更改，使得合作商家推广的活动在某一时间段内抛出的"漂流瓶"数量大增，普通用户"捞"到的频率也会增加。加上"漂流瓶"模式本身可以发送不同的文字内容甚至语音小游戏等，如果营销得当，也能产生不错的营销效果。

例如，招商银行的"爱心漂流瓶"活动。活动期间，微信用户用"漂流瓶"功能捡到招商银行漂流瓶，回复之后招商银行便会通过"小积分，微慈善"平台为自闭症儿童筹集救助金。根据观察，在招行开展活动期间，每捡10次漂流瓶便基本上有一次会捡到招行的爱心漂流瓶。不过，漂流瓶内容重复，如果提供更加多样化的灵活信息，用户的参与度会更高。

模式二：互动式推送微信

营销方式：通过一对一的推送，品牌可以与"粉丝"开展个性化的互动活动，提供更加直接的互动体验。

例如，星巴克《自然醒》专辑音乐活动。当用户添加"星巴克"为好友后，用微信表情表达心情，星巴克就会根据用户发送的心情，用《自然醒》专辑中的音乐回应用户。

模式三：陪聊式对话微信

营销方式：现在微信开放平台已经提供了基本的会话功能，让品牌与用户之间做交互沟通，但由于陪聊式的对话更有针对性，所以品牌需要大量的人力成本投入。

以杜蕾斯为例，杜蕾斯微信团队专门成立了8人陪聊组，与用户进行真实对话，延续了杜蕾斯在微博上的风格，杜蕾斯在微信中依然以一种有趣的方式与用户"谈性说爱"。据杜蕾斯代理公司时趣互动透露，目前除了陪聊团队，还做了200多条信息回复，并开始进行用户的语义分析的研究。

模式四：O2O模式——二维码

营销方式：在微信中，用户只需用手机扫描商家的独有二维码，就能获得一张存储于微信中的电子会员卡，可享受商家提供的会员折扣和服务。企业可以设定自己品牌的二维码，用折扣和优惠来吸引用户关注，开拓O2O营销模式。

例如，深圳海岸城"开启微信会员卡"。深圳大型商场海岸城推出"开启微信会员卡"活动，微信用户只需使用微信扫描海岸城专属二维码，即可免费获得海岸城手机会员卡，凭此享受海岸城内多家商户优惠特权。

模式五：社交分享——第三方应用

营销方式：微信开放平台是微信4.0版本推出的新功能，应用开发者可通过微信开放接口接入第三方应用。还可以将应用的LOGO放入微信附件栏中，让微信用户方便地在会话中调用第三方应用进行内容选择与分享。

例如，美丽说公众号。用户可以将美丽说中的内容分享到微信中，由于微信用户彼此间具有某种更加亲密的关系，所以当美丽说中的商品被某个用户分享给其他好友后，相当于完成了一个有效到达的口碑营销。

模式六：地理位置推送——LBS

在微信丰富的功能中最能体现网络营销价值的便是融入LBS（基于位置的社交）元素的服务功能。LBS精准定位的作用对于某些行业在投放促销信息时可谓事半功倍。

营销方式：品牌点击"查看附近的人"后，可以根据自己的地理位置查找到周围的微信用户。然后根据地理位置将相应的促销信息推送给附近用户，进行精准投放。

例如，K5便利店新店推广。K5便利店新店开张时，利用微信"查看附近的人"和"向附近的人打招呼"两个功能，成功地进行基于LBS的推送。

（五）了解用户所需，抓住用户心

在成功走进客户视野之后，微信研发团队乘胜追击，推出微信游戏。微信游戏的成功，并不是简单一句"用户多，再加入点社交"所能概括的。

微信游戏的崛起蕴藏着腾讯深邃的产品观，值得探究。微信"游戏中心"推出的五款游戏，本质上可以分为以下三类，体现了腾讯细腻的产品逻辑，以及稳健的产品推进大局观。

1. 掀起全民游戏：经典飞机大战

从微信推出游戏的名称中，便可以窥探出微信游戏战略推进的蛛丝马迹。经典飞机大战，主打的是"经典"怀旧，飞机大战这个游戏类型脱胎于最早红白机射击游戏《小蜜蜂》，被很多游戏继承过，只要对电子产品有所接触，从60后直到00后，对这个模式游戏都不会陌生，这为"打飞机"成为全民游戏打下了基础。

而微信也刻意营造着"打飞机"的话题性，从微信5.0进入页面推荐"打飞机"，到让人遐想的名称，再到先推出iOS版刻意的饥渴营销，使得"打飞机"话题性一时无双，人人欲打之而后快。

"话题性"+"经典怀旧"+"社交排名"，在三重力场的进攻下，很多微信用户对打飞机这款游戏进行了尝试。不管"打飞机"这款游戏后续会如何，在战略意义上"打飞机"是极其成功的，它本身是作为微信游戏"攻城"之作：让所有人知道微信游戏，让大部分人尝试微信游戏。毫无疑问，"打飞机"出色地完成了任务。

2. 碎片化标准手游：天天连萌、天天爱消除、天天跑酷

"天天系列"都是标准的手游型游戏：易上手、符合碎片时间特点、轻操作。微信游戏在用"打飞机"制造出足够大的动静之后，需要用这些典型手游去留住"标准的"手游玩家。

手机游戏目前的主要功能还是供人们消遣，打发碎片时间，远未达到端游或街机高黏性和深度游戏文化水准。微信游戏现在推出三款"天天系列"手游，是标准的"守势"。"天天连萌""天天爱消除"游戏时长被限定在1分钟之内，以及易上手的操作方式，都是喜欢用手游来打发碎片时间的用户的最好选择。一批玩家将被沉淀进入"天天系列"中，天天去玩一玩微信中的手游打发时间。

3. 窥探手游的边界之重：节奏大师

"节奏大师"是微信游戏对现代手游形态天花板的探究之作，一探"手游不能承受之重"。"节奏大师"作为一款MUG（音乐游戏），其闯关模式、后期难度、游戏时长（平均2分半钟）以及操作方式都过于"沉重"，不符合目前手游"用来打发时间"的游戏形态。与"节奏大师"相类似的MUG游戏如"太鼓达人""跳舞机"都是街机游戏中的经典，虽然不是最受欢迎的游戏，却能粘住一部分核心玩家，形成良好的"玩家圈子"和"游戏文化"，这也是目前手游所欠缺、所需要突破的瓶颈。

"节奏大师"的"重"，是腾讯期望"突破"手游轻形态的试水之作，但是目前看来，情况并不乐观。例如，有的玩家吐槽微信游戏每周清空排行榜，根本就不利于"节奏大师"这样的"重型游戏"核心玩家刷存在感，自己

"闯了100关的记录就这么没了"——改变手游轻形态并没有那么容易,因为"轻"是手游现在的基本特点,手游设计者潜意识就这么认为,很难突破。

最后,微信游戏在产品布局上的逻辑,是根据现有手游产业产品形态进行三步推进的:攻城(打飞机)→守势(天天系列)→试图突围(节奏大师)。这三步棋走得十分稳健并且具备紧密的逻辑性,攻守兼备的同时也让腾讯很好地探究到了手游的边界。目前看来,手游迈向"重型游戏"还存在难以突破的藩篱。

主要参考资料

[1] 佚名. 微信游戏"打飞机"成功的秘密 [EB/OL].http://www.chinahrd.net/management-planning/strategic-policy/2013/0926/203414.html.

[2] 佚名. 微信的幕后功臣腾讯广州产品研发中心团队 [EB/OL].http://www.webjx.com/webmanage/experience-31394.html,2012-1.

[3] 佚名. 从IM到电商微信:开启腾讯全新时代.[EB/OL].http://article.pchome.net/content-1585691-2.html.

三、分析与讨论

(1)微信给人们带来了与以往不同的沟通方式,曾经因为不会打字而不能发短信的老人们也为此拍手称赞,实时的语音对讲更增添了一份真实。正是一系列的"创新"使得微信很快博得了大众的喜爱。

讨论题1:如何定义新产品?

讨论题2:新产品的开发设计可以从哪些方面体现其"新"的特性?

(2)有人说,微信用户数量的激增是因为绑定了腾讯QQ,然而,如果仅仅是增加了语音对讲功能,腾讯公司大可不必要去研发微信了,只需要在QQ中植入此功能即可。微信为用户带来了完全不同的体验和功能。通过对市场准确的把握,不断创新才是微信成功的内在原因。

讨论题3:微信成功的经验给予中国企业什么样的启示?

讨论题4:你认为微信的开发推广模式可以应用到其他行业吗?为什么?如果可以,请举例说明。

四、教学组织建议

第1、2、3题宜采用小组讨论的方式。

第4题可采用咨询答辩的方式。

案例12　品牌建设案例

一、知识要点

（1）菲力普·科特勒认为，品牌是一个名字、名词、符号或设计，或是上述的总和，其目的是要使自己的产品或服务有别于其他竞争者。

（2）品牌的内涵非常丰富，在人们的实际生活中，有广义品牌和狭义品牌之分。狭义的品牌就是企业自己注册的商标。很长一段时间，品牌与商标在我国基本上是混用的，或者说，"商标"与"品牌"这两个术语几乎是通用的，没有多大的区别，因为中国的商标有"注册商标"与"未注册商标"之分。广义的品牌内涵非常丰富。它认为品牌，第一，必须存在相对应的"实体"——产品和服务应满足消费者的需求；第二，这些产品和服务需要通过特定的手段与其他的产品和服务建立有效的"区分"；第三，消费者应形成特定的"认知"——消费者的体验。

（3）品牌有六个层次：属性、利益、价值、文化、个性、用户。

（4）品牌的建设与维护：品牌必须有自己的核心价值；品牌必须能够被有效地识别；企业的营销传播活动必须以品牌的核心价值为中心；通过深度沟通让消费者认同品牌的核心价值；科学地构建品牌战略，正确地运用品牌延伸策略；科学地管理各项品牌资产，累积丰厚的品牌资产。

二、案例正文

红帮西服的前世今生

（一）红帮西服的制作技艺与服装质量

清末民初的宁波，是当时最早与国外通商的口岸城市之一。这里，有许多人是以缝纫业为生的。

1843年11月，拥有开阔腹地的上海对外开埠，逐渐成为东方大都市。一方面，远道而来的欧洲人猛增；另一方面，国内的洋行买办、银行高级职员、富家子弟、社会名流等追随时尚，于是社会上出现了一股"西装热"。

宁波地狭人稠，一向有到上海谋生的传统。"西装热"给聪明能干的宁波裁缝带来了千载难逢的机遇。宁波的不少裁缝曾为外国人工作，故称"红毛"裁缝，"红帮"之名由此而来。"红毛"最初是对荷兰人的称谓，后来泛指欧洲人。在老上海，"红帮"指的是西式的服务业或修造业。

红帮裁缝有刀工、手工、车工、烫工四大功夫，强调量、裁、试、缝、验五大工序。"量"就是为客人量体；"裁"就是按照尺寸做好纸样剪裁；

左为"红帮"为毛主席制作的中山服，右上为"红帮"制作的刺绣锦缎旗袍，下为"红帮"用过的小物件和老式缝纫机

"试"就是客人试样后，重新修改；"缝"包含串、甩、锁、钉、扎、打、仓等14种工艺，其中又以烫功为重，运用推、归、拔、压、起水等不同手法，使服装更平顺合体；"验"指看衣服是否平、服、顺、圆等。

人的躯干和四肢千差万别，从头到脚各个部位的尺寸和比例都不可能完全一样，所以量体是裁缝的一项硬功夫。"红帮"高手不但能根据顾客的身材将衣服尺寸量准，还能在特殊情况下凭一双眼睛"以目测代量体"。早在20世纪初，上海的"红帮"名店为顾客制作服装时，就能根据顾客看中的外国电影中的名角服饰，依样复制。高手们还能将国外进口的月季簿中模特的摩登打扮，移花接木成国人的时尚衣着。他们为梅兰芳、程砚秋等艺术大师制作的服装，深受欢迎。

20世纪初，"红帮"裁缝享誉上海，是中国近现代服装业的改革者和奠基者，有着5个第一：中国第一套西服；中国第一套中山装，成为中国新兴服装产业的开拓者；中国第一家西服店，创造了富有民族特色的"海派西服"；中国第一部西服理论著作《西服裁剪指南》；中国第一所西服工艺学校。直到现在，"红帮"传人在高级成衣、特形成衣的制作领域仍独领风骚，曾为多位外国来华贵宾以及国家领导人制装，颇享盛誉。

过去宁波人有句老话："天下三主，顶大买主。""红帮"裁缝在讲究技艺的同时，十分重视服务质量。除了一般商人都会注意的和气生财、笑脸相迎之类生意经外，"红帮"裁缝还有他们的许多独到之处。例如，客人来店定做衣服，首先要记住他的姓名、地址、职业等信息，更要记住他上次定做过什么衣服。心中有了底，客人下次再来时，裁缝就可以谈及上一次衣服的款式、面料等，同时介绍区别于上次衣服的花色料子，这样，客人既高兴又佩服，新的生意又可成交了。

每逢春秋两季，店里给做过衣服的老顾客一一发信，告诉顾客现在是换季之时，新货已到，恭候他们的光临。信中附上面料小样，注明品质特色、流行情况。顾客收到这样周到热情的信件后，多会及时回信，或亲自来店。

"红帮"裁缝是中国近现代中国服装史的主体，它有一条长长的历史轨迹，在老上海提起宁波人，很多人或许立即就会想起当年那些在上海滩大红大紫的"红帮"裁缝。

（二）红帮西服的近代发展

宁波"红帮"裁缝在申城创业的同时，也把目光投向了同属长江三角洲区域的宁、苏、锡、常。

鸦片战争后，广东与宁波开禁较早，在天津与外国通商之前，广东与宁波两帮就不断从海路赴津。到20世纪二三十年代，在当时中西裁缝聚居地"小白楼"，宁波的"红帮"裁缝红极一时。小白楼的"江厦里"，居住着西服高手何庆丰等上百个"红帮"裁缝，以致天津人后来将江厦里称为

"裁缝里"。

1905年,哈尔滨正式开埠,大量外国侨民尤其是俄国人纷纷涌入。从那时起,善于抓住机遇的宁波裁缝便从上海到大连、沈阳、长春、哈尔滨,到中俄杂居的海参崴……当年,在海参崴的中国街上,裁缝基本上都是宁波人。

1906年,宁波人李玉堂在北京王府井开设了新记西服行,十余年后一跃成为京城最著名的西服店,曾为许多名人和国家的领事馆人员制装。"红帮"进京后,引发了款式创新、面料创新、工艺创新和店堂创新,创建了一批享誉京城的老字号。

宁波"红帮"裁缝在"九省通衢"的武汉,在四川、重庆、兰州、西宁、乌鲁木齐等西部地区,在港澳台和东南亚地区,都获得了成功的拓展,取得了非凡的业绩。

"国际大都会的上海一度是'红帮'裁缝的经营中心。"宁波服装博物馆馆长陈万丰在他的《红帮服装史》中这样写道。当时上海华洋共居,流行服装文化以"红帮"西装为荣。

(三) 红帮西服的现代发展

中华人民共和国成立以后,宁波服装产业逐渐从个体合并为集体,在城区和奉化、鄞县、宁海、余姚等地组成服装手工业合作社,加工原料,生产衬衫、劳保服等。这一时期,宁波服装生产能力有所提高,当时中国很多领导人的服装都由"红帮"裁缝制作。但好景不长,1956年公私合营时,上海的西服店倒闭了一大半。那些生存下来的,也都是靠廉价制作中山装、列宁装勉强维持。制作一件中山装的价格在1元5角到2元5角之间,其利润和做西装不可同日而语。

1956年之后,人民生活水平有所提高。"红帮"裁缝孙富昌回忆说,一位纺织部的领导在上海培罗蒙座谈时说:"以前提倡的'新三年,旧三年,缝缝补补又三年'到今天已经不适用了,人生一共才几个九年?"在中央领导的指示下,顶级的"红帮"师傅离开了上海,到北京开设"红都"服装店,成为中央领导、来华外国政要、驻外使节定制服装的名店,三代经理和许多技师都是"红帮"裁缝。20世纪五六十年代,周恩来的服装,不管是内衣还是外套,几乎都出自"红帮"裁缝余元芳之手;1956年党的八大期间,王庭淼和田阿桐师傅为毛泽东设计制作了新的中山装。天安门城楼正中毛泽东像穿着的,就是这件中山装。

但是到了20世纪60年代,"文化大革命"如火如荼,扼杀一切个性,人人一色的蓝卡其衫或是绿军装,宁波的服装产业也只作为一种简单重复的生产车间,毫无生气可言。大量的"红帮"裁缝被分配进了各地的服装企业,担任技术工作,开始研究如何量产成衣,手工精制的技术已难有用武之地。"文化大革命"10年带来的打击更大,老一辈的"红帮"师傅已经寥寥。"红帮",一个曾经响当当的招牌,也就告一段落了。

不过,在中国香港、日本和韩国等地,仍有不少在中华人民共和国成立前进驻的老"红帮"西服店,生意兴隆。例如,日本的"培罗蒙"西服店就很有名,店里做的西装价格很昂贵,"红帮"裁缝戴祖贻的名字是这个店的金字招牌。2005年,80岁高龄的戴祖贻还为美国一位老客户做了13套西装,总价787万日元,折合美金7万多元。

(四)红帮西服在传承中发展

"红帮"裁缝以精湛的技艺、上乘的质量、敬业的精神、良好的声誉名扬海内外,使宁波成为中国近代服装的发源地,也为日后宁波服装产业飞速发展打下扎实的历史根基。

20世纪七八十年代,一些"红帮"裁缝开的服装店又出现了。量身定制西装是"红帮"的传统强项,像杭州的"老和兴""恒龙"两家,都是为客人量身定制,他们手上常年有来自英国的订单,一套西装要两三万元人民币。政府官员、企业家和许多演艺界明星都是他们的老主顾。

(1)2001年,25岁的鲁兴海发现了服装定制中的商机,立志要让"红帮"重现辉煌,并走向世界。5年半后,鲁兴海与这一目标渐近。他所创办的杭州恒龙服饰有限公司已在国内服装业首屈一指,他的15家服装定制店分别开在了中国最繁华的15个城市的商业中心地带,与世界顶尖品牌同场博弈。目前,鲁兴海引入的英国古老的手工定制西服品牌——亨利·普尔洋服店,在北京的王府井商业中心开业,使恒龙服饰长期打造的尊贵、高档、时尚品位的企业定位得到了进一步提升。

(2)作为"红帮"的嫡系传人,培罗成公司现已成为中国最大的职业装生产企业。公司总裁陆信国让培罗成公司以职业装方式,成为新一代"红帮"最具代表性的传承者和嬗变者,成为国内古老商帮"文艺复兴"的第一人。他们更大的"野心"是,能让所有工作中需要穿西服的人都能依照个人的体型穿上"红帮"西服。

(3)奉化人决定承袭"红帮"裁缝的传统,用服装再塑奉化的优势产业。奉化的江口镇决定成立一个服装厂。建厂后,第一件事就是聘请"红帮"第三代传人余元芳等老师傅担任高级技术顾问。正是这些老师傅,教授了"红帮"裁缝的绝技,把这个刚刚起步的小厂一下子拉入了品牌制造和规范化经营的轨道上来,从而诞生了1994年获得"首届中国十大名牌西服"称号、拥有68家分公司、1 500余个营销网点、600多家代理商,遍布全国31个省(自治区、直辖市),在美国、意大利、日本、法国等国设有6家分支机构、在20多个国家和中国香港地区注册的"罗蒙"西服。

秉承了宁波"红帮"裁缝精湛技艺的罗蒙高级西服,由专业裁缝师手工打造

（4）有目的地送子女到国外读书、做生意，是奉化服装企业自我提升发展的另一途径。奉化富盾、老K公司、金点子、爱伊美等企业掌门人也把子女送到意大利、美国等欧洲著名服装学校读书，打算成为新一代"红帮"裁缝的接班人。

……

宁波的服装企业群中，现有驰名商标3个（雅戈尔、杉杉、罗蒙），中国名牌9个（雅戈尔、杉杉、罗蒙、太平鸟、洛兹、维科、博洋、培罗成、爱伊美），省名牌14个，市级名牌26个。它们大多与"红帮"文化有不同程度的渊源关系。

（五）"红帮传人"队伍亟待壮大

2007年5月，"红帮"裁缝的第六代传人江继明申请注册"红帮"传人商标，并于2011年4月注册成功，注册有效期限为2011年1月至2021年1月，使用范围是服装类。

早在十多年前，"红帮"这一商标已被宁波罗蒙股份有限公司注册，2000年，宁波一家服装培训学校也注册了"红帮"这一商标，使用范围是教育类。

在服装重镇宁波，江继明是一个被业界尊重的人物。他曾师从于"红帮"第五代传人陆成法，1984年，进入浙江纺织工业学校任教（后改为浙江纺织服装职业技术学院）。1998年，退休后的江继明出资20万元成立了全国第一家私人"红帮"服装研究所——宁波继明"红帮"服装研究所，曾先后设计发明"透明活页服装样卡""领头弧线长度测量法""快速服装放样板"等。

目前，全国老辈"红帮"裁缝不足百人，而且大多是八九十岁高龄。相比之下，72岁的江继明算是很年轻的了。如果不及时挖掘，许多可供研究中国近现代服装史的"活文物""活档案"将随着去世而消失。

（六）红帮西服的服装产业集群发展

深厚的"红帮"文化底蕴和服装产业集群，使得宁波的红帮文化服装节历经16年经久不衰。这16年来，正是宁波服装产业从粗放型生产方式向集约型转变的重要时期，从而使得"红帮"裁缝成功向"红帮"品牌跨越。在此过程中，宁波的服装业开始从劳动密集的加工制造业向品牌经营管理的方向发展。截至2011年，宁波已成为国内最具规模的服装产业集群地。宁波市成规模的纺织服装企业已达2 036家，共实现工业总产值1 208.9亿元人民币，产品销往世界各地。"世界服装名城"正在成为红帮文化传承者的亮丽名片。2012年，宁波服装节的重要展示平台——服博会首次设立"时尚女装馆"，众多新创女装品牌参与展示，本地童装品牌也在初步形成品牌扎堆发展的阵容，传统的"红帮"文化正在进行着时代变迁：男装、女装、童装齐头并进、均衡发展的格局正在逐渐形成。

如今，越来越多的宁波服装企业深刻感受到了文化创意带来的新生机。目前，雅戈尔集团正从一家生产营销型企业向品牌型企业转型，从技术密集型向艺术创意型企业转身，力图把雅戈尔从服装工厂转型打造为"创意文化的艺术世界"，不断提高品牌服装的毛利率。和丰创意广场也成为宁波工业设计展示、创作、交易的重要平台。太平鸟、菲戈等不少"红帮"文化传承者纷纷入驻，设立服装创意设计公司，让设计团队独立运作。宁波服装传统制造业，正向着文化创意产业和现代服务业转型升级，绽放出新的活力。

2012年，宁波的服装产业结合"红帮"裁缝传统优势与现代科技，走入一个新的发展时期，并与世界服装名城巴黎、米兰等进行对话。越来越多的国际名品服装贴上"宁波制造"的商标，"红帮"文化再次走出了国门。一些宁波的高级成衣专门聘请国外著名设计师，并委托意大利、法国的名牌企业进行生产。例如，罗蒙与意大利著名设计师挂钩，成立男装设计工作室，与国家服装设计中心和服装质量总监督中心联姻解决质量技术课题，与韩国大邱金佑仲女装公司合作成立女装设计工作室，从而不断设计出引领服饰新潮的时尚服装。

"红帮"文化适应现代潮流，在传承悠久历史的同时，不忘运用"名牌＋明星"的手法将品牌文化推荐给更多的年轻人。不少当红明星都成为宁波服装企业的代言人。

（七）红帮西服的文化渗透

2004年成立的浙江纺织服装职业技术学院成为培养"红帮"裁缝的重要平台，为弘扬"红帮"文化作出了不少贡献。2013年，学院已形成"八个一"工程的载体来弘扬和传承"红帮"文化："一所一店"，即"红帮"文化研究所和"红帮"洋服店，充分挖掘和传承"红帮"遗产，近年来撰写出版了两部专著，开设了系列讲座，创办了《红帮》专刊；"一馆一廊"，即"红帮"文化展览馆和"红帮"文化长廊，通过"红帮"服饰、图片物件和文字资料来解读"红帮"文化，让学生在潜移默化中传承"红帮"精神；"一课一节"，即"红帮"文化课程和"红帮"文化节，通过课程教育和开展创新文化、技艺文化、诚信文化、尚美文化四大系列丰富活动，把"红帮"精神内化为学生的自身素质修养；"一街一院"，即校内创业一条街和创业培训学院。

主要参考资料

[1] 刘鹤翔."红帮"：洋装的中国传奇[N].财经日报，2006-11-2.

[2] 佚名.嫁接红帮：新宁波帮发展路径[N].都市快报，2007-05-29.

[3] 佚名.量体裁衣："红帮裁缝"的复兴路[EB/OL].（2007-05-24）.http：//www.chinanews.com.cn/cj/kong/news/2007/05-24/942771.shtml.

[4] 陈万丰.宁波"红帮"传奇[EB/OL].（2007-06-08）.http：//www.zhuaxia.com/item/ 363403437.

[5] 卢哲恒.宁波百年红帮大脉络解密[N].都市快报，2005-11-08.

[6] 佚名."红帮"：托起宁波服装产业的"明珠"[EB/OL].（2006-06-02）.http：//www.fzc.cn/html/2004/06/1-35189.html.

[7] 佚名.让红帮的创新精神继续传承[EB/OL].http：//www.diyifanwen.com.

三、分析与讨论

（1）在中华人民共和国成立前，虽然社会经济不发达，"红帮"服装却能从宁波发展到全国，后来发展到日本和韩国等地，成为近现代中国服装史的主体。究其原因，可能有多方面的因素，如质量、服务、时尚文化等。而1949年后，尽管"红帮"曾为国家领导人提供过定制服务，但"红帮"服装却每况愈下，以至于几乎消失。无独有偶，中国历史上如唐、宋、清等朝代，服装风格等方面也曾发生过巨大变化。

讨论题1： "红帮"服装在其发展时期主要靠什么走向全国甚至海外？

（2）在相当长的一段时间里，中国的纺织品是欧洲王室贵族才能享用得起的高档服装面料。现如今，"明清以后无建筑，华夏男儿无衣裳"。中国男人穿的西装、运动服或者休闲服，都是舶来品。

在这样的情况下，对于中国男装的文化取向，业界存在着两种观点：其一，认为西装，源自西方，非我中华自有之物，因此，中国西装品牌在文化内涵上，应以西方文化为尊；其二，认为虽然西装是舶来品，但中国人的西装必须和中华文化、民族特色结合，否则就失去了独特的价值，反而不可能在世界服装界赢得一席之地。

常言道，要创造一个品牌很容易，但要守住一个品牌并保持百年基业常青并不是件容易的事。中国的消费者已经不是过去那种越贵越好的心态了。与过去不同，他们对于品牌的内涵非常了解，知道自己需要什么，同时他们也需要通过品牌的文化内涵来获得社会地位的认同。

讨论题2： 小议社会形势对服装的影响。

讨论题3： "红帮"服装品牌应该如何挖掘其文化内涵？

（3）在国际文化交融的今天，西服早就成了世界性的主打服饰品牌。"洋为中用""中为洋用"也成为新时代发展的标签。正如"烟台苹果""成都小吃""金华火腿"等地区特产一样，"红帮"西服也是一个宽泛的行业性品牌，很难被某一家企业垄断。宁波的服装企业，如知名的品牌雅戈尔、杉杉、罗蒙等，大多与"红帮"服装有不同程度的渊源关系，而且都在充分利用"红帮"的品牌资源。例如，罗蒙服装公司注册了服装类"红帮"商标（不过极力打造的却是"罗蒙"品牌），一家服装培训学校也注册了教育类"红帮"商标，江继明先生正在申请"红帮"传人商标，等等。

讨论题4： 为避免同质化的品牌竞争，在你看来，上述这些企业或机构在传承"红帮"文化的基础上，应该如何构建各自的品牌战略？

四、教学组织建议

小组讨论。如果各组分歧较大，且观点集中，宜采取课堂辩论的形式。

案例 13 品牌竞争案例

一、知识要点

（1）品牌是商业用语。其含义可分成 6 个层次：属性、利益、价值、文化、个性和用户。由于品牌有 6 个层次的含义，因此，营销人员必须决策品牌特性的深度层次。人们常犯的错误是只注重品牌属性，而忽视品牌利益和其他方面。品牌在本质上代表着卖者对交付给买者的产品特征、利益和服务的一贯性的承诺。品牌虽有 6 个层次的含义，但品牌最持久的含义是其价值、文化和个性。

（2）品牌策略是增强企业产品市场竞争力的重要策略之一，可供选择的品牌策略主要有 4 种：无品牌策略、使用制造商的品牌、使用经销商的品牌、制造商品牌和经销商品牌混合使用。

（3）企业要想塑造一个成功的品牌，应注意以下几点：提炼品牌的核心价值，规划以核心价值为中心的品牌识别系统；品牌的核心价值可以从功能性利益、情感性利益和社会性价值三个方面去寻找；持之以恒地宣传品牌的核心价值；用核心价值去统率企业的营销活动。

（4）企业之间竞争的最高境界是品牌竞争。随着全球一体化进程的加快，中国本土品牌和众多外资品牌在中国市场上一较高低。中国市场和发达国家市场有很多不同之处：发达国家市场高度成熟，各产品竞争激烈；而中国还是一个发展中的市场，新机会不断涌现，中国消费者因文化背景等因素的影响，也有其独特的消费习惯。所以，在吸取发达国家品牌塑造经验的同时，中国的本土品牌应根据中国市场特征和消费群特点，采用恰当的品牌策略，打造和维护强势的本土品牌。

二、案例正文

万科品牌 行业标杆

（一）万科简介

万科成立于 1984 年，1988 年进入住宅行业，1993 年将大众住宅开发确定为企业的核心业务，目前已发展成为中国最大的专业住宅开发企业，业务覆盖到以珠三角、长三角、环渤海三大城市经济圈为重点的 31 个城市，为 15 万户中国家庭提供了住宅。自 2004—2012 年，万科连续 9 年获得中国房地产百强企业综合实力第一名的荣誉，并且

在2013年上半年中国房地产企业销售排行榜中，万科地产以销售金额830亿元再次夺魁。

2013年对于万科来讲是不平凡的一年，在住宅领域取得丰硕成果并且稳固地盘踞第一以后，万科开始对新领域试水。2013年12月24日，金隅万科广场正式开业，该项目位于北京市昌平区的核心地段，是万科组建商用地产管理部后的首个商业项目。北京万科副总经理肖劲在金隅万科广场的正式开业庆典上透露，希望将其打造成为集团商业地产的标杆项目，在万科成功试水商业地产后，将在今后每年推出一个大型商业综合体。

很多人认为，挂上了万科的牌子，就似乎和成功画上了等号。万科的品牌效应让很多房地产企业看到了在竞争中的又一个制胜法宝。

（二）房地产行业走入品牌竞争时代

在激烈的房地产市场竞争中，品牌的作用毋庸置疑。

在房地产业发展初期，多数楼盘"好女不愁嫁"。然而，随着房地产市场发展的日趋成熟，竞争日益激烈。建筑再新颖、规划再科学、布局再合理，很快就会被对手"克隆"，产品的日益同质化导致单靠产品本身难保长久的魅力。而品牌所包含的不仅是房子本身，它还包含着情感和文化，实现与消费者的情感沟通，往往"手未出而占先机"。房地产行业已经从产品竞争、价格竞争、服务竞争，逐渐过渡到现在的品牌竞争阶段。

随着人们生活品质的提高，选择机会的增多，消费者购房行为日益挑剔。人们对房子的需求不仅是避身养生的场所，而且是价值、身份的体现，品牌作为一种质量、信誉、价值的承诺，能增强消费者的购买信心，加速购买行为的发生。如今许多消费者在购房时，不再找楼盘买房，而热衷于找有品牌的开发商买房。另外，当房地产企业积累了较强品牌资产后，为其后续项目打开了一条绿色通道，在其他项目广告投入不大的情况下，照样可以借助母品牌效应，获取较大的市场影响，这大大降低了企业扩张的成本，增强了企业的市场竞争力。在这样一种背景下，只有真正成功实施品牌战略管理的房地产企业，才能在激烈的市场竞争中脱颖而出，最终实现企业的可持续发展。通过长期坚持不懈的品牌建设，万科地产取得了令人瞩目的成绩。无论是品牌知名度，还是市场占有率，万科已经成为中国房地产业的领导品牌。

（三）万科的品牌策略

万科1988年进入住宅领域，经过十几年的发展，集中资源创立了一系列地产开发项目品牌以及物业管理品牌，形成了较为突出的优势：文化品位、物业管理、企业形象、售前（售后）服务、社区规划、环境景观等。无论是制度规范还是企业信誉，无论是产品还是服务，万科在业内和消费者心目中都具有良好的口碑。但是，品牌不等于知名度。万科在进行异地扩张的过程中，逐渐体会到品牌的价值：通过品牌战略，可以在地域性很强的房地产开发行业中，发挥规模效应，使跨地域开发成为优势。

2000年，万科开始思考品牌整合的问题。2001年5月，万科委托华南国际公司对上海、北京、深圳三地的房地产开发商品牌状况进行了调研。结果显示，与其他发展商品牌一样，消费者对万科品牌的认知主要来自以"万科"命名的系列楼盘。虽然万科一直以来偏重于项目品牌的建设，并以此带动万科企业品牌的资产积累，但由于各地项目在档次、形象上的不同，导致消费者对万科企业品牌定位的理解也出现差异。在个别城市，还出现以项目品牌代替企业品牌的现象。

通过调研，万科意识到自己的目标消费者是这样的人群：他们追求身心的平衡，生活在快速发展的社会里，每天工作繁忙，可是在下班之后，他们还是会找消遣，让自己放松，喜欢按照自己的理想来营造一个属于自己的生活，利用有限的财富去满足自己的要求，懂得用不同的方式去平衡自己的身心。他们努力工作，相信努力会带来成果，同时享受成果带来的好处，他们做任何事从不放弃对自己的要求，对自己的决定满怀信心，并努力地向着自己的理想前进。在充满压力与竞争的世界里，他们渴望拥有一个属于自己的净土，在那里能完全地放松，享受情感与精神的交流。

针对这一情况，万科强调其企业倡导健康丰盛人生的理念，很好地契合了目标客户的需求，这一理念也成为当时万科品牌的核心价值。

然而，在竞争日益激烈、产品日趋同质化的房地产开发行业中，万科要顺利开展跨地域经营，维持长期的高速增长，就需要对企业品牌战略进行进一步的总结和提升。

2001年5月，万科与精信广告有限公司签订品牌合作协议，正式启动品牌整合。

万科通过调研洞悉了消费者的内心需求：房子不仅是人性和温情的组合，它还必须体现"我"和"我所追求的生活"——家的概念和内涵都已经延伸。迎合消费者这一消费心理发展趋势，万科把品牌的利益点集中在"展现自我的理想生活"，以"以您的生活为本"为品牌核心，提出"建筑无限生活"这一品牌口号。

此时的万科品牌具有更加丰富的特性：有创见的、有文化内涵的、关怀体贴的。具有如此个性的万科，将会如一位知心朋友，从懂得您的生活开始，以具有创见的眼光和无微不至的关怀，让您真切地体会到万科所提供的展现自我的理想生活。

精准地把握客户心理需求，通过品牌建设使企业的产品更顺利地走进顾客的内心，这正是万科与其他房地产企业的不同之处。在激烈的市场竞争中，在国家宏观调控政策日益严格的情况下，万科仍然依靠其自身品牌的强大推动力在市场中披荆斩棘。近年来，万科品牌不断丰富其内涵，成为市场竞争中的强大武器。

为了更好地适应市场的变化，万科也在不断地丰富其品牌内涵，表现如下。

（1）建造一个更有深度的住宅，是万科追求的目标。目前，房地产开发商对住宅功能方面的关注，还停留在比较表面的阶段，如人车分流、绿地率、动静分离、干湿分离等。而决定一个住宅是否好用，有更多更细致、更深入的方面。例如，窗户，除了关注它应该是塑钢的还是铝合金之外，还有气密性、水密性、隔音能力、隔热能力、型材类型等一系列硬性指标，执手、铰链、密封胶条等一系列节点做法也值得开发商重视。

（2）而住宅的性能是有别于功能的一个概念。目前看来，多数开发商仅仅关注住宅的功能，而尚未对住宅性能给予足够的重视。万科将加强与客户的沟通，通过销售及物业管理服务工作的信息反馈、与客户面对面的访谈交流、总结过去经验等手段，在更深入的层面对住宅的使用功能、性能进行分析，并反映在万科的"住宅标准"之中，为顾客建造更有深度的住宅。

（3）万科致力于营造一种美好的生活过程，而不仅仅是住宅本身。人在一个特定住区的生活质量，和这个住区的位置、与城市的关系、住区规划、住宅质量、环境配套、管理模式、邻居、社区精神文化等一系列因素相关。因此，万科所关注的内容将超越建筑规划设计的范畴，而触及美学、建筑学、城市及社区规划、园艺、心理学、人体工程学甚至犯罪学等方面。在未来的开发过程中，万科会扩大自己的视野，从物质和精神的层面上关注住户的体验与感受。万科的产品不仅应该是好用的、好看的、高质量的，也应该是舒适的、活跃的直至文明的。

（4）万科提倡"与环境共生"，根据楼盘所处的城市、环境、市场细分，在户型设计、建材使用、采暖技术、社区配套等细节上加以变化。例如，万科最早形成的"城市花园"系列，其地块都处于城乡接合部，容积率相对较低，建筑风格以现代、欧陆为主。但北京城市花园采用德国民居的建筑风格，坡屋顶，红砖墙，整个建筑群与周围自然环境和谐统一；天津城市花园由中高层公寓和花园洋房组成，拥有大面积花园绿地；深圳景田城市花园引入围合式规划设计概念，重彩勾画景观环境；广西桂苑城市花园以鲜艳清丽的色彩、高低错落的建筑和独到的万科人文，组成了围合式景观社区。

主要参考资料

[1] 品牌已成为用户选择万科的第一要素 [EB/OL]. （2012-11-28）. http://sz.focus.cn/news/2012-11-28/2578592.html.

[2] 万科房地产品牌之路 [EB/OL]. http://www.foresight.net.cn/consultation/read.aspx?id=271.

三、分析与讨论

（1）万科打造了属于自己的品牌，在国内房地产市场获得了较高知名度和美誉度，在住宅市场激烈的竞争中，凭借品牌优势，万科仍然能够独占鳌头。

讨论题1：万科品牌的核心价值是什么？

讨论题2：结合案例，试分析万科是如何在属性、利益、价值、文化、个性和用户这六个层次上加强其品牌建设的。

（2）品牌并非商标名称，应具有更加丰富的内涵，有血有肉有感情，才能够吸引人、打动人。时代在飞速发展，人们的思想也在随之变化，随着人们认知水平的不断提高，企业品牌的内涵也越来越丰富。

讨论题3：对房地产行业的几大品牌进行比较，试分析它们在品牌形象和品牌内涵上有何不同。

四、教学组织建议

小组讨论。其中，如果各组对讨论题1分歧较大，且观点集中，可以采取课堂辩论的形式。

案例 14　产品包装案例

一、知识要点

（1）包装有两层含义：一是静态的，指盛放或包裹产品的容器或包扎物；二是动态的：从营销学上讲，是指设计并生产容器或包扎物的一系列活动。

（2）包装的作用：保护产品；便于运输、携带和储存；美化产品，促进销售；增加产品价值，提高企业收入。

（3）企业在设计产品的包装时，应考虑如下几点：包装的造型要美观大方；包装的质量与产品价值相一致；包装要显示产品的特点和独特风格；包装设计应尊重顾客的宗教信仰和风俗习惯；符合法律规定。

（4）通常，包装策略主要有以下几种：类似包装策略，差异包装策略，配套包装策略，等级包装策略，附赠品包装策略，改变包装策略。

二、案例正文

水井坊的"外衣"与白酒包装

水井坊酒为高端标志性产品，是国际一流的中国白酒品牌。2006年12月，水井坊荣获"中国营销2006年度标杆企业"称号，2007年1月11日，胡润百富一年一度的"至尚优品"颁奖晚宴在上海浦东香格里拉酒店盛事堂举行，水井坊荣膺"最青睐的高档白酒"，成为中国富豪首选的高档白酒。2009年2月1日，时任总理温家宝访问英国，水井坊成为晚宴专用礼宾酒。晚宴结束后，所有水井坊产品（包括风雅颂、公元十三、水井坊·典藏）的精美包装及酒瓶、酒具等，均被出席晚宴的宾客作为纪念品收藏。水井坊2010年年报显示，水井坊出口额达到约4 500万元，同比激增389.45%。目前水井坊产品已在新加坡、澳大利亚、泰国、南非、韩国、日本、美国和中国香港、澳门等华人聚居的国家和地区销售。

（一）

"玉貌当垆坐酒坊，黄金饮器索人尝。"酒是否醇厚芬芳，取决于那酿酒的坊。四季合时序，粮谷酿琼浆。酒，水形而火性，外柔而内刚。而坊，外刚而内柔，以博大的胸怀孕育醇香佳酿。天下第一坊，看蒸馏酒历史悠长，阅中国白酒无字史书。水井坊600年工艺传承，600年文化熏陶，在"既崇且丽""号为天下繁侈"的成都，举一杯醇香浓郁的美酒，执一张城市名片，回味历史文化的给予，执着演绎高尚生活。

水井坊公司由四川成都全兴集团有限公司控股。公司属饮用酒制造业，主营酒类产品生产和销售，主要酒类产品有水井坊品牌系列、全兴品牌系列等，其中"水井坊"品牌系列有：水井坊礼盒装（世纪典藏、风雅颂、公元十三等）、水井坊典藏装、水井坊井台装、天号陈、小水井、琼坛世家、往事等主要品种。

600多年前，水井坊的老板姓王，王老板心怀大志，一心想集蜀酒酿造之大成，创立一个属于自己的品牌，他将住所分成了两部分，临街处是商铺，后面是作坊，这种前店后坊式的商铺，使水井坊能够在最短时间内收集到客人的需求和反馈，不断提高和改进酿造工艺。

成都自古就是一座建立在水上的城市，有"挖地三尺可见水"的说法。水井坊前面就是府河与南河的汇集处，水资源相当丰富。水井坊的美酒，就取自水井街的水井。

1998年8月，当时坐落在成都东南部的全兴酒厂改建厂房，正铺设天然气管道，忽然挖出了不少陶瓷酒具残片，还发现地下埋有圆形砖石结构遗迹。随后相关文物考古部门对它开展了全面考古发掘。经过漫长而仔细的发掘，3层晾堂、8座酒窖、5座灶炕、4个灰坑、1个蒸馏器基座和大量陶片、瓷片以及可复原的器物达百余件相继出土，一代白酒名坊也随之重见天日。

除了地面上完整的古窖群，水井坊还有其他一些发现。在考古发掘现场发现的一只青花牛眼瓷杯，极具青花瓷艺术特色，以书法中的行草笔法为基础，着重表现和刻画图案形象的"意"和"情"。青花牛眼杯外壁装饰的纹样，以豪放、流畅的行草笔意，使鱼、草纹跃然杯上。这样一件小巧精致的酒具，既体现了古人的沉雅，更衬托了水井坊酒的极佳品质。

1998年的"水井坊酒坊遗址"考古重大发现，让一个神秘的佳酿名号——天号陈重见天日。经过水井坊的酿酒大师们历时数载地不懈探寻，以现代科技承载酿酒古法，唤醒了休憩于青花古瓷片上的酒神，200多年前那一抹盛世陈香再次飘溢人间。壶似天地，酒纳山水。

天号陈酒壶以现代时尚设计理念传承扁壶经典之美，在古朴灵动中彰显着兼容并包的中国酒文化。创新的"宽肩扁壶"造型，回归中国酒壶经典，其肩宽若苍穹，其底稳似大地，万物造化之精皆包容其中。

2000年，水井坊被国家文物局评为1999年度全国十大考古发现之一，2001年6月25日由国务院公布为全国重点文物保护单位。后又以"世界上最古老的酿酒作坊"之名被载入大世界吉尼斯之最，国家权威部门给它的评定是：迄今为止全国以至世界发现的最古老、最全面、保存最完整、极具民族独创性的古代酿酒作坊，它被我国考古界、史学界、白酒界专家誉为白酒行业的"活文物""中国白酒第一坊"。

从古至今，"高尚"都是一种不可复制的尊贵与奢华。水井坊以它那600余年荡气回肠的历史引领着这个时代中国高尚生活中不可替代的重要元素。时代会变化，生活方式却不会消失。新时代的高尚人士已经不再满足于衣装剪裁的独特，不再满足于坐驾操控的精良和物质的被超越，他们更向往文化和精神的最高境界。与此同时，传统中国大气而入世的人生哲学，那种天人合一、物我和谐的生存理念，那种修身、齐家、治国、平天下的生活态度在不断多元化的社会思潮中获得越来越多的高尚人士的青睐。而这些正是水井坊致力复兴的中国式高尚生活。当代中国的高尚生活追求的是物质与精神的更高层次的结合，这种生活再现了古人的崇高境界：自然洒脱、不拘一格、勇于追求。水井坊通过自己的不断努力把这种境界带入当代的生活中，创造一个彰显文化内涵的高尚标签。

（二）

酒器不仅是酒的载体，更是酒文化的载体。随着时代的发展，酒器被推到历史舞台的显著位置。古语有云："尧舜千钟，孔子百觚；子路嗑嗑，尚饮百榼。古之圣贤，无不能饮者。"这里所提的钟、觚、榼皆为古时大型酒器。而酒壶作为容酒器占据了颇为重要的位置，《诗经》中就曾有"清酒百壶"的记载，其中造型多种多样，有方形、扁形、圆形等。

"水井坊"酒瓶及装盒

"水井坊"的包装在白酒行业应该是最有特色的了。近几年，水井坊以其古朴大方、新颖独特、融酒文化与美的享受为一体的包装，很快跻身高档白酒行列。水井坊拥有6项专利，是国内酒业拥有包装专利最多的产品之一，其包装屡获国际大奖。作为代表中国白酒新风尚的水井坊，继"21世纪奢华品牌榜"评选活动荣获"中国顶级品牌"奖后，再次在"中国创造奖"中荣膺"组委会特别推荐奖"。

水井坊"金木水火土"五行结合的包装体现了浓郁的民族传统文化。金——水井坊酒瓶基座以纯铜片为内底，其上镌刻梅兰竹菊四君子图案。木——酒瓶下垫以木质基座，可作烟缸使用。水、火——酒乃"水之形，火之性"。土——中国白酒不同于世界上其他蒸馏酒的重要区别，就在于窖泥中微生物的神奇作用，窖泥是特殊土壤培养后的产物，白酒缺此不可。

水井坊首次将内烧花工艺用于白酒酒瓶，且全部由工人手工烧花制作。锦官城六处著名景点：武侯柯、杜甫草堂、九眼桥、合江亭、水井烧坊、望江楼彩绘图被烧制在井台六面，寓意锦官城的历史文化孕育了水井坊。

水井坊的包装体现了传统与时尚的结合。水井坊包装以浓郁的东方传统文化内涵和简约洗练的现代设计手法，将酒文化与美的享受融为一体。其中，底座、烧画、狮子等设计细节的表现，在历史与现代、传统与时尚中成为中国白酒新风尚的标志，使得这个根植于传统大雅文化的中国品牌，和它所倡导的中国高尚生活元素得到了世界的认可。

在中国的古建筑和民间习俗中，狮子的形象屡见不鲜。其实华夏大地上的狮子远在古代先民结绳记事时就消失了，不过这漂洋而来的狮子倒是很受中国百姓的青睐，甚至形成了中国独有的狮子文化和传统。正因为有如此悠久的文化历史，很多品牌都不约而同地选择了狮子作为其标志物，不过各自的取向不同，所表现的内涵也大相径庭。水井坊便是以雄狮与石狮的结合，传达了"承接历史与现代，沟通传统与时尚"这样一个品牌内涵。因为雄狮代表的是成功、豪情与王者风范，石狮代表的则是历史、传统与尊贵。在水井坊的许多宣传品上，都不同程度地运用了狮子的形象，从早期平面广告中的王者之狮，到最近气度不凡的水井坊先生，狮子的形象不断地得到深化和演绎。水井坊外包装上的三枚金属狮头开合钮，即巧妙地借鉴了古建筑中的登叩（装于木制大门左右，位于铜锁上/下方，相当于古代的门铃）的创意。只有小指甲盖般大小的开合钮，却毫不吝啬地极尽雕琢。怒吼的雄狮，眉目张扬而毛发直立，华贵庄重中，自有一种威严的表象。开合钮嵌在木质基座上，需拉开它才能得观水井坊的全貌。轻启狮头，水井坊的门便徐徐而开。

陶瓷酒器装水井坊——酒韵之道自然体现。古人饮酒之礼，需将酒从所盛器皿中酌量舀入特制酒器中，温热之后斟入杯中，其过程雅意尽现。酒壶、酒盅的设计和构思来源于三星堆的出土酒器——陶盉。三尖底和鼓腹造型使之取放自如，且尽可能地多盛酒液。水井坊酒壶体中部有个内凹的点，大小跟拇指相仿，是为了把握时平稳，增强手感，体现了功能设计上的细致关怀。

（三）

在白酒行业，包装是普遍被重视的一个问题，但不同品牌有不同的包装策略及结局。

茅台酒用的酒瓶，最初是用本地生产的缸瓮，从清朝咸丰年间起，改用底小、口小、肚大的陶质坛形酒瓶，后曾一度改为微扁长方形酒瓶。1915年以后，改用圆柱形、体小嘴长的黄色陶质釉瓶。中华人民共和国成立后，才改为白色陶瓷瓶和现在人们见到的乳白色避光玻璃瓶，古色古香，朴实大方。以此为主流的包装一直沿用到21世纪，其间虽曾小有变化，但几十年来不离其宗。

20世纪90年代，处于经济转型时期的中国，大量假冒伪劣白酒开始涌现，假冒茅台酒也源源充斥于市场。一是由于茅台酒供不应求的国酒地位，二是茅台酒瓶既容易仿造，又可以大量收购（一个空茅台酒瓶，在地下市场的价格曾经高达近百元），因此有一段时期，市面上的假冒茅台酒远远多于真品茅台酒。

21世纪初，茅台酒新的领导班子上任。作出"一品为主，多品开发，做好酒的文章"的发展战略，首先就是彻底打破茅台酒自身单一酒度、单一包装的格局。53°之外，还开发了38°、43°、46°等三种低度茅台酒，包装也分为1000毫升、500毫升、250毫升、50毫升、二套装、三套装、礼盒等好几种；同时，在国内白酒行业独家推出"年份制"白酒，其中包括15年、30年、50年、80年等不同年份的陈酿茅台酒和普通茅台酒，并在其包装上标注出厂年份，以表明不同的价值。另外，茅台加大了对包装设计的投入，其1680茅台酒包装于2006年获"世界之星"包装设计奖。

针对不法分子制造假茅台酒惯用的伎俩（包括高价回收茅台酒的旧包装物），2007年年初，茅台酒作出决策，将投入巨资升级高科技含量的防假防伪胶帽和防伪标签等包装技术，并于7月1日全面投入使用。此次新包装技术采用了防伪胶帽和防伪标签，可以从根本上堵死造假者利用旧包装物造假的渠道。

市面上曾经很流行一种包装：整个一透明玻璃瓶，外边用类似牛皮纸张包裹，再于瓶口处拴一根麻绳。这种包装刚面市时，让消费者觉得很另类，红火过一阵。这种做法"酒鬼酒"用得最早，那时的"酒鬼酒"包装给人一种粗犷的、不拘一格的感觉，加上"酒鬼酒"的品质，很快赢得了消费者的认可。然而时间稍久，某些品牌进行了模仿，导致这种包装给人一种粗制滥造的恶劣形象，最终包装策划成了噱头，产品被麻绳吊死。

"小糊涂仙"包装的酒瓶采用的是类似茅台酒的圆柱形瓷瓶。之所以采取这种跟风的包装策略，目的很明确：要通过这个举措让消费者有种似曾相识的感觉，最后达到"茅台镇传世佳酿"的认知效果，这样它就根正苗红，或者"出身名门"了。

然而洋河蓝色经典一反常态，打破白酒以红色、黄色为主色调的老传统，将蓝色固化为产品标志色，实现了产品差异化，凸显了产品个性，有个性才有卖点。

主要参考资料

[1] 佚名. 水井坊的历史 [J]. http://www.swellfun.com/info-r.Ph p?sort=101_301. 2010（8）.

[2] 周一. 包装：无声的推销员 [J]. 大众商务，2004（7）.

[3] 黄晓丹. 茅台：创新"营销策略" [EB/OL]. http://info.tjkx.com/news./0000115DCC/2004-12-09/077792B897.html. 2004-12-09.

[4] 佚名. 白酒包装该如何打出品牌 [EB/OL]. http://www.Keyin.cn/Libr.ary/bzzh/jpbz/200712/11-108962.shtml.2007-02-16.

[5] 安然. 时代与设计：新中国白酒包装演变研究 [J]. 市场研究，2012（7）.

三、分析与讨论

（1）商品包装在现代市场营销活动中的地位和作用越来越令人瞩目。有的学者甚至把包装（package）称为与市场营销4P组合（product，price，place，promotion）平行的第5个P。在市场营销实践中，企业利用包装把成千上万的商品装扮得五彩缤纷，魅力无穷。

水井坊的历史悠久，然而在新的时期下上市的时间却很晚。但就是在这短短的十几年的时间，水井坊的包装不断发展，推陈出新，其品牌美誉度获得极大的提升，一举夺得中国白酒头名。

讨论题1： 通过本案例，总结并概括水井坊的外包装有哪些特色。

（2）白酒需要什么样的包装确实需要动一番脑筋。白酒的包装适当与否将直接影响顾客对它的认知，乃至企业的市场占有率。一个看似简单的包装问题，实际上反映的是白酒厂家的市场意识、营销水平、安全意识、环保理念以及成本意识。如今，顾客的需求也发生了很大的变化，客户的需求也多种多样，针对不同客户的需要，水井坊适时推出了更多新品包装。

讨论题2： 结合本案例，请分析水井坊的包装策略。

(3)四川人在销售其"拳头"产品——榨菜时,一开始是用大坛子、大篓子将其商品卖给上海人;精明的上海人将榨菜倒装在小坛子后,出口日本;在销路不好的情况下,日本商人又将从上海进口的榨菜原封不动地卖给了香港商人;而爱动脑子、富于创新精神的香港商人,以块、片、丝的形式把榨菜分成真空小袋包装后,再返销日本。从榨菜的"旅行"过程中,不难看出各方商人都赚了钱,但是靠包装赚"大钱"的还是香港商人。

现在,我国大部分企业已经有了包装意识,但在重视包装的保护功能的同时,有些企业是否真正重视了包装的促销功能、增值功能,成功和失败的例子都不少。

讨论题3:在如今的白酒行业,包装的竞争已经成为非常重要的竞争手段。请结合不同白酒品牌的包装实例,探讨白酒包装同其品牌形象的关系。

四、教学组织建议

讨论题1、2可分组讨论。讨论题3由所有学生各自查阅资料后,在课堂上发言。

案例 15　定价方法与策略案例

一、知识要点

（1）影响定价的因素主要分为外部因素和内部因素，如社会劳动生产率、市场供求关系、竞争者行为等属于外部影响因素；企业的经营目标、企业的产品成本、产品的需求弹性等属于内部影响因素。

（2）定价方法主要有三种：成本加成定价法，竞争导向定价法，需求导向定价法。

（3）定价策略：折扣定价策略，如按照数量折扣，购买越多价格越低；按照季节折扣，对于过季的商品采取降价策略。心理定价策略，如声望定价，保时捷跑车即采用这种方法；尾数定价法，保留尾数给人感觉成本核算准确；还有吉利数字定价法都属于心理定价策略的范畴。

（4）新产品定价策略：撇脂策略，渗透策略。

二、案例正文

奥克斯空调的平价革命

据官方数据统计，奥克斯空调于 2013 年"双十一"期间实现整天销售额达 1 950 万元，天猫旗舰店更以 1 小时破 100 万元的成绩领先于其他品牌。在国内空调业进入高位盘整期的情况下，奥克斯空调的销售业绩让空调业刮目相看。纵观历史，奥克斯空调的发展十分迅速。2002 年 8 月，奥克斯年度销量达到 157 万套，位居同行前四强。2003 年 8 月，奥克斯空调销量突破 250 万台，跻身行业前三强。

2006 年度销量突破 480 万台。2004 年 9 月，奥克斯空调被评为"中国名牌产品"。2008 年，空调销量突破 700 万台，名列中国空调行业的前四强。至 2009 年冷年结束，奥克斯空调销售实现了 37% 的逆市增长，市场份额、品牌影响力等都得到了提升。在 2011 年冷年，奥克斯空调市场销售再度实现了 90% 以上的大幅度增长，远远超出了行业平均 15% 的增长速度。2011 年销售收入 320 亿元，同比增长 23%，位列中国 500 强第 284 位。

（一）奥克斯空调的诞生与发展

奥克斯集团是中国500强企业、中国大企业集团竞争力前25强，拥有"三星"和"奥克斯"两大中国名牌，"奥克斯"是"中国驰名商标"。自1994年成立以来，现已成长为中国空调行业的领导品牌，拥有奥克斯姜山国际产业园、奥克斯南昌工业园、奥克斯天津武清工业园三大产业基地，空调年产突破1 000万套，销售额超100亿，员工10 000余人。在国内，拥有60多个营销中心（办事处），9 000多个销售点，8 000多个安装售后服务站，连锁售后服务人员65 000余人。其空调不仅热销国内市场，而且远销意大利、阿根廷等100多个国家和地区。

最初，奥克斯进入空调市场，生产的是国内很少见的高档机。由于这一定位没有得到响应，奥克斯空调没有获得大的发展。从1996年起，奥克斯改变原有定位，开始走优质平价的路子，事实证明这一决定是正确的，奥克斯空调销量大增。此后，奥克斯坚定了自己的发展方向：为消费者提供优质平价的空调。像大多数创业企业一样，奥克斯并没有急于宣传自己的战略，而是稳扎稳打，一方面加大内部整合力度，压低生产成本，另一方面，继续"只做不说"的市场开拓运动，稳步提高自己的市场份额。从2000年开始，奥克斯逐步在市场上发力，大力宣传自己的"优质平价"战略。

伴随奥克斯发动的一系列市场活动，奥克斯的业绩几乎一年上一个台阶。据奥克斯提供的数据，2000年奥克斯空调总销售量为58万套；2001年为90.23万套，位居业内第六；2002年为157万套，位居行业第四；2003年空调总出货量突破250万套，进入中国空调业的前三甲。与此同时，跨国性专业市场调查公司GFK的数据显示，2002年旺季零售检测到的活跃品牌为105个，而2003年减少到97个。空调行业的洗牌将进一步加剧，很多以前熟悉的品牌相继在市场上消失。奥克斯作为中国空调市场传统强势品牌的挑战者，成为推动空调市场重新洗牌的主要力量，以其正确的定价策略，再配以一系列的事件营销，保证了自己的持续成长。

（二）进攻性的价格策略

奥克斯从1996年开始改变原定路线走了一条差异化道路。它始终明确地将其空调定位于"优质平价"的"民牌"空调。相比于市场传统强势品牌的"高价优质"定位，新的定位更容易为大众所喜欢，也用得起，并且有物有所值，甚至物超所值的感觉。

从2000年起，奥克斯举起空调降价的大旗，此时奥克斯还是一个默默无闻的区域品牌，但正是奥克斯的"价格杀手"称号，让奥克斯声名鹊起。奥克斯自2000年以来的主要降价活动包括：2000年3月在成都打出"1.5匹空调跌破2 500元生死价"的条幅，最大降幅达到25%，第一次喊出"要做优质平价的'民牌'空调"；2001年4月，40余款主流机型全面降价，最大降幅达到30%以上；2002年4月，16款主流机型全面降价，包括1.5匹变频空调，最大降幅达到26%；2003年4月所有机型一律降价，据称平均降幅达30%，单款机型最大降幅达2 000元。奥克斯空调的价格战，每次基本选择在 4 月份,因为时间早了消费者没反应,竞争者容易跟进,晚了也起不到作用。奥克斯的降价,每次都是大规模、高幅度的降价,出其不意地袭击竞争对手,坚定消费者购买的决心。另外,奥克斯为配合价格战,加强广告攻势,采取"大中央、小地方"的模式,如 2002 年 4—6 月在中央电视投入了 3 000 多万元,进行大规模集中轰炸,有力地配合了降价促销活动。

(三) 严格的成本控制

众所周知,技术和成本是制造业竞争力最核心的两个部分。之所以说到成本,是因为对于空调行业而言,技术的同质化使得成本在竞争中的意义更加突出。合理的价格战是空调行业竞争的重要手段之一。而支撑价格战的基础是成本的不断下降;对于同样的产品,谁的成本能占优势,谁就获得了竞争的主动权。

为此,奥克斯空调如果要采用低价策划,则必须要有低成本作支撑。而空调的成本主要有生产制造成本、营销管理成本和维修服务成本三大块。奥克斯要想取得利润达到企业的扩大再生产的目的,必须在规模、生产制造、营销管理和维修服务上下功夫。

(1) 在规模上,不断扩大产能,实现规模经济效应。规模经济是指产品的单位成本随着产量的提高而不断下降。为达到规模经济效应,奥克斯不惜大手笔:投资 30 亿元、征地 3 000 亩建设三星奥克斯科技园,投资 10 亿元、征地 1 000 亩建设奥克斯(南昌)工业园,以实现其增建 400 万台空调生产线的计划。有业界人士称 2004 年产能的底线是 150 万套。通过产能的扩大,进而降低空调的成本,使得奥克斯空调在价格竞争中占据有利的地位。

(2) 在生产制造方面。奥克斯实行严格的成本控制。在空调的配套件的供应上,奥克斯拿自制的配套件与向外采购的进行成本比较,如果自制比外购更划算,那么坚决自制。这样做的好处在于:除成本更低外,还能防止在旺季生产时配套的供应跟不上,被上游厂家遏制的情况发生,同时还可以将配套件的生产纳入企业的质量管理范围,以确保产品的一致性和质量的可靠性,实行企业内部完全市场化的运行机制。这直接使得奥克斯空调成为国内唯一一家除压缩机、包装带、铭牌等极少数配套件外,自制率高达 90% 以上的企业。90% 的自制率技术和低成本优势,无疑会使企业的竞争力大幅增强。

(3) 提高办事效率。奥克斯空调成本控制的领先优势还在于其办事效率。作为一个新型的民营企业,奥克斯机制相当灵活。为了使成本降低,奥克斯提出"省一个人省 10 万元,省一个环节省 5 万元,集成一个零件省 10 万元,通用一个零件省 5 万元,停产一天损失 50 万元"的创新思想,要求省环节、省流程、减冗员、增效率,以此大幅降低成本。

(4) 营销管理方面。企业的价格决策必须考虑到整个营销组合。通过成本的控制和规模经济优势,奥克斯空调产品在价格上具备一定的优势。但是奥克斯也不放弃在分销、促销、宣传等其他营销环节上降低成本。奥克斯善于借事件营销来宣传自己的产品，如爹娘革命、成本白皮书、中巴足球赛等。通过低成本的事件营销，一方面使得其知名度大幅提升，促进了产品的销售；另一方面，通过宣传成本的降低从而降低了整个产品的成本，使得奥克斯空调在价格层面上更具优势。

（5）服务维修方面。空调是一种"三分质量，七分服务"的产品。没有良好的服务保证，就难以满足消费者的需求。为了弥补在服务上的短板，奥克斯决定每年花费3 000万元用于产品的服务上，力推空调年检服务。也许有人认为：在空调行业价格战打得如火如荼的今天，奥克斯空调花费巨资虽然可以弥补服务上的不足，但是与其长期推行的平价策略不符，势必会增加产品的成本。其实不然，表面上似乎是增加了成本，实际上通过推出年检服务，一方面提高了产品的美誉度和可信度；另一方面，增加了销量。从规模经济的角度来看，是成本的大幅下降。

（四）奥克斯系列营销活动中的价格战

奥克斯成功的另一个关键策略是巧用事件营销的影响，不断吸引消费者的眼球。通过事件营销活动，奥克斯不断向空调业原有规则发起冲击，在消费者面前出尽风头，也让全国的消费者获得了新的体验。

1. 空调成本白皮书

2002年4月20日，奥克斯向外界首家披露了"空调成本白皮书"，并宣布10款主力机型全线降价。在成本白皮书上，奥克斯毫不含糊地一一列举了1.5匹冷暖型空调1 880元零售价的几大成本组成部分，还将几大部分成本条分缕析地全部予以解密：生产成本1 378元，销售费用370元，商家利润80元，厂家利润52元，奥克斯还具体剖析了成本的各个组成部分。奥克斯同时还不忘宣布它的降价决定——16款主力机型一齐价格"跳水"，平均降幅达到20%，其中调价幅度最大的，是原价2 018元的1匹单冷挂机和4 698元的2匹变频柜机，降幅都达到近26%。奥克斯的白皮书策略，上攻高价品牌，下打杂牌部队，不但为自己赢得了很高的"收视率"，而且进一步强化了其产品的平民化特征和"民牌"形象，提高了品牌可信度，一举抢占了更大的市场空间。结果，十天后的"五一"黄金周，奥克斯空调在北京、上海、杭州等地的多家商场中销量稳居第一位。当年，奥克斯空调的销量一举突破250万套，迅速成为国内空调强势品牌。

2. 一分钱空调

2002年，奥克斯空调从11月22日至12月1日的十天时间内，在广东省内的700多家电器店同时推出"一分钱空调"的促销活动。顾客只要花4 338元购买奥克斯60型小3匹柜机，再加一分钱，即可以获得另一台价值1 600多元的25型1匹壁挂式分体空调，同时承诺一分钱空调同样享受厂家提供的优质售后服务。在广东市场，类似60型小3匹的品牌机的价格为4 800～6 500元，25型1匹空调的价格为1 668～2 700元，奥克斯公布的空调套餐价格比市场价低了3 500元。

3. "冷静"大行动

"关注美伊战争，呼吁世界冷静"，是奥克斯推出的"冷静"大行动，目的是提升企业关心公益事业的形象。此次活动从2003年3月27日起至4月21日止，武汉地区奥克斯空调再掀降价风暴，降幅都在17%以上。本次活动奥克斯推出了代号为"冷静1号""冷静2号""冷静3号"的多款机型。奥克斯表示在此次活动中，消费者每购买一款奥克斯空调，奥克斯公司将以消费者的名义捐献一定数额的现金给红十字协会，用于伊拉克战后重建工作，以此表达奥克斯人对世界和平的支持。

4. 空调技术白皮书

2003年4月23日，奥克斯再次扮演了反叛者的角色，公布了"空调技术白皮书"，宣称"空调技术炒作'高科技'概念只是'皇帝的新装'，是空调行业的最后一块'神秘面纱'，奥克斯要将其一揭到底，让空调行业早日正本清源，回归到空调'冷、静、强、省'的核心价值上来"，等等。奥克斯空调宣称奥克斯想宣传的核心内容是，空调不是高科技产品。它还断言至少在五年内，空调行业不会出现革命性的技术突破。奥克斯最后总结称，目前空调市场上包括"富氧技术""红外线传感技术""温度传感技术"等在内的几大所谓"高科技"实质"只是一种牟取暴利的幌子，都是将附加功能进行包装放大，从而达到误导消费者让自己获取暴利的目的"。

5. 发动空调行业"红色革命"

在外资品牌全面降价反扑、业内风传空调大战在即之际，奥克斯选择在红色革命根据地南昌发动"红色革命"。

2007年，面对"五一"前夕以松下、LG、三星等为代表的外资空调品牌"集体降价"行为，奥克斯空调表示，尽管外资品牌通过大幅度降价在短时间内吸引了一定的人气，但这种以削减利润乃至亏本营销的方式注定不会长久，它甚至认为，正是因为在格力、奥克斯、海尔等国内空调品牌的挤压下，才使得外资品牌不得不作出降价举动，"从某种意义上来说，洋品牌的被动降价更像是一种回光返照的现象或者说举动"。面对2007空调整合年的到来，奥克斯列举了外资品牌的四大软肋，并带头呼吁民族品牌看清当前市场格局，为民族品牌更多地占领国内空调市场份额而努力。

6. 召开"家电下乡"市场推广战略研讨会

2009年5月，在第二轮"家电下乡"空调产品的中标公示后，奥克斯率先发起题为"下乡是国策，实惠是真理"的农村空调市场革命，并对所有下乡中标空调实施三重补贴，下乡惠民补贴高达33%，此举开创了我国家电业多重补贴营销的先河，随后受到了同行的响应，各品牌纷纷启动空调推广多重补贴营销。

2013年冬，奥克斯空调北京暖冬行动全面启动。活动期间，空调产品最高直降达1 800元，V系列挂机送价值399元不锈钢豆浆机，柜机送价值1 999元高档除湿机。另有暖冬特供低价机，大1匹直流变频仅售2 299元，大2匹节能柜式空调仅售3 799元等活动。另外，活动期间购机均可享八重豪礼，关注北京奥克斯空调官方微信还可免费抽取豆浆机，这些优惠活动一经推出便引起了网友的强势关注，一股奥克斯空调的抢购风暴再度来袭。

主要参考资料

[1] 张韬. 动物奥克斯[EB/OL]. 中国营销传播网, 2004, 02.

[2] 邱小立. 血拼价格——奥克斯要做下一个"格兰仕"[J]. 成功营销，2004（02）.

三、分析与讨论

（1）奥克斯价格战的运用自然是令人称赞，但其有着先天的不足。众所周知，奥克斯是以挑战者身份而采用平价策略的，从初期可以看出其中的缺点。奥克斯第一次降价是在2000年，而前一年它的产量仅有16万台，市场份额为1%左右，而格力、美的等领先品牌的市场份额各是15%。因此，其发动价格战主要是为了换取市场份额，以便在今后的竞争中以高额的占有率取胜。但行业领导实力强大，这使得其发动的价格战并没有形成稳定的价格壁垒，难以形成以规模为优势的核心竞争力。

讨论题1：奥克斯空调采用的是什么定价策略？

（2）奥克斯空调之所以发动价格战，必须从奥克斯空调价格决策的战略思考的角度来分析。价格是企业确定市场营销策略的重要因素，它在很大程度上影响着市场的需求，影响着购买者的购买行为。企业制定适当的价格有利于扩大销售增加盈利、提高市场占有率、增强企业的竞争能力，价格策略是企业营销策略的重要组成部分。制定价格策略必须全面考虑多种影响因素。在价格决策的选择上，Kotler 提出制定价格的"3C 模式"。将影响价格决策的因素归结为 3C：需求表（The Customers Demand Schedule）、成本函数（The Cost Function）、竞争者价格（The Competitors' Price），如下图所示。

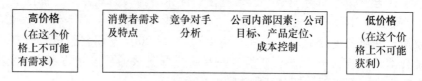

制定价格中的"3C 模式"

奥克斯要做大空调已不是什么新闻，但是在现实条件的约束下，奥克斯空调选择了追求最大的市场份额作为公司的目标。奥克斯空调2003年的销售量是250万套，但是与其要在未来做中国第一的目标还相差甚远。因此做销量、占据更大的市场份额成为奥克斯空调的目标是形势所迫。采取低价格策略必须满足以下三个条件：市场对价格有一定的敏感性，低价格会推动市场的成长；随着生产的积累，产品成本和销售成本不断地下降；低价格可以阻止现实和潜在的竞争对手的进入，提升行业的准入门槛。只有在这三个条件基本成熟的情况下，奥克斯通过低价策略来占据更大的市场份额的目标才成为可能。同时，市场份额的不断扩大，产品成本也会逐步降低，这又导致价格下降，使其价格在竞争中更具优势。

奥克斯是1994年进入空调行业的，当时的空调行业处于消费的低谷，市场上优质空调很多，但价格普遍偏高。低价空调也有不少，但多是以次充好。而价格大众化的空调却屈指可数。空调行业还存在着空白点，优质平价的空调产品是市场的空白。奥克斯空调进入空调业也许正是基于这样的考虑：提高性价比。从而,奥克斯空调采用了优质低价策略。

讨论题2:奥克斯的这种定价策略在什么条件下才能取胜?

(3)实际上,无论是哪个企业,如果在规模经济、顾客品牌忠诚度、研发、营销能力、较高的市场份额等方面有优势的话,大多都能在未来的厂商博弈中胜出。奥克斯在价格方面采用了平价优质的价格策略,并综合运用各种营销手段,使得在空调行业刮起了一股奥克斯风,市场占有率及销售额也直线上升。在此情况下,传统的格力、美的等国内品牌都受到不同程度的冲击,如何应对奥克斯空调的低价策略也就摆在了众多企业面前。

讨论题3:在你看来,面对奥克斯空调的价格策略,格力、美的等主要品牌该如何应对?

四、教学组织建议

先分小组讨论,然后再进行课堂陈述,并进行质疑答辩。

案例 16　价格战案例

一、知识要点

（1）从市场竞争的表现形式看，同行业企业之间的竞争一般可分为价格竞争和非价格竞争。其中，价格竞争主要是以降价促销的形式进行竞争。而非价格竞争主要有质量竞争、促销竞争、广告竞争、品牌竞争、服务竞争等不同形式。

（2）严格地讲，一切非价格竞争都可以归结为价格竞争。例如，服务竞争，这是企业在竞争激烈时常用的手段，在其他诸如质量等不相上下时，企业用各种手段提高服务质量，以求在同样的价格水平上，使自己的产品较之对手的产品有相对的优势，从而吸引更多的消费者购买自己的产品。然而这样做企业要增加成本，因此，企业要制定较高的价格，以补偿提高服务质量增加的成本。如果在提高服务质量后，企业产品的定价仍然与竞争产品的定价持平，实质上就等于消费者用较低的价格购买了价格应当较高的产品。这实际上是一种变相的降价竞争。从这个意义上说，服务质量的竞争仍然是一种价格竞争。

（3）价格竞争的目的是希望利用价格利刃刺伤竞争对手，但必须知道，价格竞争同时也是一柄双刃剑，刺伤对手的同时也会削弱自己的利益。

二、案例正文

价格战，杀出重围的长虹

1993—1998年，对四川长虹来说，那是一段黄金岁月。长虹的净利润从4.29亿元增至26.12亿元，年均复合增长率超过50%，销售收入由28.53亿元跃至156.73亿元。从1989年开始，长虹进行了一系列的降价行动，"长虹牌"彩电从国内同等竞争对手中杀出重围，成功地登上"中国彩电大王"的宝座。这样，长虹发动的价格战颠覆了中国彩电市场的格局。1996年年底，本土彩电品牌的市场份额增至50%左右。1997年，中国彩电前10大畅销品牌中本土企业占了8个，其中最畅销的长虹、康佳、TCL分别占了35%、15%、10%的市场份额。国外品牌只有索尼和飞利浦进入前10名，各占5%。2004年，长虹品牌价值达330.73亿元，成为中国最有价值的知名品牌。2013年荣获中国品牌价值研究院、中央国情调查委员会、焦点中国网联合发布的2013年度中国品牌500强。

(一) 四川长虹简介

长虹的前身是 1958 年创建的军工企业"国营四川无线电厂",位于四川省绵阳市。1965 年,"国营四川无线电厂"更名为"国营长虹机器厂"。1973 年,长虹厂率先在军工系统成功研制出第一台电视机,注册商标"长虹",长虹品牌由此创立。长虹是国内最早从日本松下引进彩电生产线的企业。自 1973 年成功生产出"长虹牌"电视机开始,至 1992 年跻身中国电视五大品牌行列。1985 年,军人气质十足的倪润峰执掌长虹,他作风强悍,霸气十足。1993—1998 年,"长虹牌"彩电从国内同等竞争对手中杀出重围,成功地登上"中国彩电大王"的宝座。此外,通过 3 次配股,长虹从资本市场募得 45 亿元资金,总股本由上市之初的 1.98 亿股增至 1999 年年末的 21.64 亿股,5 年间扩张 11 倍。公司综合实力全面提升,其技术水平、市场营销、产品质量均处世界领先水平。长虹股票于 1994 年 3 月在上海证券交易所挂牌上市,并很快成为"龙头股"。2005 年,长虹跨入世界品牌 500 强,品牌价值 705.69 亿元,现有员工 7 万余人。

2012 年上半年,长虹实现销售收入 232 亿元,同比基本持平,归属于母公司股东的净利润 1.47 亿元,同比下滑了 36%。上半年公司实现 EPS(每股收益)为 0.03 元。2012 年第二季度,彩电行业价格战趋势明显,长虹彩电内销均价 2 817 元,同比下滑了 4%。同期公司总销量增长了 3%,最终收入与 2011 年基本持平。然而受财务费用大幅增加的影响,公司上半年营业利润为 -9 273 万元。上半年公司实现财务费用 1.85 亿元,比 2011 年同期增长了 1.68 亿元。2012 年上半年公司彩电业务实现毛利率 18%,比去年同期下滑了 6 个百分点,业绩表现并不乐观。

(二) 长虹的第一次自主调价之路

作为企业参与竞争的方法和手段有很多种,价格自然是其中之一。在发展过程中,长虹通过多次的降价活动,成长为我国的"彩电大王",同时也成为我国家电行业的一面旗帜,在这过程中,长虹的几次调价至关重要。

第一次,开启自主调价之路。1988 年彩电严重紧缺,抢购倒卖之风盛行,普通老百姓以高于国家牌价 1 倍的价格还很难买到彩电。在国家牌价的制约下,出现"百姓多花钱,厂家挣不到钱"的局面。长虹以略高于国家牌价而低于黑市的价格卖给省工商银行一批彩电开始自己的自行价格调整的旅程。1989 年国内彩电生产厂引进了大量彩电生产线,同时国家开征彩电消费税,彩电市场顿时供过于求,厂家彩电积压严重。光上半年长虹就积压近 20 万台彩电,占用资金 3.2 亿元,资金严重紧张。在请示四川省物价局后,1989 年 8 月 9 日长虹进行自行降价活动,每台彩电降价 350 元,长虹积压彩电一销而空,同时也提升了长虹在彩电行业的地位。为此而受到"不让涨价你涨价,不让降价你降价"的责难,引发了一场"长虹现象"大讨论。

1989年9月，围绕1988年和1989年长虹的两次价格调整，由《中国体改研究会通讯》发起，《中国电子报》积极响应的"长虹现象"大讨论在全国范围内轰轰烈烈地展开。1991年3月，国家统计局公布：长虹1990年首次荣登彩电行业销售冠军。

（三）长虹的第二次降价行动

在1990年，长虹是中国最大、效益最好的本土彩电企业，拥有17条生产线，其产能至少是国内第二大厂商的两倍，它同时也是许多彩电元器件的最大生产商。其净利润率约为20%，远高于国内竞争对手。但到了1995年年末，本土彩电企业的生存空间越来越小。

1996年年初，中国的彩电市场高度分散，生产企业超过130家，平均每家企业的销量不超过12万台。这些企业多数运营低效，没有规模，政府的地方保护主义严重。企业欲扩大销售额，通过进入新市场或采取并购手段取得规模经济的运作空间很小。此外，当时彩电业是个两极市场，国外品牌占据高端市场，相比本土品牌享有20%的溢价，在中国市场（特别是城镇市场）占据主导地位。而本土品牌虽然质量和国外品牌相差不大，却在低端市场相互竞争。尽管如此，长虹还是苦于市场份额无法继续增长。

1996年进口关税下调，小屏幕彩电从60%降至50%，大屏幕彩电则从65%降至50%，这给中国彩电企业带来了巨大的价格压力。此外，跨国公司看到了中国市场的潜力，纷纷到中国投资设厂，扩大产能。进口品牌在25英寸以上大屏幕彩电市场占有绝对优势，在北京、上海、广州的市场份额更是高达80%以上。据估计，如果跨国公司公开宣称的扩张计划全部施行，2年时间内这些企业将为中国市场年均增产1 000万台彩电，届时国外品牌将全面占领中国市场。当时一家全球彩电企业大胆预测，只要它在3年时间内向中国投资30亿美元左右，就能摧毁长虹。

1995年年末1996年年初，长虹开始考虑换一种思路。在访谈了一些定价专家后，在许多地区做了大量的市场调查，并对返回的数据进行了深入分析，决定采取激进的价格策略。1996年3月26日，面对铺天盖地的洋彩电，长虹彩电凭借"同样的技术、同样的质量"，祭起降价大旗，首次向洋彩电宣战。长虹宣布对所有的17～29英寸彩电降价100～850元，降幅为8%～18%不等，带动国产彩电夺取市场份额，由此国产彩电在国内中低端彩电市场占据了绝对主导地位。而长虹的市场占有率由1995年的22%提高到1996年的27%左右，彩电销量比1995年同期增长61.96%。

在长虹的调价压力之下，最初，大部分本土厂商选择观望。直到1996年6月6日，当时四大本土厂商［康佳、熊猫、SVA（上广电）、牡丹］之一的康佳才跟着降价20%，有些本土厂商则迅速作出了反应。TCL当时是一家中等规模的电视机制造商，它在1996年4月1日首先作出回应，宣布对彩电让利200～300元；另一家中等规模厂商厦华也宣布降价10%。不过由于产能约束和关键元器件供应短缺，它们只对小屏幕电视降价。国外厂商正如长虹所料，没有跟随。例如，索尼和松下都决定继续据守高端，专注于质量和功能。

长虹的调价行动使长虹大量曝光，对销量产生了积极影响。几个月后，长虹总体市场份额从16.68%窜至31.64%，25英寸彩电从20.76%增至

45.25%，29 英寸则从 14.37% 增至 17.15%，一些快速跟随的中等规模厂商如 TCL 和厦华，市场份额均增长了 2% 以上。而许多销售额低于 20 万元的小企业则遭受了巨大的市场损失。1996 年 1 月—3 月，在全国最大的 100 家百货商店中，共有 59 个本土品牌的彩电在销售，到了 4 月，只剩下了 42 个。在这次降价行动中，这些小企业的市场份额下降了 15.19%。而那些没有跟随的大企业中，熊猫的市场份额从 7.6% 降至 5.8%，SVA 从 5.5% 降至 2.6%。

国外品牌也未能幸免于难。降价前，进口产品与合资企业产品占了 64% 的市场份额，本土品牌共占 36%；1996 年年底本土品牌的市场份额增至 50% 左右。1997 年，中国彩电前 10 大畅销品牌中本土企业占了 8 个，其中最畅销的长虹、康佳、TCL 分别占了 35%、15%、10% 的市场份额。国外品牌只有索尼和飞利浦进入前 10，各占 5%。这样，长虹的降价行动颠覆了中国彩电市场的格局。

（四）长虹的第三次降价行动

对于长虹来说，1998 年是一个转折点。为了针对传统彩电的洗牌行动。长虹于 1999—2001 年进行了第三次降价。长虹为了遏制对手，从 1998 年 8 月起大批量购进彩管，最多时控制了国内彩管 70% 以上，使应付款项、票据从 35.51 亿元直线上升到 61.9 亿元，当年长虹计划生产彩电 800 万台，但实际销量只有 600 多万台，到 1998 年年末，长虹库存达到 77 亿元，比 1997 年增加一倍。同时 1998 年"郑百文"问题爆发，在暴露的时候，这条渠道的销售收入占长虹总营业额的 30%。由于"郑百文事件"，1998 年上半年长虹的销售费用由 1997 年同期的 1.98 亿元上升至 3.46 亿元，增加了 14.75%，而销售收入却下降了 14.2%。到 1999 年，长虹销售业绩同比下滑 14.5%，销售成本反而上升 25.5%。"囤积彩管"事件不仅使企业不得不承担起 70 亿元库存的压力，也使 TCL、创维、康佳这三剑客对抗长虹的联盟更加坚固。其结果是，长虹从习惯先声夺人沦为在频繁的降价中疲于应招。在这一年，长虹主业收入锐减 4 亿元。经过 1997 年和 1998 年由别人发起的价格战，长虹的彩电霸主地位岌岌可危。为了挽回颓势，1999 年 4 月，长虹彩电开始降价行动。但康佳对长虹降价早有应对，降价幅度超过长虹 80～300 元。长虹主营利润由 1998 年的 31.6 亿元下降到 1999 年的 15.7 亿元，净资产收益率仅 4.06%，1999 年下半年长虹利润仅 1 亿多元。

国内彩电市场 2000 年销量为 2 000 万台，而生产能力却超过了 4 000 万台，重复建设导致的过度竞争，逼迫产品同质化的企业为了生存，只有不断举起价格"利刃"展开"肉搏"。2000 年伊始，国内彩电业便笼罩在全行业亏损 147 亿元的浓重阴影中。为了避免发生 1999 年惨烈的价格战，2000 年 6 月 9 日，包括康佳和 TCL 在内的 9 大国内彩电巨头联手组成价格联盟，并在深圳召开的"中国彩电企业峰会"，签下了彩电销售最低价协约，旋即被国家计委宣布违法。不到一个月，各地彩电掀起了规模空前的降价狂潮，29 寸彩电最低跌至 1 680 元，而此时彩电峰会上的一纸协定墨迹未干。这之后，同盟军内纷纷"背叛"，同盟者厦华、熊猫率先降价，到了 8 月，盟主康佳和根本没参加同盟的长虹分别宣布大幅度调低彩电售价，其中康佳最大降幅为20%，而长虹的降幅更高，达35%。此次彩电降价是长虹规模和降价幅度最大的一次。在这次降价中，29英寸纯平彩电售价不到2 000元。截至2000年12月中旬，长虹销售收入已突破800亿元，其中主要产品彩电的销售量已达4 500万台。2000年，长虹彩电总销量694万台，索尼彩电销量为50万台，但两者的利润几近相同。长虹彩电2000年度再次获得销量第一名，在行业大滑坡的情况下，市场占有率重新回升到25%。2000年，在国产品牌全线降价的同时，进口品牌发起大规模反扑，率先在中国市场推出最先进的产品，并靠越来越接近的价格和已有的品牌优势，将29英寸以上大屏幕彩电的市场份额从15%提升到30%。然而，彩电行业虽然经过几次价格调整，淘汰了许多彩电企业，但到2001年全国彩电行业还有七八十家生产企业，100多条生产线、5 000万台的年生产能力，而国内销售量仅有2 000万台，经过努力出口达到1 000万台，还有2 000万台的闲置生产能力。为了夺取被跨国公司占据的市场和进一步清理国产品牌，2001年4月中旬长虹发起了"五一战役"。4月13日，长虹将其10多个品种的高档彩电在全国范围内大幅度降价，而这些彩电大都是以前被人们认为高不可攀的大屏幕超屏彩电。在市场畅销的29英寸大屏幕"国礼精品"彩电从4 000元左右直接降到了2 000元左右，价格仅为进口品牌同档次机器的40%~50%。

（五）长虹的第四次降价行动

1998年，我国背投电视销量为4 795台，2000年超过10万台，2001年则达到了35万台，连续4年超过300%的增幅。2001年1月1日，中国首台精密显像电视——长虹精显彩电诞生，从而一举打破了彩电高端核心技术一直由跨国彩电巨头垄断的局面。同年7月，领先世界水平的第三代60赫兹数字变频逐行扫描背投彩电在长虹诞生，至此，中国彩电业在高端核心技术上全面受制于人已经成为历史。2002年年初，长虹研制出领先世界水平的第三代75赫兹数字变频逐行扫描背投彩电。在长虹产品投放市场以前，彩电高端产品一直是日韩企业的天下。出于技术、利润周期的考虑，日韩企业在背投市场上采用区别对待策略：在发达国家市场投放第三、四代背投，而在中国市场则主要投放第一、二代背投，从而用普通背投延长自己在中国市场的利润赚取时间。

2002年4月29日，长虹投影公司宣布即日起将全面停止内销一、二代（50 Hz及100 Hz）普通背投彩电的生产，将全部精力转移到第三代及第四代60/75赫兹逐行扫描背投彩电的生产和销售。此时，离2001年1月1日中国首台精密显像电视在长虹成功下线仅16个月。2002年5月，长虹率先强力推出精显背投，打响了国内彩电业全面进军高端市场的第一枪；之后，跨国公司才开始向国内企业转让高端背投技术，于是TCL、创维、海信等国内彩电品牌相继推出了等离子、液晶彩电等高端产品，7月，TCL、创维先后以29 800元的超低价启动了等离子彩电市场。至此，国内彩电企业成功地完成了由低端市场向高端市场的转型。在2002年中报中，低迷长达5年之久的长虹终于拥有了回到从前的感觉。8月10日公布的中报显示，长虹彩电等主营业务收入同比增长65.38%，净利润同比增长435.67%，彩电出口额达27.96亿元，同比增长1 789%，在中国彩电行业中排名第一。另外，长虹精显背投彩电仅用了一年时间，就直逼东芝和索尼，无可争议地成为中国背投彩电的代言人。2001年10月，长虹背投市场占有率不足1.5%，而2002年同期市场占有率则高达18.5%。2003年4月8日，中国"彩电大王"长虹在捧回2002全国彩电销量冠军后不到半个月时间内，又出重拳，推出"长虹背投普及风暴"活动，在高端市场全面反击跨国背投品牌。长虹精显王背投彩电价格全线下调。平均降价幅度为25%，最高降幅达40%。进一步巩固和增加自己背投的市场份额。2004年10月，长虹开始"虹色十月"行动，"虹色十月打造新一代数字阶级"活动在全国如火如荼地进行。

近年来，家电厂商竞争也在不断升级。2012年家电企业半年报陆续出炉，然而业绩整体不佳。7月底，共有30家家用电器行业上市公司发布了上半年业绩预告，3家发布业绩快报，1家发布正式中报。其中，有10多家企业愁云密布。以小家电企业为例，有的预计净利润将出现首次亏损，亏损额度为500万～900万元，有的净利润降幅最高甚至达217.05%。

2012年8月，长虹发起"内购会"。2012年8月28日，长虹发布半年报显示，上半年收入232亿元，同比增长1%；净利润1.47亿元，同比下降36%。长虹一位高管告诉记者："此次'内购会'品类包括长虹全线产品，折扣最多可至半价。"虽然，这不算是传统意义上的价格战，却引发业内一连串反应。一位知名家电厂商负责人告诉记者："促销我们从未懈怠过，同行的竞争，我们只会更加努力积极应战。"毕竟面对颇具实力的同行挑战，对于不服输的家电巨头们而言，这是极具诱惑力的。虽然长虹业绩出现下滑，但据奥维数据称，2012年长虹智能电视上半年市场份额达20.38%，仍处于行业第一名；冰箱压缩机市场份额继续稳居全球第二名。

主要参考资料

[1] 佚名.1996：长虹价格战［EB/OL］.腾讯财经.（2008-12-15）.［2015-5-29］.http: //finance.qq.com/a/2008/215/001905.htm.

[2] 佚名.长虹：风风雨雨价格战［EB/OL］.MBA智库.2013-02-20.

[3] 佚名.家电行业暗战 四川长虹再掀价格战［N］.证券日报，2012-08-30.

三、分析与讨论

（1）价格竞争作为企业经营手段之一，在现实生活中被广泛应用，在逛一些大型的家电商场的时候，经常会看到这样的宣传，本店承诺：凡在本店购买的商品，在其他店内有比本店价格更低的情形，双倍返还差额。我们知道，这是在以低价形象吸引客户，获取市场份额，提升销售额，实质上是在利用价格这个工具展开竞争。从20世纪90年代到现在，长虹已经先后多次降价，其中有些是迫不得已，但多次也是主动降价，在这过程中长虹得到了极大的发展，对于企业来说，低价已经成为获取市场份额、打击对手的强有力的手段。

讨论题 1： 请分析长虹每次降价的市场环境，并分析长虹每次降价的目标是什么？

（2）毫无疑问，价格战是获取市场份额、提升市场竞争力的强有力手段，然而采取这种价格竞争形式，会不会遭到对手的报复是所有实施低价策略销售的企业必须考虑的问题。因为假如对方企业也采取这样的低价策略，那么，首先发起低价策略的企业在最终效果上就会大打折扣。甚至会遭到更加惨烈的报复，那这样一来就得不偿失了，会陷入一损俱损的局面。长虹在 2003 年后依然将价格战作为很重要的竞争手段，但是结果却是利润大减，给企业带来了极大的伤害。

讨论题 2： 为何在新的形势下价格战不但没有得到有效的遏制，反而有愈演愈烈之势？

（3）2012 年国务院节能新政出台，在 265 亿家电消费补贴政策刺激之下，家电市场一如预计呈现缓慢回暖迹象。然而不给力的业绩，足以凸显家电厂商的严峻处境。2012 年 7 月底，共有 30 家家用电器行业上市公司发布了上半年业绩预告，3 家发布业绩快报，1 家发布正式中报。其中，有 10 多家企业愁云密布。以小家电企业为例，有的预计净利润将出现首次亏损，亏损额度为 500 万～900 万元，有的净利润降幅最高甚至达 217.05%。美的电器 2012 年半年报显示，公司实现营收 389.90 亿元，同比下降 37.15%；净利润 20.89 亿元，同比增长 5.73%。海尔、海信等家电公司则表现平平，九阳、苏泊尔等小家电公司利润出现亏损。

如今电商激战，利润空间贫瘠，家电巨头纷纷打破禁锢，展开核心技术的争夺战。一场面向市场的话语权之争已暗中涌动。据长虹相关人士介绍，2012 年上半年以来，长虹彩电已经储备 200 余款高效节能平板电视，覆盖 19～64 英寸液晶和等离子电视全线产品。高效节能平板电视集中上市，将对彩电消费市场形成很大冲击。

讨论题 3： 在新的形势下我国的家电企业如何才能在竞争中提升企业的竞争能力？

四、教学组织建议

分组准备资料，查阅问题中提到的几次价格战内容。各组在课堂陈述本组主要观点。

产品策略案例 06

案例17 价格调整案例

一、知识要点

(1) 在现代市场经济条件下,企业降低价格的主要原因有:企业的生产能力过剩因此需要扩大销售,但是企业又不能通过产品改进和加强销售工作等来扩大销售;在强大的竞争者的压力之下,企业的市场占有率下降;企业的成本费用比竞争者低,企图通过降低价格来掌握市场或提高市场占有率,从而扩大生产和销售量,降低成本费用。

(2) 企业提价的主要原因有:由于通货膨胀,企业的费用提高,因此,许多企业不得不提高产品价格;企业的产品供不应求,不能满足其所有的顾客的需要。

(3) 价格变动会引起顾客的反应,这是无疑的,但竞争者的反应可能更及时;一是竞争者一般都有适应价格变化的政策,二是竞争者会研究价格变动是不是一种挑战。

(4) 企业应对竞争对手的价格变动,一般必须考虑:产品在其生命周期中所处的阶段及其在企业产品投资组合中的重要程度,竞争者的意图和资源,市场对价格和价值的敏感性,成本费用随着销量和产量的变化而变化的情况。

二、案例正文

"失控"的白酒

近年来,高端白酒的酒价如"脱缰野马"。高端白酒上涨堪称眼花缭乱。短短几年间,一瓶53°飞天茅台零售价从600多元疯涨到2 000多元。五粮液、水井坊、国窖1573、洋河梦之蓝等一批白酒身价也"腾云驾雾",迅速进入"千元俱乐部"。2012年3月国务院召开的第五次廉政工作会议上,明确指出要严格控制"三公"经费,禁止用公款购买香烟、高档酒和礼品。短短两个月,市场上多年来"只涨不跌"的高端白酒应声跌价,国内二线白酒品牌也随之调整了价格。白酒市场在进入成熟期后再次展开了价格厮杀。

(一)"过山车"上的茅台

贵州茅台酒独产于中国的贵州省仁怀市茅台镇,是与苏格兰威士忌、法国科涅克白兰地齐名的三大蒸馏名酒之一,是大曲酱香型白酒的鼻祖,拥有悠久的历史。

茅台酒厂位于贵州省仁怀市西北6千米的茅台镇。酿制茅台酒的用水主要是赤水河的水，赤水河水质好，用这种入口微甜、无溶解杂质的水经过蒸馏酿出的酒特别甘美。

茅台地区有2000多年的酿酒历史，早在司马迁《史记》中就有记载，明清之际，作为重要航运码头，又呈现出"川盐走贵州，秦商聚茅台"的盛况。

1915年，茅台酒一举夺得巴拿马万国博览会金奖，留下一段"怒掷酒瓶震国威"的传奇，从此跻身世界名酒行列；中华人民共和国成立后，更因它在中国政治、外交生活中发挥了特殊作用而佳话不断，被誉为"国酒"。可以说，每一个细小的"侧面"都有着动人的历史故事以及深厚的文化底蕴、文化积淀与人文价值。中华人民共和国成立50周年之际，茅台酒因其淳厚的历史及文化内涵，被中国历史博物馆永久收藏。成为中华"文化酒"的杰出代表。

茅台酒蝉联五届国家名酒金奖，实现了国内金奖五连冠，连续荣获4次国际金奖。产量逐年上升，销售到50多个国家和地区。

自2003年以来，贵州茅台的营业收入和净利润一路飞奔，净利润增长率也在2008年创下10年中的峰值——164%。在经历了2008—2010年的缓速增长后，2011年开始重新步入快速增长通道。尤其是2012年上半年，贵州茅台的营业收入达到历史新高，为2011年全年的72%，净利润为2011年全年的79.8%。

然而，随着2012年下半年"国酒茅台"商标申请风波、"塑化剂"事件等不利因素接踵而至，贵州茅台的好运急转直下。

贵州茅台的高层在年度股东大会上表示，贵州茅台的消费转型已经启动，即将贵州茅台的消费群体向大众消费、商务消费、大企业、大集体、民营企业等方面转移。

根据这个策略，贵州茅台进行了调价，最高降幅超50%。其中，汉酱终端价格从799元调整到399元，仁酒终端价格从658元调整到299元。53°的飞天茅台也走起了团购的道路。

同时将斥资数亿元对2012年后进货的汉酱和仁酒的经销商进行补贴，以弥补降价带来的直接经济损失。此举被认为是面对高端产品受挫，贵州茅台启动的"腰部发力"策略。

贵州茅台将汉酱和仁酒的价格降低一半出售，让经销商们遭到了巨大的打击。尽管贵州茅台出台了对仁酒和汉酱经销商进行亿元补偿的措施，但在操作上有一定的难度。

贵州茅台的政策基本上都是通过一级经销商分级向下传达，而对汉酱和仁酒的补贴政策也是通过一级商进行，但是一级商手里大多没有存货。就有一级商明确说过厂家将补贴款给到后，也不会轻易向下游经销商传送，等存货卖完了，这些钱就可以装进自己的腰包。而很多二级以下的经销商在厂家具体补贴政策没有传到的时候，还只能以原有的价格进行销售。

对旗下产品仁酒和汉酱降价一半，就是想在中低价位市场取得一定的市场份额。然而，"腰部发力"的策略效果并不见好。对一向"头重脚轻腰无力"的贵州茅台来说，要想在中低端市场拔得头筹，并非易事。

中报显示，2013年上半年，贵州茅台中低端系列酒实现营收7.34亿元，同比反而下降31.86%。而泸州老窖中低端酒则实现18.12%的增长，海通证券估计五粮液中低档白酒销量增长超过50%，收入增长30%以上。中低端白酒销售乏力仍是茅台不得不解决的问题之一。

白酒分析人士指出，中端酒定价不合理是系列酒收入下降的主要原因。在飞天贵州茅台跌至千元附近时，汉酱还维持799元／瓶的高位，甚至比五粮液的售价还高，销售自然难如预期。

贵州茅台本就不擅长中端，而五粮液和泸州老窖早已在此价格区间深耕多年，加之众多二线酒主打产品都集中在几百元的价格区间内，这就好比田忌赛马，贵州茅台拿自己劣等马跟对手优等马比赛，固有的优势已经不再。

贵州茅台走中端路线必然意味着扩大产量，2013年上半年，贵州茅台生产贵州茅台酒及系列产品基酒35 041.92吨，而2011年全年贵州茅台产量也不过39 533吨，2013年上半年的产量就与两年前全年的产量相当。

根据贵州茅台的规划，公司还将投资逾200亿元建设中华村项目，新增产能超过5万吨／年，目前部分工程已经开始建设；同时，贵州茅台追加3.73亿元再次扩大301厂产能，总投资升到9.22亿元，而301厂主要就是生产贵州茅台王子酒、迎宾酒等中端产品。

不过，令人担忧的是，贵州茅台投资规模的急剧膨胀及单位投资成本的进一步攀升。

有投资人士分析，过去10年贵州茅台固定资产增幅远高于同期产量增幅，固定资产原值由2002年的5.96亿元增加至2012年年末的86.50亿元，增长13.5倍，同期产量由1.07万吨增至4.28万吨，产量仅增长了3倍。

贵州茅台继续以账面固定资产原值计算，2002年年末茅台的吨酒固定资产投资成本为5.58万元、2002—2012年新增产量3.21万吨，而新增产能吨酒固定资产投资成本为25.06万元，单位投资成本上升了3.5倍，投资成本呈大幅攀升之势。

固定资产的飞速扩张无疑是贵州茅台的一大隐忧，而有投资者甚至指出，这可能会成为贵州茅台自己打败自己的一大隐忧。

伴随着"腰部发力"策略，茅台对于其高端市场仍然采取保价策略。2013年以来，白酒行业集体销售遇冷，惨淡的销售业绩令经销商纷纷降价甩货。茅台集团对部分低价甩货的经销商进行处罚，甚至淘汰少数几家未能完成销售任务50%的茅台经销商。茅台集团于2013年12月初已在内部发文首次对一大型授权电商的促销行为开出罚单，此后有关媒体证实，该电商为茅台两大授权电商之一的酒仙网。

茅台集团有关人士表示："不管是电商还是渠道商，如果违反公司相关规定，损害消费者的利益，我们都要处罚相关单位的。"

面对量、价齐跌，贵州茅台开始放低姿态，大力拓展经销渠道。

据了解，为扭转销售低迷的形势，2013年7月，茅台新增了2 000吨飞天茅台的市场供应量，计划通过新增经销商和销售渠道来消化，贵州茅台还放开部分飞天茅台的经销权，鼓励销售其他高档酒的经销商也可代理飞天茅台。与此同时，贵州茅台还正式直接进军电商销售渠道，与酒仙网签订全面战略合作协议，由其代理贵州茅台全线产品。之后又发布公告称，将向贵州白酒交易所出售200吨茅台酒。茅台还动员全部职工卖酒。放低姿态积极拓展销售渠道，贵州茅台也因此被戏称为"告别批条抢酒时代，进入全员卖酒时代"。

贵州茅台的营销策略转型是明智之举，尽管转型时间来得有点晚。目前，白酒行业仍处于底部调整期中；在公司增加新的经销商和拓展新的销售渠道的推动下，贵州茅台的高档酒的出货量将有所上升，但高端白酒受限的大环境未变，公司未来的飞天茅台的销售增速仍将放缓。

还有业内人士指出，贵州茅台的销售渠道转向存在一定难度。经销商的转型存在一定困难。贵州茅台此前的部分经销商是靠"批条子"生存的，并没有走真正的市场化渠道，这也说明了贵州茅台的营销队伍需要补课。贵州茅台的营销队伍如果不进入一线市场，茅台的转型就有一定的难度。

同时，贵州茅台最核心的优势在于产品的稀缺性，如果成为大众消费品，那么贵州茅台的"护城河"将丧失殆尽。由于仅在贵州茅台镇所产贵州茅台酒才能称为贵州茅台酒，这也成为贵州茅台最后的护身符。如同曾经高高在上的苹果牌手机，当大街小巷随处可见时，"苹果"神话就破灭了。

"营销转型的力度不够，茅台酒依然存在价格向下波动的风险。系列酒下沉不到位，精细管理不到位，市场库存压力加大。少数经销商存在官商作风、"坐商"作风，市场管理薄弱。"在茅台的经销商大会上，回顾2013年的工作时，集团领导坦承危机来临，人人需要变革求得生存，并细数一年来的工作失误，而解决这一问题的唯一方法就是变革。对于一直寻求高端市场和年份酒的茅台来说，也认识到了系列酒的中低端市场。

（二）如影随形的五粮液

五粮液是中国最著名的白酒之一，它以"香气悠久，滋味醇厚，进口甘美，入喉净爽，各味谐调，恰到好处"的风格享誉世界。

五粮液酒的前身是"荔枝绿"，御用"杂粮酒"，它是由晚清举人杨惠泉命名，而此前，它在老百姓中叫作"杂粮酒"，在文人雅士中称为"姚子雪曲"。

1909年，宜宾众多社会名流、文人墨客会聚一堂。席间，"杂粮酒"一开，顿时满屋喷香，令人陶醉。这时晚清举人杨惠泉忽然问道："这酒叫什么名字？""杂粮酒。"邓子均回答。"为何取此名？"杨惠泉又问。"因为它是由大米、糯米、小麦、玉米、高粱五种粮食之精华酿造的。"邓子均说。"如此佳酿，名为杂粮酒，似嫌鄙俗。此酒既然集五粮之精华而成玉液，何不更名为五粮液？"杨惠泉胸有成竹地说。"好，这个名字取得好。"众人纷纷拍案称绝，五粮液由此诞生。

1929年开始改名为"五粮液"。此酒沿用和发展了"荔枝绿"的特殊酿制工艺。因为使用原料品种之多，发酵窖池之老，更加形成了五粮液的喜人特色。

1957年，国营宜宾五粮液酒厂正式成立，厂房设在宜宾的翠屏山和真武山脚下。该厂在唐代"重碧春"、宋代"荔枝绿"和近代"杂粮酒"传统工艺的基础上，大胆创新，形成了酿造五粮液酒的一整套独特工艺。

在2010年中国酒类流通协会、中华品牌战略研究院共同主办的,"华樽杯"中国酒类品牌价值评议中,其品牌价值在200强中名列第二,仅次于茅台。

五粮液与茅台在高端白酒市场中的价格一直如影随形,当茅台深陷于降价旋涡之时,五粮液也一直紧紧跟随,甚至有人认为,茅台价格的起起落落正是因为五粮液的步步紧逼。

2013年10月,53°飞天茅台已经从最高时的2 000多元降至1 200元以下,部分商家甚至卖到1 100元以下,52°五粮液的价格也已经跌破700元大关。很多消费者购买时也会货比三家,现在一些规模较小的酒类专营店迫于销售压力,还常常推出额外的买赠促销,知名品牌的红酒、饮料都成了赠品。

面对量、价齐跌的局面,茅台采取了"腰部发力"策略,而五粮液也适时调整了市场策略。

五粮液确定的发展思路为"做精做细龙头产品,做强做大腰部产品,做稳做实中低价位产品"。2013年7月23日,五粮液推出中等价位新品五粮头曲、五粮特曲、五粮特曲精品等,价位区间在200元~500元。

五粮液集团董事长唐桥表示,中国白酒经过"黄金十年"的高速发展,正向理性回归,行业进入调整期。未来公司在巩固高端市场"名酒"形象的同时,加快新产品打造,占领中高价位市场,向广阔的"民酒"市场进军。

8月5日,五粮液又宣布以2.55亿元投资河北永不分梨酒业股份有限公司。永不分梨酒业将根据华北市场的消费者口味和需求,主要开发适合当地消费者的区域性中价位产品。同时,永不分梨酒业还将着重加大30元~100元、100元~300元等中低价位的产品开发和打造力度。

业内人士指出,相比贵州茅台,五粮液在中端产品布局相对比较完善。贵州茅台善于经营高端产品,而对中端产品的销售策略并不熟悉,如何杀出重围是它的一大挑战。

和茅台一样,经销商的降价行为让五粮液在很多政策的落实上出现了困难。在2013年12月举行的五粮液经销商大会上,五粮液的高层针对目前五粮液价格混乱的情况提出了限量保价的政策,对扰乱市场价格的经销商,领导则表示:"会将其请出五粮液的销售队伍。"但对此不少经销商纷纷表示,若公司真的实行保价策略限制价格,则五粮液会失去此前经销商可灵活操作终端价格的优势。有经销商明确表示:"如果不让降价,那就只能亏死。"

"对于数量庞大的合作伙伴,无法给予强有力精细化管控,长期形成的缺陷,面对深度调整,现有体系无法面对。"五粮液的高层在总结2013年的销售情况时,承认了原有经销模式的缺陷,而对于经销体系混乱出现的价格倒挂现象,五粮液则力争在2014年控量保价、量价平衡,以稳定一路下滑的价格体系。

(三)酒业市场机遇永存

酒业资本市场其实已经迎来洗牌阶段,只有有品牌和有品质的企业才能在这场行业洗牌大潮中活过来。白酒行业的洗牌规则是:"大鱼吃小鱼",未来的白酒行业是服务价格与质量的竞争,只有知名酒企可以做到,"只有张性极强的企业才能回归超额利润"。

除了在传统模式上进行变革，更多二、三线酒企将目光投入了创新性的销售。如在各地频频出现的青春小酒——"沱小六""泸小二""江小白"，这些主打年轻人的小包装酒一时风靡，令人耳目一新，力图在酒文化和开拓新消费者上有所突破。

还有大量酒企期待在定制酒与特殊渠道上获得合作。如坚持高端消费，甚至在2013年出现提价行为的国窖1573，在广州恒大夺取亚冠联赛冠军的当晚推出恒大足球俱乐部定制酒；又为西泠印社成立110周年华诞生产限量定制酒，寻求新高端群体的突破。

但无论出何种招数，沉淀渠道激发真正的"民酒"消费潮，还尚待宏观消费环境的好转。实际上，行业对高速增长放缓呈现悲观时节，却忽略了在寒潮中活得相当滋润、潇洒的三线品牌。如在2013年呈双位数增长的石湾酒业，不仅合并了广东阳春酒厂有限公司、阳春市春晖食品有限公司等，还出资组建了广东首个酒业集团。而一直以中低端酱香为主打的金沙酒业，2013年实现了38%的高速增长，占据了贵州省60%的酱香市场，并力图在全国范围内进行扩张，做中国最好的民酒。

几乎所有的白酒企业都在寻求深度突破，寻求的方向有以下几个方面：一是酒文化突破，二是多元化发展的突破，三是白酒与其他酒种的结合突破，四是渠道的全新创新。如以中酒网为代表的"O2O模式"也试水行业，在"双十一"小试水中获得不俗业绩。但无论出何种招数，激发出真正的"民酒"消费潮，还尚待宏观消费环境的好转。从不变中寻求应变，优秀的企业将脱颖而出，不适应的企业将遭淘汰，这是行业周期调整的必然，也是大浪淘沙的终极目标。

主要参考资料

[1] 佚名.贵州茅台"十年神话"落幕 放低姿态下沉自救［EB/OL］.［2013-09-21］.http://www.china.com.cn.

[2] 周可，涂端玉.高端白酒品牌加紧限量保价 经销商：不降价会亏死［N］.广州日报，2013-12-30.

[3] 胡笑红.茅台告别批条抢酒时代 降低姿态业绩回升［N］.京华时报，2013-10-17.

三、分析与讨论

（1）价格战经常发生在新兴行业的成长期，因为技术门槛降低、市场前景日益明朗，会有更多的竞争对手加入进来，往往容易引发价格竞争，但是最近茅台、五粮液的降价引发的白酒市场价格战，在成熟市场中是较为少见的，尤其是品牌不多、竞争并不激烈的高端市场更为少见。白酒行业价格战的发端不仅仅是因为限制"三公消费"，一项政策不足以掀起如此大规模的降价风波，其深层次的原因是值得探讨的。

讨论题1：你认为此次白酒市场降价的根本原因是什么？

讨论题2：试讨论白酒企业应该如何调整市场营销策略？

（2）企业竞争，价格战是常用的手段。但是价格战到一定程度的时候，市场份额未必增长，而利润必然下降，对于企业和消费者来讲价格战的结局可能是"双输"。白酒市场价格往往和其他普通商品不同，很难用性能来评价价格，往往还和顾客认知等方面密切相关。

讨论题 3：降价是唯一出路吗，除了价格手段还可以采用哪些手段进行竞争？

讨论题 4：从白酒品牌和文化角度，讨论酒业的价格战应该结合市场营销的哪些手段进行？

四、教学组织建议

小组讨论，各组在课堂公开陈述并答辩。

07 分销渠道策略案例

学习重点

1. 分销渠道的类型；
2. 特许经营的基本内容；
3. 企业分销策略的经典案例。

本章概述

　　本章选取可口可乐在中国的渠道建设策略案例、海尔的渠道管理案例和联想的特许经营案例，在向学生描述其渠道管理的策略和特色的基础上，组织学生分析讨论其渠道建设的方法和体系，从而加深对分销策略的理解和认识。

关键词

分销策略　特许经营

案例 18　渠道建设案例

一、知识要点

（1）产品分销渠道又称分配渠道和配销通路，是指将产品从制造者手中转至消费者手中所经过的各中间商连接起来形成的通道。

（2）分销渠道按其包含的中间商购销环节，即渠道层级的多少，可以分为直接渠道和间接渠道、短渠道和长渠道几种类型。

（3）分销渠道的宽度结构大致有下列三种类型：密集型分销渠道，选择性分销渠道，独家分销渠道。

（4）设计分销渠道首先要考虑产品特性、企业特征、市场状况和环境因素，然后确定产品的分销渠道的目标，使分销渠道能与本企业的战略目标和营销策略融为一体，从而与目标市场相适应；其次依据中间商类型、中间商数目和每个渠道成员的责任这三个因素确定主要渠道选择方案；最后从经济、控制和适应标准等方面对渠道方案进行评估。

二、案例正文

可口可乐在中国的营销渠道

可口可乐，这个闻名世界的百年企业，从诞生之日起，就不断在世界市场中创造着一个又一个的奇迹。在《财富》杂志发布的"全球最受赞赏的50家公司"年度排行榜上，可口可乐公司跃居2012年榜单第4名，并连续三年在饮料行业排名中位居首位。在全世界，每天售出17亿杯可口可乐产品，拥有超过500个饮料品牌，200多个国家的消费者。以中国为例，可口可乐已经连续成为中国最著名商标之一，根据1999年在中国进行的盖洛普调查显示，81%的中国消费者认识可口可乐牌号，并且连续9年被权威机构评选为"最受欢迎饮料"。2005年中国的可口可乐销量占可口可乐全球销量的8%。在2012—2014年，可口可乐计划在中国增资40亿美元，主要用于新型基础设施建设、创新、合作、可持续发展以及品牌的建设。可口可乐的巨大成功，其营销渠道的建设是重要因素之一。

（一）可口可乐在中国市场的发展

可口可乐在中国市场的发展分为以下两个阶段。

第一阶段，中华人民共和国成立前。可口可乐在中国的发展历史最早起源于1927年。当时，可口可乐来到中国并在上海设立了中国第一家装瓶厂。到1930年，可口可乐已经在中国青岛建立了第三个装瓶厂。1948年，上海已经成为美国境外第一个年销售量超过100万箱的重要市场。1949年,可口可乐公司停止了在中国的业务。

第二阶段,1978年至今,是可口可乐重回中国市场发展的阶段。1978年,可口可乐公司宣布为首家重返中国的国际消费品公司,并于1981年在北京建立了第一家装瓶厂。1981年4月,在北京成立第一个专门生产瓶装"可口可乐"饮料的车间。2000年,可口可乐将中国区总部从中国香港迁移到上海。2012年3月,可口可乐公司辽宁营口新厂落成,正式宣布可口可乐中国第42家装瓶厂的开业。该项目总投资达1.6亿美元,同年4月底,可口可乐中国在第五届中国绿公司年会上获得"2012中国绿公司100强"的殊荣,这是可口可乐中国连续第三年获此奖项。

(二)可口可乐的销售渠道标准

提高消费者的品牌忠诚度、满意度和接受度是可口可乐一切长期行动的根本。因此,可口可乐划分销售渠道的唯一标准是:消费者行为及其特征。在可口可乐公司看来,中国日用消费品市场具有以下两个特点。

1. 中国市场的总量高、层次多、差异大、结构复杂

首先,中国是一个拥有超过13亿人口的大市场,几乎每一种日用消费品类别都拥有超过几百亿元的总需求量,因此,对于每一个企业来说,中国市场都具有极其巨大的市场潜力。

其次,中国目前总体还是一个处于快速发展过程中的欠成熟市场,市场面积广,消费者需求差异显著,并且每一个不同需求消费人群的绝对数量都比较大。这就使得中国的消费品市场呈现出消费层次多的基本特点。

再次,由于中国消费者的收入水平、成长背景、生活习惯、文化程度、宗教信仰等方面均存在着巨大的差异,因此差异性大也成为中国消费品市场的基本特征之一。

最后,正是由于以上三个特点使得中国消费品市场呈现出极其复杂的状态。一方面,各个区域间呈现出明显不同的市场特点。例如,沿海地区的城市化规模以及经济实力相对较强,因此,消费能力更加突出,消费形式相对现代。另一方面,在每一个区域市场内又同时存在着多种不同层次的消费群体,存在着多种不同形式的消费方式。

2. 中国市场总体水平不高,人均消费能力较弱,并且广大乡镇市场仍然占据着主导的地位

首先,由于中国市场是一个只具有30多年历史的年轻市场,区域经济发展不平衡,市场规则和标准不健全,因此,中国市场的总体水平不高。这具体体现在以下两个方面:一是市场运营及管理的水平不成熟、不健全;二是市场自身发展的状况不平衡、不健康。

其次,中国目前仍然是一个发展中国家,国民收入的总体水平不高,人均可支配收入较低,因此,日用消费品市场的人均消费能力还很不足,单位消费者的平均服务成本较高。

最后,中国的城市化水平虽然在不断提高,但乡镇总人口仍然占绝大多数,广大乡镇市场依然是日用消费品不可忽略的重要市场。

根据对中国日用消费品市场特征的分析,可口可乐对中国市场的渠道进行了划分。

(1)针对不同渠道消费者的消费行为或特征,可口可乐制订了有针对性的长期及短期市场发展计划。例如,在制定市场策略时,考虑到学校是培养品牌忠诚度的重要场所,可口可乐在学校主要侧重于品牌建设;而超市是家庭消费的主要场所,重点应该是提高销量。

(2)持续进行市场细分。20世纪80年代末和90年代初,当绝大多数快速消费品企业仍将目光主要集中于在市场上占主导地位的中国传统食品店时,可口可乐已经开始有选择地支持一些有潜力超市的发展。

(三)可口可乐公司在中国的渠道策略

可口可乐公司在中国市场采用积极的渠道策略,具体表现如下。

1. 对待渠道的观念方面

可口可乐公司始终把营销渠道作为一个重要的营销要素,从1984年前的"买得到"到现在的"无处不在"策略均充分体现了这种观念,同时,可口可乐也非常重视营销渠道与其他营销要素的搭配作用,绝不片面地夸大渠道的实际作用。

2. 渠道分类方面

可口可乐系统是一个庞大的系统,不但包括可口可乐公司本身,还包括装瓶厂系统,因此,为了提高系统内部的沟通效率,提高对营销渠道的研究和管理水平,建立完善的渠道编码,可口可乐公司对各种销售渠道进行了统一的归类和划分。

可口可乐在国外已经划分有200多种次渠道,而在中国市场目前只采用了其中的57种。可口可乐公司始终从消费者的角度定义、归纳及划分渠道。首先分析各种终端中消费者消费可口可乐产品的行为特点;然后,对各种不同类型的消费者行为特点进行归纳和总结,得出消费者行为类型分类;最后,再依据各种行为类型划分出不同的销售渠道。由此可以看出,可口可乐在进行销售渠道分类时依据的最基本的原则就是"消费者行为"(见下图)。

在中国市场,可口可乐根据"消费者活动类型"的方法来划分产品的销售渠道,大致归纳为以下7种:食品购物活动、工作场所、教育、交通/住宿、娱乐/休闲活动、餐饮活动、其他购物及服务等(见下表)。

消费者活动类型

业务点	消费者行为	消费者活动类型	销售渠道
在街道上的超级市场	在购买杂货时购买可口可乐	杂货购物	超市
在大学里的自助食堂	在午餐时购买可口可乐	教育	大学饭堂

此外,可口可乐对应消费者在不同地点的购物活动,也划分出了适合自身的渠道类别。

（1）超级市场渠道售点类型。例如，独立超级市场、连锁超级市场、其他超级市场。

（2）传统食品店渠道售点类型。例如，食品店、副食店、饮料店、烟酒店或副食品以及蔬菜等生活用品的商店。

（3）食杂店渠道售点类型。例如，食杂店、夫妻店。

（4）街道摊贩渠道售点类型。例如，个体冷饮摊点、商店冷饮摊位、各种冷饮厅和冷饮车等。

（5）中餐馆渠道售点类型。例如，各种饭店、啤酒屋、酒楼餐馆、中餐厅、连锁中餐厅、家常菜馆。

（6）西式快餐厅渠道售点类型。例如，西式餐厅、西式连锁餐厅、西式咖啡屋。

（7）学校渠道售点类型。例如，大学、中专、中学、小学等校内小卖部。

为了合理划分所有的渠道，在消费者行为原则基础上，可口可乐公司还制定了其他5项原则，先后是：消费者动机、地理位置、是否连锁、进货渠道、业务考虑。也就是说，当依据消费者行为原则进行渠道划分时，有售点同时适合多个渠道类别，则会先后以这5条参考原则作为判断的依据。依据以上渠道划分的原则，可口可乐公司将中国日用消费品市场的营销渠道具体细分为9大主渠道、29个次渠道、57个子渠道。其中，主渠道H为中间商渠道，主渠道I为特别渠道，其他主渠道均为销售终端渠道。

3. 不同渠道运作策略的选择方面

可口可乐在选择渠道运作策略时，不仅会依据不同的渠道集合选择不同的策略，还会依据市场发展以及企业资源所处的阶段选择有针对性的营销渠道运作策略。事实上，可口可乐公司及时分析和把握市场以及自身所处阶段的能力非常突出。

4. 渠道服务团队的组织及运用方面

可口可乐公司组织和运用渠道服务团队的原则主要包括三个方面，一是保持与营销渠道策略一致，始终服务于市场营销策略，因此，分析可口可乐的营销团队结构就可以一定程度地了解可口可乐的营销渠道策略；二是作为企业的投资项目而不是费用项目，因此，可口可乐公司始终重视对于营销服务团队的建设和投入；三是同时注意服务团队的投资效益，在企业发展的不同阶段始终重视单位人员生产力的最大化。

5. 渠道运作的管理及控制方面

可口可乐公司对于渠道运作的管理及控制能力极强，而其管理及控制的工具就是流程及系统。借助于科学的流程和先进的管理工具，可口可乐能够极其有效地管理上百万的客户，同一时间内控制并执行上千条的营销方案。

（四）更好地为销售终端服务

在销售终端方面，虽然可口可乐的核心是"消费者"，但这并不代表它对终端客户所具有的重要性有丝毫的漠视。可口可乐始终着力打造超强的销售执行能力，即对销售终端的强大控制能力。

"更好地为销售终端服务"是可口可乐始终坚持的信条。直到今天,销售终端仍然是其"服务消费者"的唯一途径,是销量和利润实现的最终场所,因此,可口可乐始终不断地致力于提高对销售终端的控制能力。可口可乐从重返中国到今天,先后使用了三种主要的销售运作模式:批发、直销、深度分销。

(1)在20世纪90年代初期及以前,可口可乐在中国尚处于市场的初步开发阶段,因此,主要依赖于批发商服务中国的零售渠道客户(见下图)。

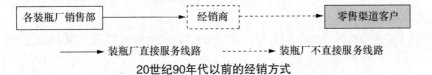

20世纪90年代以前的经销方式

在那个时期,它的批发模式有着与众不同的鲜明特点:首先,可口可乐几乎不使用地区批发代理制度(经销总代理)。地区批发代理制度是当时采用非常普遍的销售运作模式,甚至一度是某些专家认为的企业开拓全国市场唯一可行的模式。其次,可口可乐也许是当时最热衷于开发批发客户的企业。这种大量增加批发客户数量的做法被当时的许多同行认为可口可乐是在自讨苦吃、自掘坟墓。因为,在他们看来,这样做一方面会浪费企业的大量资源,另一方面会引发批发客户的不满,最终影响企业产品的销售。当时,批发客户的销量往往能够占到一个企业总销量的七成至八成。

(2)在20世纪90年代中期到90年代末,可口可乐公司开始利用直销的方式服务批发客户和部分重要的零售渠道客户,如学校渠道、餐饮渠道(又叫饮食渠道)(见下图)。

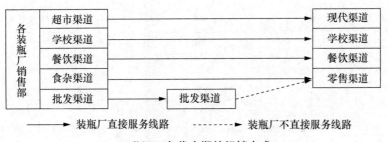

20世纪90年代中期的经销方式

(3)从2000年开始,可口可乐开始在中国市场启动101项目服务终端零售市场。所谓101项目,就是可口可乐发展与区域经销商的合作伙伴关系,因此,101客户事实上就是可口可乐的区域合作伙伴。主要内容是:可口可乐在和分销商进行业务往来时,同时还为分销商配备一些预售员。预售员是直属可口可乐系统的,其任务是收订单,做生动化介绍,做促销、推销新产品。同时,因为由预售员自己下订单,可口可乐公司就能追踪送货单,所以每一个分销商手头上有多少客户,那些客户购买什么货,都清清楚楚地在信息系统中反映出来。运用这一配送系统后,可口可乐直接服务客户从5万个增加到15万个,开发了很多以前覆盖不到的客户,同时,成本也降低了16.5%。

可口可乐在中国市场选择 101 运作方式的原因就是为了解决其营销策略与中国市场特征之间的矛盾。依据 2000 年的数据测算，可口可乐采用直销服务的客户月平均销量必须在 7 自然箱以上才能够达到盈亏平衡点，而中国市场中 75% 以上的终端零售客户的月平均销量低于 5 自然箱。具体分析服务零售客户的成本可以发现，除了产品成本外，运费、仓库费和人员服务费是三个最主要的部分，而区域经销商恰恰在储运和区域内人员关系方面相对具有优势。

在项目推广的不同时期，可口可乐利用 101 方式服务终端零售市场的形式也略有差别，具体如下。

（1）在 2000—2003 年期间，可口可乐的绝大多数装瓶厂采用如下图所示的方式运作批发及零售渠道。

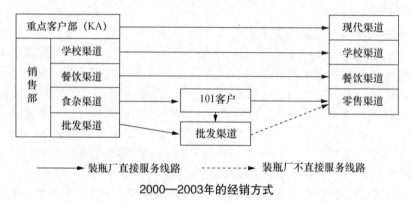

2000—2003 年的经销方式

（2）在 2003 年以后，部分可口可乐装瓶厂开始运用如下图所示的运作方式服务批发及零售渠道。

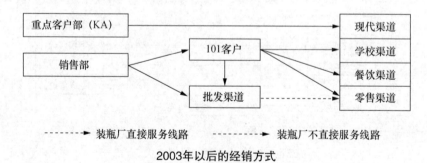

2003 年以后的经销方式

主要参考资料

[1] Jason. 可口可乐公司中国市场营销渠道策略研究 [EB/OL].（2005-12-24）. http://www.emkt.com.cn/article/191/19131.html.

[2] Jason. 可口可乐成功的奥秘 [EB/OL].（2004-12-29）. http://info.tjkx.com/news/0000116 F0F/2004-12-29/09170AB33A.html.

[3] 佚名. 可口可乐营销报告 [EB/OL]. 中国创新论坛 .http://www.docin.com/p-244495755.html. 2005-04-05.

[4] 李铁君、李铁钢 . 可口可乐营销攻略 [M]. 广州：南方日报出版社，2005，8.

[5] 佚名 . 可口可乐公司历年数据 [EB/OL].（2014-11-16）. www.coca-colacompany.com.

三、分析与讨论

（1）随着外部环境情况的不断变化，可口可乐不懈追求相关系统（包括营销系统）的完善，使得新一代产品总是能够赢得市场。这也是其能够成就百年伟业的重要因素之一。可口可乐进军中国后，所有举措都是基于市场环境的变化而推出的。

讨论题1：可口可乐公司针对中国日用消费品市场的特点所进行的渠道划分，其意义何在？

（2）在激烈的市场竞争中，尤其是在快速消费品的市场竞争中，国内外的企业大都特别注意对销售终端的建设和争夺，甚至在竞争中喊出了"决胜终端"的口号。这方面无论是可口可乐还是娃哈哈，都有自己的特色。相反，从20世纪80年代就很辉煌的健力宝以及其他老牌的国有企业，就是不能适应市场的变革和环境的变化，忽视了销售终端的控制，从而逐渐走向衰落。

讨论题2：可口可乐公司为什么在20世纪90年代前后，以及2000—2003年、2003年以后等各个阶段分别推出不同的分销渠道设计？它们对可口可乐在不同时期的发展起到了什么作用？

（3）引用AC尼尔森2002年年底所作的市场预测报告，就日用消费品市场的零售业而言，至2010年中国零售业预计具有以下发展特点。
① 卖场将加快发展，到2005年将占有40%的零售市场份额。
② 货仓卖场/量贩店将逐步代替低效率的一级批发商。
③ 在前27位的城市中，现代渠道将占有80%的市场份额。
④ 当地的超市获得更加重要的零售地位。
⑤ 零售业将通过合作/合并出现强大的本地客户。
⑥ 传统零售渠道在每个品类中仍然非常重要。

讨论题3：根据以上零售业的发展特点，结合可口可乐等公司的营销渠道策略，预测中国日用消费品市场中间商渠道将会如何发展？

四、教学组织建议

在进行充分的资料搜集和整理的基础上，组织学生在课堂公开答辩，或者直接进行课堂辩论。

案例 19 渠道管理案例

一、知识要点

（1）产品分销渠道又称分配渠道和配销通路，是指将产品从制造者手中转至消费者手中所经过的各中间商连接起来形成的通道。

（2）分销渠道按其包含的中间商购销环节，即渠道层级的多少，可以分为直接渠道和间接渠道、短渠道和长渠道几种类型。根据渠道每一层级使用同类型中间商的多少，可以划分渠道的宽度结构，分销渠道的宽度结构大致有三种类型：密集分销、选择性分销和独家分销。

（3）中间商主要分为批发商、居间商、零售商和制造公司的销售分支机构。

（4）影响分销渠道决策的因素主要有产品特性、企业特征、市场状况和环境因素。

（5）企业在进行渠道设计决策时，需要解决下面几个问题：确定分销渠道目标；确定渠道中的中间商类型（渠道长度决策）；确定中间商数目（渠道宽度决策）；确定每个渠道成员的责任和义务。

（6）进行渠道管理需要做的工作包括：选择具体的渠道成员；激励渠道成员；评价渠道成员；调整分销渠道；管理渠道冲突。

二、案例正文

海尔的销售渠道管理

据 2013 年欧睿国际数据显示：海尔大型家电冰箱、洗衣机、酒柜、冷柜累计获得 10 项全球冠军。2013 年海尔品牌零售量占全球市场的 9.7%，第五次蝉联全球第一。按制造商排名，海尔大型家用电器 2013 年零售量占全球 11.6% 的份额，首次跃居全球第一。同时，在冰箱、洗衣机、冷柜、酒柜分产品线市场，海尔全球市场占有率继续保持第一。2013 年 12 月 17 日，海尔集团荣获首届中国质量奖。2013 年（第 19 届）中国最有价值品牌研究结果在法国巴黎揭晓，海尔以 992.29 亿元人民币的品牌价值连续 12 年居首。

目前，海尔建立的"实网"（即营销网、物流网、服务网）覆盖全国大部分的城市社区和农村市场，海尔在全国建设了 7 600 多家县级专卖店、2.6 万个乡镇专卖店、19 万个村级联络站，可以保证农民不出村知道家电下乡，不出镇买到下乡产品；海尔在全国建立了 90 余个物流配送中心，2 000 多个二级配送站，可以保证 24 小时之内配送到县，48 小时之内配送到镇，实现即需即送、送装一体化;海尔在全国共布局17 000多家服务商,其中在一、二级市场建立了3 000多家服务商,在三级市场建立了4 000多家服务商,在四级市场建立了1万多家乡镇服务站,可以保证随叫随到,为用户提供及时上门、一次就好的成套精致服务。海尔的虚实网融合的优势保证了企业与用户的零距离,不但有效地支持了海尔产品的营销,还成为国际家电名牌在中国市场的首选渠道。

(一)海尔简介

海尔是全球大型家电第一品牌,1984年创立于青岛,现任董事局主席、首席执行官张瑞敏是海尔的主要创始人。创业以来,海尔坚持以用户需求为中心的创新体系驱动企业持续健康发展,从一家资不抵债、濒临倒闭的集体小厂发展成为全球最大的白色家用电器制造商之一。目前,海尔在全球建立了21个工业园,5大研发中心,19个海外贸易公司,全球员工超过8万人。

海尔董事长:张瑞敏

2005年年底,经过24年的拼搏努力,海尔品牌在世界范围的美誉度大幅提升。2007年,海尔品牌价值高达786亿元。自2002年以来,海尔品牌价值连续12年蝉联中国最有价值品牌榜首。海尔品牌旗下冰箱、空调、洗衣机、电视机、热水器、电脑、手机、家居集成等19个产品被评为中国名牌,其中海尔冰箱、洗衣机还被国家质检总局评为首批中国世界名牌。2005年8月,海尔被英国《金融时报》评为"中国十大世界级品牌"之首。2006年,在《亚洲华尔街日报》组织评选的"亚洲企业200强"中,海尔集团连续4年荣登"中国内地企业综合领导力"排行榜榜首。海尔已跻身世界级品牌行列,其影响力正随着全球市场的扩张而快速上升。

据中国最权威市场咨询机构中怡康统计:2007年,海尔在中国家电市场的整体份额达到25%以上,依然保持份额第一;尤其是在高端产品领域,海尔市场份额高达30%以上。在智能家居集成、网络家电、数字化、大规模集成电路、新材料等技术领域也处于世界领先水平。2011年,海尔集团全球营业额实现1 509亿元,品牌价值962.8亿元。2012年,海尔集团全球营业额1 631亿元;2013年实现营业额1 751亿元,在全球17个国家拥有85 000多名员工,海尔的用户遍布世界100多个国家和地区。

(二)海尔的营销渠道管理

海尔集团通过自己的销售分公司——海尔工贸公司直接向零售商供货并提供相应支持。海尔工贸公司不仅作为海尔的销售分公司,也是相对独立的分销平台,承担销售、分销、收款以及信息反馈任务,相当于海尔的中转站。同时,不论是在省会城市还是县级城市海尔公司都建设有自己的分支机构,建立销售渠道与网络。还将很多零售商改造成了海尔专卖店。海尔也有一些批发商,但其分销网络的重点并不是批发商,而是更希望和零售商直接做生意,构建一个属于自己的零售分销体系。在海尔的营销渠道中,专卖店和零售店是主要的分销力量,海尔工贸公司相当于总代理商,所以批发商的作用很小。海尔的销售政策也倾向于零售商,不但向他们提供更多的服务和支持,还保证零售商可以获得更高的毛利率。这使得海尔不仅可以借助于苏宁、国美等传统的家电连锁行业巨头分销自己的产品,而且很多小的零售商被改造成为海尔专卖店,既是产品展示和销售的平台,又是海尔品牌形象的落地和宣传,这对海尔来说,是一举两得。

1. 国内营销渠道

海尔与经销商、代理商合作的方式主要有店中店和专卖店,这是海尔营销渠道中颇具特色的两种形式。海尔将国内城市按规模分为5个等级:一级,省会城市;二级,一般城市;三级,县级市、地区;四、五级,乡镇、农村地区。

在一、二级市场上以店中店、海尔产品专柜为主,原则上不设专卖店,在三级市场和部分二级市场建立专卖店。四、五级网络是二、三级销售渠道的延伸,主要面对农村市场。同时,海尔鼓励各个零售商主动开拓网点。目前,海尔已经在国内建立营销网点近10 000个,但在中小城市特别是农村地区建立的销售渠道有限。

2. 海外营销渠道

在海外市场,海尔采取了直接利用国外经销商现有网络的方法,其优点在于可以直接利用国外经销商完善的销售和服务网络,极大地降低渠道建设成本。现在海尔在31个国家建立了经销网,拥有近10 000个营销点,使得海尔产品可以随时进入世界上任何一个国家。

3. 海尔对营销渠道的控制

海尔在全国各地的销售渠道以设立店中店和专卖店等销售网点为主,为了加强对各个网点的控制,海尔在各个主要城市设立了营销中心。营销中心负责网点的设立、管理、评价和人员培训工作。

(1) 对店中店和电器园的控制。海尔在选择建立店中店的商家上是十分慎重的,采取的原则是择优而设。为了加强对店中店和电器园的控制,使其能够真正地成为海尔集团的窗口和发挥主渠道作用,海尔采用在当地招聘员工派入店中店或电器园担任直销员的方法。直销员的职责是现场解答各种咨询和质疑,向顾客提供面对面的导购服务。每一个直销员每天必须按规定做好当日的日清报告,每周必须回当地的营销中心参加例会,接受新产品知识和营销知识培训等。同时,海尔对派驻各个网点的直销员实行严格的考评制度。

(2) 对专卖店的控制。海尔设立专卖店的初衷是因为在一些二、三级地区和农村市场中找不到具备一定经营规模、能够达到海尔标准的零售商。在对专卖店的管理中,海尔倾注了非常大的力量。海尔集团营销中心通过一系列的工作对专卖店进行指导,从而为各地专卖店在当地扩大网络和销量发挥了极大作用。为了提高专卖店经销海尔产品的积极性,集团营销中心还特意制定了海尔专卖店激励政策。

在指导专卖店工作方面,集团营销中心每月编制《海尔专卖店月刊》,内容涉及对专卖店的讲评，前期专卖店工作的总结，最重要的是介绍专卖店的先进经验，在全国推广。海尔集团采取各种措施鼓励所有的专卖店利用自身便利条件向下属的乡镇和农村开拓新的营销网点。

为了加强对专卖店的监督和管理，海尔集团每年对专卖店进行一次动态调整，不符合要求的将被取消专卖店资格，这实际上是海尔集团对专卖店这一营销渠道的定期评价和调整。

4. 建立网上商城

2005年，海尔开始建立网上商城，以建立新的销售渠道。海尔采取物流配送模式，并首推"24小时限时达，超时即免单"服务。消费者在网上商城下单后，24小时内就可享受集送货上门、调试安装于一体的一站式服务，满意后再付款；如果海尔在24小时内没有送货到门，消费者购买的任何产品都可免单。

能够做出如此承诺，得益于海尔将虚网销售与现实渠道相结合，依托海尔商城网购平台下单，通过遍布全国的专卖店迅速进行配送，负责送货上门、安装。与传统网商采用第三方物流送货相比，海尔商城如此做法不仅突破了区域限制，而且将送货时间由平均5～7天缩短到了24小时以内，让消费者在一天之内就能体验到购买新产品的乐趣，因而受到市场的一致好评。

此外，海尔商城还在服务方面下足功夫，推出了一站式服务：在售前，海尔专业家电设计师免费上门为用户量身定制专业家电设计方案；在售中，海尔商城推出购物全程在线导购；产品售出后，海尔商城做到即需即送、人货同步，为用户排忧解难，体现出海尔以顾客为中心的理念。

5. 借助国美、苏宁等外围渠道进行渠道改革

目前，我国的部分家电企业更加注重对自身渠道的建设。例如，通过与当地经销商合资合营的营销模式，格力直接实现"一竿子插到底"的扁平化渠道体系，由各地经销商直接铺货到各级专卖店，不经过任何的中间环节，最大化地降低了渠道费用。然而像海尔、格力这种自建专卖店+零售的营销模式也会造成对分销渠道的巨大伤害。由于海尔工贸公司倾向于零售终端，不仅要向他们提供更多的服务和支持，而且要保证零售商的毛利润率。在此情况下，只有压缩中间批发商的利润空间，这就导致中间批发商的不满。

意识到了自建渠道的弊端后，海尔着力从外围拓展营销渠道。2010年，海尔集团与国美签订了连续三年集中采购500亿元的巨额合同，这是海尔在面临自建渠道模式困境后的又一变革之作。当自建渠道不能或者不足以支撑海尔产品体系的参天大树时，寻求与大型连锁卖场或者分销商的合作就成了必然。这是国内家电企业与零售连锁企业之间首次超大规模的深入合作。海尔通过与国美的合作，一方面可以直接提升海尔家电产品的市场竞争力和利润率，另一方面，通过与国美卖场之间的直供，还可以最大化地扩大自身的销售网络，不需要自身投入巨大的资金成本和管理成本去管理分散在全国各地的工贸公司，并通过向上下游产业链的渗透，全面谋求向服务提供商的转型。

主要参考资料

[1] 三大家电巨头谋变营销模式 [J]. 销售与市场，2011（22）．

[2] 赵琪. 家电业营销模式新趋势 [EB/OL].（2010-12-31）. http://www.emkT.com.Cn/article/498/49845.html.

[3] 佚名. 尔的发展历程 [EB/OL]. 海尔官网，http://www.haier.com/cn/。

三、分析与讨论

（1）近年来，中国家电市场竞争异常激烈。在渠道建设上，海尔有自己的独到之处，海尔集团通过自己的销售分公司——海尔工贸公司直接向零售商供货并提供相应支持，在各级城市建设自己的销售渠道与网络，并将很多零售商改造成海尔专卖店，构建一个属于自己的零售分销体系。在海尔的营销渠道中，专卖店和零售店是主要的分销力量，海尔的销售政策也倾向于零售商。海尔以科学有效的制度和考核控制住窜货现象，保证了专卖店、零售商和自身的正常盈利能力。同时，海尔还借助苏宁、国美等传统的家电连锁行业巨头分销自己的产品。

讨论题 1：海尔采用了什么样的渠道销售模式？这种模式有什么优缺点？

（2）目前的电商大战愈演愈烈，淘宝、京东、亚马孙等网上商城对传统的营销渠道构成巨大的挑战，包括海尔在内的电器行业的渠道也受到了极大的冲击，生存压力不断上升。在此情况之下，海尔等部分家电企业也开始建立自己的网上商城，并不断改进自身的服务水平，如 24 小时到货、超时免单等。尽管如此，由于实体店的租金、成本压力，许多企业还是陷入了困境，前景不容乐观。

讨论题 2：在电商的冲击下，我国家电企业的销售渠道建设应如何改革？

四、教学组织建议

小组讨论。讨论题 2 可由各组在课堂组织辩论。

案例20 特许经营案例

一、知识要点

（1）特许经营即特许授予人（简称特许人）以合同约定的形式向受许人提供商标、培训、诀窍及其他工业知识产权，有关受许人的承诺和义务责任问题、使用权的回报都在合同中加以明确说明。特许经营是实现商业资本扩张的一种比较好的形式，一些中小企业可以在节省资本投入的前提下不用自建经销机构就能够通过扩大外围销售组织来实现商品的价值。特许人和受许人在保持其独立性的同时，通过特许合作使双方获利，特许人可以按其经营模式顺利扩大业务，受许人则可以减少在一个新领域投资而面临的市场风险。

（2）特许经营合同的基本内容主要有：专门用语定义；特许经营授权许可的内容、范围、期限和地域；明确特许者的基本权利与义务；明确受许者的基本权利与义务；培训和指导；各种费用及支付方式；保密和限制竞争条款；特许经营中加盟店的转让问题；特许经营中门店租赁期限和总部转租权约定的问题；违约责任；合同的终止和纠纷的处理方式。除以上内容外，特许经营合同还可以包括如下内容：财务协助和管理、设备和物品的配送、加盟店营业品种的限制、广告促销支持和控制，等等。

（3）加盟特许经营系统，加盟者需要支付的费用主要有三种：特许加盟费、特许管理费和广告分摊费。

二、案例正文

联想的特许经营之路

1998年，联想开始实行特许经营模式。他们在北京、上海和广州开了6家店，接着又在全国开了10家店，取得了很好的成绩；然后开始大规模发展，到1999年，联想用了一年的时间开了100家特许加盟店，覆盖全国33个城市；2000年，又扩大了加盟店的范围，并加进了一部分四级城市（联想根据城市特点把城市分成4个不同级别），使联想的加盟店达到260家，营业额达到40亿元。到2012年第4季度，联想全球笔记本电脑的综合销售额年上升41%，达42亿美元，占集团总销售额的56%。季内全球笔记本电脑销量上升44%，占整个行业的5%，增幅近9倍。2013年5月23日，联想集团公布2012年全年业绩。联想集团全年营业额除税前溢利及盈利均创历史新高，业绩斐然。联想集团全年营业额达340亿美元，同比上升15%，全年除税前溢增长38%，达8.01亿美元，全年盈利上升34%，达6.35亿美元。

（一）联想简介

现任（第二任）CEO杨元庆

联想集团成立于1984年，由中科院计算所投资20万元人民币、11名科技人员创办，到今天已经发展成为一家在信息产业内多元化发展的大型企业集团。1994年，联想在中国香港联合交易所上市。2001年8月，联想推出液晶电脑，掀起"全民液晶风暴"。这使得液晶电脑从高高在上到平易近人，市场占有率从1%快速攀升到60%。2003年4月，联想集团在北京正式对外宣布启用集团新标志"Lenovo"。2003年，作为"中国最有价值品牌"之一，"联想"品牌位列第四，品牌价值达到268.05亿元人民币。

2004年12月8日，联想集团以12.5亿美元正式收购IBM全球PC业务，联想的PC业务规模迅速扩大4倍，形成遍及全球160个国家的庞大分销和销售网络，并获得全球的广泛认知。

2011年7月27日，联想与NEC公司宣布成立合资公司。联想集团控制合资公司51%股份，并购后的联想NEC控股公司成为日本最大的PC厂商。2011年10月13日，市场研究公司IDC发布统计数据表明，联想出货量已经超越戴尔，成为全球第二大PC厂商。根据美国《财富》杂志公布的2012年度全球企业500强排行榜，联想集团再次上榜，排名第370位，年收入295.744亿美元，利润4.73亿美元。2012年5月23日，联想集团公布2011—2012财年第4季度暨全年业绩报告。联想稳居全球PC市场第二的位置，营业额近300亿美元，市场份额近13%。净利润达4.73亿美元，同比增长超过70%。此外，在中国政府着力推动的"电脑下乡"计划当中，联想也是最大的赢家。2012年5月7日，联想集团与武汉市政府举行签约仪式，宣布在武汉投资50亿元成立联想武汉产业基地，主要研发、生产和销售智能手机、平板电脑等移动互联产品。2012年10月11日，联想电脑销量居世界第一。截至2013年，联想集团在美国北卡罗来纳州罗利市三角研究园总部、北京市和新加坡三处设立总部。2013年联想被评为中国品牌500强、全球企业第329强，在全球拥有近2万名员工。

（二）联想的特许经营模式

特许经营专卖方式被誉为20世纪最成功的营销创举，我国多数的特许经营行业集中在衣、食、住、行等方面。1998年，联想率先将专卖店的特许经营模式带进中国的电脑行业，并取得了巨大成功。

联想建立专卖店的原因：一是客户需求，客户要求统一的价格，良好的服务；二是促使联想的渠道发展；三是"大联想"概念的进一步深化。随着电脑进入家庭，联想电脑产品系列也分为商用电脑和家用电脑。

联想认为，原来家用电脑的销售，或采用委托代理制，或通过大型百货商场零售代销，并不真正适合家庭用户。电脑的科技含量较高，使用和维护都有一定的难度，商场销售人员无法满足家庭用户专业化服务的需求。因此，联想针对家庭用户建立了全新的专卖店体系，开始由代理制转变为特许经营。

分销渠道策略案例

专卖店的产生也是给代理一个发展的空间。连锁经营之前，在全国26个城市里，最大的IT代理公司代理的产品都有联想的，70%~80%的营业额都来自于联想电脑，有的甚至是100%。这些公司在1994年时都是些小公司，他们是和联想一起成长起来的。所谓"大联想"的概念，就是大家荣辱与共、共担风险、共享收益。特许经营模式正符合他们的需求。多年来，"大联想"策略可以说是联想成功的秘诀之一，特许专卖店的建立也是这一策略的延伸。基于上述思想，联想开始做专卖店。在IT业验证特许经营模式，其最核心的部分是三赢，即客户认可、加盟方挣钱、联想盈利。

联想家用电脑在技术上始终与世界同步，履行着"把最先进的技术以最快最合理的价格提供给用户"的承诺。并采用软、硬一体化的设计理念，应用了场景式功能操作环境，本着让中国人用得更好的思想，帮助用户使用家用电脑的各种功能。

联想1+1专卖店的建立填补了信息产业在特许经营专卖领域的空白。连锁组织利益体只有一个，多家连锁店共享着管理资源、资金。联想采取6个统一的模式，即统一的产品和价格，统一的理念、统一的布局、统一的形象、统一的管理和统一的服务。

从联想特许专卖店来看，联想给予合作伙伴的不仅是产品和技术，更重要的是联想的企业形象识别系统和管理运营经验等无形资产。联想通过这种特许经营的方式与合作伙伴紧密联系在一起，形成利益共同体，因此专卖店体系是对联想与代理一体化发展的"大联想"架构的最好诠释。

像麦当劳、肯德基等成功的连锁经营一样，连锁销售的关键是高度的一致性。例如，客户一进入到连锁店就应该感到很正规，店面的装修都应该一样，地面很清洁，样机从各个角度都让客户感觉很舒服。联想几乎把餐饮业的标准化服务模式完全搬进了IT行业。对员工的穿着和整体形象都有具体的要求。联想的员工从客户进门的问候语开始都要进行标准的培训。如送货上门，员工必须携带什么样的工具，进门时必须穿鞋套，不允许客户搬运，必须站着为客户服务等，就是这样把每一个细节都标准化，以此来提高联想的服务水准。

联想特许专卖店的经营宗旨就是最大限度地满足客户需求。为此，在切实保障"六个统一"的原则得到贯彻的同时，联想1+1特许专卖店着力加强服务功能，向客户提供专业化的售前、售中、售后一条龙服务，旨在更好地服务客户，更好地满足家庭和个人客户现在及未来的需求。所有联想1+1专卖店店员在上岗前都经过了统一的培训和考核，只有合格者才可上岗。店员以顾问的身份出现在客户面前，根据客户的使用需求和对电脑的了解，并结合实际应用状况，提供购机指导。所有的1+1专卖店都为购机用户建立了用户档案，实施1+1跟踪服务。为了让用户更好地使用电脑，专卖店还提供免费上门安装、电脑应用培训等专业化的服务。专卖店内开设了培训教室，有计划、有组织地举办专场培训，向专卖店所在地的居民进行电脑知识的普及。正是在这样精厚"内功"的支持下，95%以上的购机客户对联想专卖店的服务给出了非常满意的评价。数据显示，有30%的新客户是老用户带来的。联想的网页上也提供了1+1社区服务，会员用户可自由进入社区，更好地享受联想服务。

除了具备特许经营的一般性特点之外，联想以其对中国用户的了解，开创了具有中国特色的社区服务。从1998年8月第一家联想1+1专卖店诞生以来，整个联想1+1特许专卖店体系一直扮演着所在社区IT知识特别是Internet知识的传播者的角色。联想1+1特许专卖店甚至还在全国范围内举办联想夏令营和冬令营活动。

具体到联想专卖店的核心，就是如何规范管理加盟的连锁店。联想有很全面的规范，不管谁拿去做，做出来都是一个样子。这就保证了服务一致性的问题。联想有一套完善的专卖店的发展、管理的体系。发展、建设由组织来保证、考核，是可以保证统一的。联想有一套MIS系统，可以获得联想需要的一切信息。例如，在区域内有竞争问题，这种应变是由地方来做的，联想是通过一个城市来调整（而非一个专卖店来调整）区域间的关系。每个地方的区域特色是不一样的。联想同时通过这套MIS系统来对专卖店进行监督。加盟连锁店要是不符合规范就要受罚，甚至取消加盟资格。

监督有很多方式，如有的内部员工冒充客户进行"微服私访"等。物流是连锁经营的很重要的一个环节，就是在整个体系里来共享商务资源、资金，类似于总店的概念。这个物流体系面向用户的界面是专卖店，是零售点，背后有很多神经网络。所以联想的物流是一种架构，不是单纯地依靠某个连锁店或是联想自己来做的。

从面向家庭用户的联想1+1，面向中小企业的"IT1 FOR 1"，面向大中企业的"简约商务"来看，一个"服务的联想"已经初具规模。

联想1+1基于的是这样的理念：共享利润、相互信任、相互尊重、经常联系、灵活多样、相互理解。从以往厂商与经销商之间博弈式的相互利用与相互提防变成了共同把事业做大的精诚合作，从让经销商赚钱变为教给经销商如何去赚钱，从单纯的媒体广告变为互动的整合传播。联想1+1就是这样在家庭信息产品渠道的不断变革中，根据外部环境和自身状况提出的富有生命力的特许经营模式。

主要参考资料

[1] 佚名.联想集团：打造高效能领导团队[EB/OL].（2012-10-30）.http://www.Ugubl.net/yzqt/news_2532_3.html.

[2] 佚名.联想NEC合作可能改变笔记本电脑行业格局[EB/OL].（2011-01-28）.http://www.enet.com.cn/article/2011/0128/A20110128820308.shtml.

[3] 佚名.2012年世界500强排行榜（企业名单）[EB/OL].（2012-07-07）.http://www.fortunechina.com/fortune500/.

三、分析与讨论

（1）特许经营作为一种国外成熟的经营方式在我国越来越被企业所认同，

目前，虽然我国的特许经营行业总体还处于"不成熟期"，但特许经营模式正迅猛发展。2012年，连锁百强的销售增长和门店数量增长分别为10.8%和8.0%；2013年4月，中国连锁经营协会正式发布了"2012中国特许经营连锁120强"名单，涵盖了绝大部分连锁业态，包括综合零售业、专业零售（食品专卖及非食品专卖两大类）、餐饮、经济型酒店、培训教育、洗染、家装、汽车后市场、美容休闲健身、生活服务等十多个行业业态。

讨论题1：通过对联想特许经营模式的了解，结合对所熟悉的肯德基等连锁经营店的感性认识，回答特许经营模式有什么特点。

（2）尽管到2009年联想集团才明确提出要从一个产品导向型的企业向一个服务导向型的企业转变，但回首过去，可以发现，早在1998年第一家联想1+1专卖店，甚至更早的"应用电脑""功能电脑"概念的提出，实际上联想的战略思维已经开始发生变化。服务导向的背后主要蕴涵着这样一个问题：服务如何产生价值？从目前来看，联想1+1专卖店培育市场、教育用户的职能已经开展起来，并为联想的销售额贡献了相当的份额。但根据联想一直以来战略方面的洞察力，联想1+1的定位应该不限于此。从联想1+1专卖店当前的做法中，似乎可以揣测出未来的场景，包括从为一般不熟悉电脑的用户进行培训以及安装，到未来整个数字家庭的系统设计、咨询、安装；从为百姓进行关于联想产品的展示、宣传的场所到未来社区信息技术的展示、培训、咨询中心；从与社区百姓的互动了解到终端用户信息需求的第一手掌控者等内容。这也说明联想1+1专卖店在推行过程中尽管遇到了一些阻力，但联想的高层决策者仍然坚持推行特许经营模式。

讨论题2：联想的特许经营模式为联想带来了哪些竞争优势？

（3）在电脑及相关外设产品同质化的趋势下，联想也在想方设法地打造自己的核心竞争力，而联想的真正优势是什么呢？是品牌和渠道。联想多年来的成长之路已经表明，它把自己在整个产业链条中的位置定义得非常明确，它既没有不切实际地去搞基础技术研究，也没有沦落为一般的分销商，其中很重要一点在于塑造出自己的品牌，建立了自己强大的渠道队伍。在产业变革越来越迅速的今天，根据联想的实际状况，不断强化自己的品牌，加深自己的品牌价值，同时通过渠道体制的创新，不断密切和合作伙伴的联系不失为明智之举。

讨论题3：试总结联想在渠道建设方面的创新点。

四、教学组织建议

小组讨论。讨论题3可采取课堂辩论的形式。

08 促销案例

学习重点

1. 促销策略的亚组合；
2. 人员推销、营业推广、广告和公共关系在促销活动中的具体运用。

本章概述

　　本章根据促销的四种具体方式，分别选取了人员推销、营业推广、广告和公共关系四种不同的案例，引导学生分析不同企业对促销策略的运用，并剖析其促销方法的优劣，使学生深入理解促销在营销中的地位和作用。

关键词

促销策略　案例分析

案例 21　人员推销案例

一、知识要点

1. 人员推销

人员推销又称人员销售，是企业派出推销人员或委托推销人员亲自向顾客介绍、推广、宣传，以促进产品的销售。可以是面对面交谈，也可以通过电话、信函交流，推销人员除了完成一定的销售量以外，还必须及时发现顾客的需求，开拓新的市场，创造新需求。

2. 人员推销的形式

（1）企业自建销售队伍。

（2）专业合同推销人员。

（3）售点兼职推销人员。

（4）会议推销形式。

3. 推销人员的工作步骤

（1）寻找潜在顾客。

（2）评估潜在顾客。

（3）策划访问计划。

（4）接近和约见顾客。

（5）面谈。

（6）异议处理。

（7）成交。

（8）客户关系管理。

4. 人员推销中的语言沟通技巧

人员推销中的语言沟通技巧包括：陈述技巧；提问技巧；倾听技巧。

（1）推销中的陈述技巧如下。

① 利益是推销陈述的重点。

② 推销陈述力图妙趣横生，吸引潜在客户。

③ 证明性推销陈述更有力量。

（2）推销中的提问技巧如下。

① 用肯定句提问。

② 从一般性的事情开始，再渐渐深入提问。

③ 先了解顾客的需求层次，然后询问具体要求。

④ 提问时注意回避对方忌讳的问题。

（3）推销中的倾听技巧如下。

① 主动倾听，不可敷衍。

② 倾听中要注意礼仪。

③移情式倾听，即换位思考式倾听。
④批判式倾听，即能听懂对方的"弦外之音"。

二、案例正文

世界上最伟大的推销大师——汤姆·霍普金斯

汤姆·霍普金斯（Tom Hopkins），当今世界著名推销训练大师，全球推销员的典范，被誉为"世界上最伟大的推销大师"，被美国报刊称为"国际销售界的传奇冠军"。他是全世界单年内销售最多房屋的地产业务员，平均每天卖一幢房子，3年内赚到3 000万美元，27岁就已成为千万富翁。

（一）

汤姆·霍普金斯

汤姆·霍普金斯把营销定义为"一门艺术"，旨在通过建立亲和，不断筛选，演示讲解，处理疑虑，然后再有机结合系列言语和行为，来感性地营建一种双赢的协议。

"所有的决定均取决于自己，一切操之在我。我可以成为一个最高收入的辛勤工作者，也可以是一个最低收入的轻松工作者。"

因为贫困，汤姆·霍普金斯只接受过三个月的大学教育。他永远记得，30多年前，决定辍学那一天，有些惶惑地回到家里，父亲却坚信他将来会有成就。

即使是在建筑工地扛钢筋为生的日子，他仍然相信世上一定会有更好的谋生手段，最终开始尝试进行销售。但是，前90天，他才挣到150美元。

去留之间，他选择了再给自己一次机会。于是决定把最后的积蓄投资到世界第一激励大师金克拉一个为期5天的培训班。

没想到，这5天的培训，成为他生命的转折点。在之后的岁月中，他潜心钻研心理学、公共关系学、市场学等理论，结合现代推销技巧，凭着自我教育和毅力，在短暂的时间里获得了惊人的成功。

当然，事业的成功是靠自己去努力的，但也需要有人指引。这样才能少走弯路。

销售其实是一门科学，人人都可以掌握。汤姆·霍普金斯现身说法：销售冠军真正成为冠军的理由是，他们全都坚持持续不断的教育，他们学习、掌握并使用各种知识和技能。

汤姆·霍普金斯认为，改进一个人的环境要从脑内开始。投资多一点时间、金钱和努力在你的内心，美好的事物自然会被你吸引过来。正是基于这种想法，霍普金斯成立了国际培训集团；做起了20个雇员的董事长。

他相信，"7个基本原则可以教你卖任何东西。"这些当年他用于美国的销售技巧，如今在全世界依旧被证明是成功的。

（二）

汤姆·霍普金斯在接受一家大都市报纸记者的采访时，记者向他提出一个挑战性的问题，要他当场展示一下如何把冰卖给因纽特人。于是就有了下面这个脍炙人口的销售故事。

汤姆：您好！因纽特人。我叫汤姆·霍普金斯，在北极冰公司工作。我想向您介绍一下北极冰给您和您的家人带来的许多益处。

因纽特人：这可真有趣。我听到过很多关于你们公司的好产品，但冰在我们这儿可不稀罕，它用不着花钱，我们甚至就住在这东西里面。

汤姆：是的，先生。注重生活质量是很多人对我们公司感兴趣的原因之一，而看得出来您就是一个注重生活质量的人。你我都明白价格与质量总是相连的，能解释一下为什么你目前使用的冰不花钱吗？

因纽特人：很简单，因为这里遍地都是。

汤姆：您说得非常正确。你使用的冰就在周围。日日夜夜，无人看管，是这样吗？

因纽特人：噢，是的。这种冰太多太多了。

汤姆：那么，先生。现在冰上有我们，你和我，那边还有正在冰上清除鱼内脏的邻居，北极熊正在冰面上重重地踩踏。还有，你看见企鹅沿水边留下的脏物了吗？请您想一想，设想一下好吗？

因纽特人：我宁愿不去想它。

汤姆：也许这就是为什么这里的冰是如此……能否说是经济合算呢？

因纽特人：对不起，我突然感觉不大舒服。

汤姆：我明白。给您家人饮料中放入这种无人保护的冰块，如果您想感觉舒服，必须得先进行消毒。那您如何去消毒呢？

因纽特人：煮沸吧，我想。

汤姆：是的，先生。煮过以后您又能剩下什么呢？

因纽特人：水。

汤姆：这样您是在浪费自己的时间。说到时间，假如您愿意在我这份协议上签上您的名字，今天晚上您的家人就能享受到最爱喝的，加有干净、卫生的北极冰块的饮料。噢，对了，我很想知道您的那位清除鱼内脏的邻居，您以为他是否也乐意享受北极冰带来的好处呢？

（三）

下面是汤姆·霍普金斯自述的一段卖房子的经历，他告诉学生们，没有完美无瑕的商品，只有不懂技巧的销售人员。

任何商品都存在一些缺陷，这些缺陷将成为你推销的不利因素，多数时候，它是你推销失败的罪魁祸首。其实，当你在推销一件商品的时候，如果能很好地利用这些不利因素，合理设置推销过程，你就能把失败扭转为成功。

我曾经有过这样一次成功的销售经历。那时，房产公司刚刚在洛杉矶西北部开发出一片住宅区。

这片拥有20幢房屋的住宅区，其每幢售价定为17 950～19 950美元。经过数年之后，还有18幢房屋没有售出。这批未售出的房屋全部位于罗斯利路，你由此可以猜出，它们必然有着与众不同的地方。因为距离这批房屋200米远有一道围墙，围墙之外便是铁路，24小时之内火车会经过3次。

开发商拒绝了我过去向他提出的担任此批房屋推销员的要求。尽管我用一封封信向他"轰炸"，但是徒劳无功。"我没有兴趣与一名住宅房屋的推销员合作出售这批房屋。"他一再如此表示。

数月之后，当我驾车从他比佛利山的办公室旁经过时，我便下定决心要与他约定一个会面时间。我十分惊讶，他居然同意和我谈谈。由于这18幢房屋至今无人问津，很明显，他越来越为此焦虑不安了。

他一开始就对我抱怨道："你一定是要我削价出售这批房子，这便是你们这些房屋推销员最常做的事。"

"不。"我回答，"恰恰相反，我建议你抬高售价。还有一点，我会在这个月之内将整批房子卖出去。"

"它们已经在那里躺了两年半之久，你现在告诉我你会在一个月之内将它们全部卖出去？！"他不相信地说道。

"请允许我对你详加解释我会怎么做。"我说。

"请便。"他说，同时将他的背往后舒适地靠在了椅子上。

"就像你所知道的一样，先生，每当一名房屋经纪商开放一间待售房屋时，人们便可在任何时间前往参观"，我说道，"可是我们将不会这么做。我们将一批一批地展示这些房子，就在火车驶过的那个时候展示。"

"你疯了不成？"他大声吼叫道，"我们起初之所以无法卖出这些房子，就是这该死的火车在作祟！"

"请让我说完"，我平静地回答他说，"我们准时在每天早上10点和下午3点开放房屋让人参观，这样必会引起人们的好奇心。我建议在展示的房屋前面挂上一个牌子，在上面写着：此栋房屋拥有非凡之处。敬请参观。"

他的下巴往下掉了几寸。

"接着"，我继续说，"我要求你将每户的价格抬升20美元，然后用这笔钱为每户买一台彩色电视机。"在那个时候，拥有一台彩色电视机是一件十分了不得的事，绝大多数人都还只有黑白电视可看。简直是令人无法置信，开发商还真的同意了我的计划，购买了18台彩色电视机。

在每次"参观"开始之后的5～7分钟，火车会从罗斯利路旁"隆隆"驶过。这样，在火车"轰轰"驶来之前，我只有几分钟时间对买主们进行推销。

"欢迎！请进！"我在门口招呼人们进来。"我要各位在这个特别的时刻进来参观，是因为我们罗斯利路上的每一栋房子都有着独一无二的特点。首先，我要你们听听看，然后告诉我你们听到了什么。"

"我只听到冷气的声音。"总会有人这么回答。

很自然地，我的问题也引发了听众的好奇。如果表情会说话，那他们的表情一定是在说："这里会有什么？这个人到底要做什么？"

"没错"，我回答，"但是如果我不提出来，你们也许不会注意到这个噪声，因为你们早已习惯冷气机的声音了。然而，我很确定当你们第一次听到它时，这个声音一定会引起你的注意。你会发现，一旦习惯了噪声之后，它们就不会对我们造成困扰。"

我接着带领人们走进客厅，指着那台彩色电视机说："开发商将随同房子将这台漂亮的彩色电视机送给你们。他这么做是有道理的，他知道你们将不得不适应一段90秒钟的噪声，一天3次，但是很快你们就会习惯。"

在这个节骨眼上，我转身将电视打开，将它调整到正常的音量后说："想象一下你和你的家人坐在这里，观看电视的情形。"接着我便停下来，等待由远而近的火车"隆隆"驶过。在这90秒的时间里，每个人都很清晰地听到了火车的声音。

"各位，我要让你们知道，火车一天经过3次，每次90秒钟，也就是一天24小时中共有四分半钟的时间火车会经过"，我在叙述一个事实，"现在，请问问你们自己：我愿意忍受这点小噪声——我当然会习惯的噪声，来换得住在这栋美丽的房子中，并且拥有一台全新的彩色电视机吗？"

就这样，3周之后，18幢房子全部售出。

主要参考资料

[1] 佚名. 销售之神的故事系列二：汤姆·霍普金斯 [EB/OL]. http：//redvictory.blog.163.com/blog/static/136559133201081793348739/.

[2] 佚名. 霍普金斯：就这样成为销售冠军 [EB/OL]. http：//finance.sina.com.cn/crz/20040727/1514904812.shtml.

[3] 佚名. 汤姆·霍普金斯的销售 [EB/OL]. http：//blog.sina.com.cn/s/blog_621826500100htq5.html.

三、分析与讨论

（1）人员推销活动中，销售人员对商品的认识非常重要，而更加重要的是如何将商品信息传递给潜在客户。在缺陷商品推销的案例中，如果推销员忽略了商品的缺陷，那只能让他的推销工作更加艰难。因此，永远不要把产品的缺陷当作一项秘密。因为这是一种欺骗行为，也许客户已经知道这个缺陷，但你在介绍的时候并没有明说，对方会认为你在有意隐瞒，势必导致你的信誉丧失。

讨论题1：结合案例，谈谈汤姆·霍普金斯用什么方式把自己推销给了开发商？

讨论题2：汤姆·霍普金斯推销缺陷房的时候采用了哪些技巧？

讨论题3：瑕疵商品、缺陷商品的出现在所难免，在推销这一类商品的时候，销售人员要注意哪些方面？

（2）推销工作就是跟人打交道的工作，能否很好地把握客户心理是决定成交与否的关键。很多推销人员认为了解客户心理状态是非常困难甚至不可行的，事实上，只要能够设身处地地站在客户的角度上思考问题，很多问题便迎刃而解。

讨论题4：结合案例，谈谈汤姆·霍普金斯在把冰卖给爱斯基摩人的推销过程中运用了哪些语言沟通技巧？

四、教学组织建议

（1）课堂个人发言。
（2）课堂组织模拟人员推销活动，教师和同学进行点评。

案例22 营业推广案例

一、知识要点

（1）营业推广的含义。营业推广又叫销售促进，是指企业运用各种短期诱因，鼓励购买企业产品或服务的促销活动。

（2）营业推广的特点：直观性；灵活性；局限性。

（3）营业推广的表现形式，有返券、有奖销售、送赠品、送样品、陈列、演出、提成、佣金等。

（4）营业推广的目的在于，通过更多形式的手段加大产品的销售力度，提高销售业绩和占有更广的市场份额。

二、案例正文

实体零售集结出动对抗"双11"

2013年"双11"前后，北京地区的三个知名商场相继迎来店庆，根据这三家知名商场的营业额数据显示，三家商场在店庆期间营业总额保守估计10亿元。而此时，来自天猫的数据显示，"双11"当天北京地区销售额为10亿元。这就意味着在这轮"大战"中，实体零售与电商至少打成了平手。而商场店庆活动时人潮涌动、场面火爆的情景也让传统零售尝到了久违的成就感。除了北京地区之外，全国各地的实体商家在应对"双11"这场没有硝烟的战争中都使出了浑身解数来坚守自己的客户领地。

（一）北京崇文门新世界商场线下实体店整装待发PK"双11"

电商相对于实体店的一大优势就是随时可以进行商品交易，为了应对"双11"的攻势，2013年11月1—3日，崇文新世界用备受瞩目的"60小时不打烊"活动将15周年庆典推向高潮，商场营业时间定为11月1日12:00—11月3日24:00。

电商在价格上比实体店优惠，为了挑战"双11"，崇文门新世界商场也在今年60小时不打烊活动中推出了不少的优惠策略。这次不仅经典单元"礼金疯狂送""午夜送手机"如期而至，更有"限时7倍大升级""化妆品积分礼金双重送""破冰折扣全城最低价""开门礼金疯狂抢""新款冬装5折爆京城""打滴送好礼"等超值环节轮番上阵，保证60小时全程给力无断点！

实体店相对于电商而言，比较重视消费者的感官享受，不仅有华丽的灯光、优质的音响，便于挑选的陈列，而且今年的崇文门新世界商场周年庆还特别联合石景山游乐园及凯旋王国主题乐园精心准备了一场视觉的饕餮盛宴。

周年庆期间，商场里充斥着趣味的花车、精彩纷呈的表演、来自国外最新奇的行为艺术秀以及时尚有趣的游戏PK赛……还有让味蕾和视觉都充满期待的"饼干世界"，设计师们用上万块各式饼干呈现出15年前的"崇文区老街景"，在指定时间内邀请在场的市民随意品尝。

缤纷盛宴，详情如下。

1. 累计积点赠7倍大升级

针对各大电商推出的购物换积点的规则，崇文门新世界商场在店庆的11月1日开门至3日闭店的60小时活动期间，VIP会员全场消费（特例商户除外）每满1元集1点，累计满1 500点即可兑换超值豪礼。

特别值得关注的是：11月2—3日，每日凌晨1：00至3：00，服装服饰区升级为7倍积点。也就是说，在该时段服装服饰累计消费1 500元，立即得到10 500个积点。除此之外，珠宝也加入了积点升级行列，11月2—3日，每日凌晨1：00至3：00，珠宝升级为2倍。

2. 午夜送手机，经典HIGH到爆

活动时间：11月1—2日每日22：00—23：00。

送手机是崇文店周年庆当之无愧的经典保留节目。本次店庆将这个环节再次大升级。11月1—2日每日22：00—23：00，VIP会员持活动时段小票服装服饰区单笔现金消费满13 888元、珠宝区单笔现金消费满28 888元即送三星Note3手机一台。

新世界还照顾了那些没有抢到手机的顾客，在这个时段特别安排了满额送礼金活动：VIP会员持活动时段小票服装服饰区单笔现金消费满9 588元、珠宝区单笔现金消费满18 888元即送价值3 000元礼金卡一张。

3. 开门+午后，礼金大派送

活动时间：11日1日12：00—14：00；11月1日16：00—18：00

电商的卖家会在活动期间推出购物满额赠送优惠券的活动，针对这一活动，崇文门新世界商场11月1日12：00至14：00，持VIP会员卡服装服饰当日现金单笔消费满1 000元送200元礼金卡，满2 000元送400礼金卡。如果不小心错过了开门时段，11月1日16：00至18：00期间，依然可以享受和开门抢同等级的满额礼遇，即持VIP会员卡服装服饰当日单笔现金消费满1 000元送200元礼金卡，满2 000元送400元礼金卡。

4. 送分又送礼，美妆也疯狂

活动时间：11月1—3日。

实体店最大的优势之一就是既可以享受购物的乐趣，又可以和家人和好友共享美味。新世界商场不忘诱惑顾客用美食犒劳一下自己，11月1—3日全天，持VIP会员卡化妆品区单笔消费满300元送300积分，每300元收100积分。同时，在送积分基础上更有会员单笔现金消费满2 080元加送100元美食卡。

5. 打"滴"有礼，的哥乘客都惊喜

活动时间：11月1—3日。

实体店相对电商的一大劣势在于：停车难。为了解决这一难题，2013年新世界特别联合"滴滴打车"推出"打滴有礼"活动，让顾客畅享无忧购物。活动期间，北京地区出租车司机从崇文店指定区域载客离店即可获得1枚印花，载客至崇文店指定区域可获赠2枚印花，集满10枚印花即可换领中国移动充值卡1张。同时活动期间，顾客只需持出租车内崇文新世界店庆DM单及当日打车票据，即可领取精美礼品一份。

6. 银行礼上礼，购物更超值

活动时间：11月1—3日。

电商在举行活动期间，会先与某银行签订合作协议，然后银行用优惠政策鼓励消费者进行网络购物，针对这一情况，崇文门新世界商场的活动期间，为信用卡客户提供了很多优惠：

中国工商银行（12分期付款）：满1 500元返300元新世界NEW卡1张、珠宝区满3 000元返300元新世界NEW卡1张。

招商银行：满1 000元返100元新世界NEW卡1张。

交通银行：满1 000元返100元新世界NEW卡1张、新百联名信用卡满988元返100元新世界NEW卡1张。

中国光大银行：满1 000元返100元新世界NEW卡1张。

上海浦东发展银行：WOW信用卡满1 000元返100元新世界NEW卡1张。

（二）"金条诱惑"凌晨引来"血拼族"

临近年末，一年一度的岁末"血拼"大戏进入高潮。与"双11"的对抗当中，申城商家各尽所能打出"独家牌"，而"金条诱惑"成为实体商场的"撒手锏"。

南京路新世界百货除了延续去年的营销方案，另外推出"300根中国黄金10克金条让利活动"，每克仅299元，吸引了众多"血拼族"。上午9时，商场还未营业，但排队领取预约券的队伍已绵延近百米，排在队伍最前列的市民凌晨5时就到了现场。新世界商场里面，中国黄金柜台标示的今日金价为每克333.6元。拿到预约券的顾客可以以299元每克的价格买到金条。

普陀中环商贸区的营销方案中，金条也是今天的主角。在活动期间，消费者在百联中环购物广场、红星美凯龙真北店、麦德龙普陀店、农工商118广场、上海友谊商店等5家主体店消费满额就可参加抽奖活动，主办方将送出2 000根10克千足金金条。

2013年电商和实体商场的竞争进入白热化阶段，促使双方都使出"撒手锏"拉动消费。而实体零售业将黄金纳入大力度促销的模式，网络销售的电商就难以复制了。

（三）朝阳大悦城百台 iPad mini 力拔头筹

进入 11 月，京城购物中心进入促销旺季，各种满额赠、大抽奖轮番上阵，配合精彩的促销活动，抢客流及销售大战进入白热化阶段。

朝阳大悦城打出了一个非常吸引人的抽奖活动：猛送 100 个 iPad mini。朝阳大悦城如此大的力度，与其在 2012 年取得的优异业绩密不可分。2012 年，在经历 100 余个新品牌升级调整之后，购物中心的客流和销售都取得了近 50% 的增长。

2012 年 11 月，iPad mini 仍然属于稀缺资源，通过苹果专卖店预订需要等待较长时间，这对果粉来说是难熬的时光。而朝阳大悦城抢先抢购并赠送的消息引起了轰动，在某论坛上甚至有黄牛党发贴称将去朝阳大悦城直接加价购买中奖者新得到的 iPad mini。

每年 11 月开始，商业的竞争愈发激烈，电商的加入使得传统商业的竞争凭空添加变数。面对电商的零利润甚至赔本赚吆喝的行为，购物中心除了推出更具体验和互动的业态及服务之外，还需要在合适的节点实打实地回馈消费者，为节日的促销增加更多惊喜和期待。

（四）宁波银泰百货、新华联商厦推出"送服装上门，免费试穿活动"

免费送上门试穿，简单来说，就是你看中了哪些衣服，只要在网上预约，工作人员就会在约定时间，根据你的需要把衣服送到指定地点，让你试穿。最重要的一点是，即便你试穿后不想买，你也不用支付任何服务费用。

11 月开始，宁波银泰百货和宁波新华联商厦推出了这项服务，这两家商场和第三方合作，推出了一个叫"逛街吧"的 APP（就是应用软件，主要指的是苹果和安卓等系统下的应用软件）。在这个 APP 里，这两家商场的产品款式、折扣和实体店同步更新（目前仅限女装）。顾客只要在 APP 上先选中衣服，再单击"免费送上门试穿"，工作人员确认有货后，就会通过电话确认送衣时间。然后统一着装，开着 SMART，2 小时送到。

这项服务是从 11 月 1 日开始推出的，目前用户已经上万，大多数是 25～35 岁的女性，现在平均每天会有四五十人预约试衣。一个半月试行下来，通过免费送上门服务成功下单的顾客已经近千位，占了服务总人数的 90% 左右。

主要参考资料

[1] 佚名. 新世界崇文门店 60 小时不打烊周年庆［EB/OL］.http：//www.winshang.com.

[2] 唐华. 朝阳大悦城百台 iPAD mini 力拔头筹［EB/OL］. http：//news.xinmin.cn/rollnews/2012/12/19/17714951.html.

[3] 佚名. 宁波银泰百货、新华联商厦推出"送服装上门，免费试穿活动"［EB/OL］. 中国时尚品牌网，2013-12-18.

三、分析与讨论

（1）面对猛烈的电商"入侵"，传统零售业虽也频繁打出低价折扣来对抗，但这毕竟不是长久之策。在业界看来，未来传统零售业的竞争环境将更加激烈，购物中心承载着更丰富的购物体验及享受，而从年底各大百货和购物中心纷纷加码开展体验式活动项目来看，传统零售企业在这场与电商的正面交锋中，或将赢得新的商机。

讨论题1：一般大型商场最常用的营业推广手段有哪些？试举例并分析其利弊。

（2）在西单大悦城、新光天地、新世界百货等商场不难发现，不少品牌门前都摆放了全场"买2件享8折、3件7折、4件6折"等告示牌。新世界百货周年店庆时"60小时不打烊"促销也已成为北京市消费者心中的一景，每年都能吸引数以百万的顾客进店消费。不仅如此，传统零售企业凭借丰富的品牌资源，联合多业态品牌商进行促销，也深得消费者喜爱。

讨论题2：新世界"60小时不打烊"的系列活动在促销上起到了哪些作用？

（3）虽然实体零售企业没有像电商那样为打响"双11"促销大战进行铺天盖地的造势宣传，但相比于电商，实体零售企业拥有丰富而真实的品牌资源，而且一年中结合各种节日、店庆举办的主题活动也非常丰富。此外，实体零售企业针对当季新品的营业推广方式和力度也是电商无法比拟的。事实上，实体零售企业的营业推广活动同样可诱使消费者进行多件购买，这与电商低价引导消费者大量选购的行为异曲同工。

讨论题3：结合自己的购物体验及促销知识，试分析与电商相比，实体零售业进行营业推广时的优势和劣势分别有哪些？

四、教学组织建议

课堂公开讨论，学生们自由发言。

案例23 广告促销案例

一、知识要点

1. 广告的作用
（1）传递信息，沟通产需。
（2）激发需求，促进销售。
（3）介绍商品，指导消费。
（4）树立形象，赢得市场。

2. 广告分类
（1）按广告的内容划分，可分为产品广告、企业广告和服务广告。
（2）按广告的目标划分，可分为开拓性广告、劝导性广告和提醒性广告。
（3）按广告的媒体划分，可分为印刷广告、视听广告、邮寄广告、户外广告和网络广告等。

3. 广告促销设计
（1）确定广告目标。
（2）确定广告预算。
（3）确定广告信息。
（4）选择广告媒体。
（5）评估广告效果。

二、案例正文

宝洁——传播领域里的"西点军校"

（一）

数据显示，自2011年6月至2012年5月，在监测评估的574则日化类电视广告中，宝洁公司的广告共有104则，占比18.1%。其中，宝洁投放的广告数量最多是护发产品类广告，共37则，占护发产品类广告总数的41.1%；其次是女性护肤类广告，共34则，占所有女性护肤品广告总数的13.2%；排在第三位的是家庭清洁用品类广告，共13则，占所有口腔护理产品广告的20.6%。

2011年6月至2012年5月，与同类产品相比，宝洁公司的广告创意效果突出，注意力、品牌联系和说服力均表现优秀。其中，联合利华共43则广告，欧莱雅52则。排名前10的广告创意效果中，宝洁公司占据4个位置，包揽前3。

（二）

众所周知，宝洁是世界上拥有品牌最多的公司之一，这源自于宝洁的市场细分理念。它认为，一千个消费者有一千个哈姆雷特，归结出一些不同点，用琳琅满目的品牌逐一击破。于是宝洁洗发水麾下有飘柔、潘婷、海飞丝三大品牌，洗衣粉系列有汰渍、碧浪，香皂市场有舒肤佳、玉兰油。然而，宝洁并不担心各种品牌在同一货架上的相互竞争，因为宝洁广告已经明白无误地告诉消费者，该使用哪种品牌。以洗发水为例，海飞丝个性在于去头屑，"头屑去无踪，秀发更出众"，飘柔突出"飘逸柔顺"，潘婷则强调"营养头发，更健康更亮泽"，三种品牌个性一目了然。消费者想去头屑自然选择海飞丝而不是飘柔，从而避开了二者的竞争。

因此，在宝洁的广告策略中，每个品牌都被赋予了一个概念，如海飞丝的去屑、潘婷的保养、飘柔的柔顺等，然后通过广告传播不断强化。

（三）

宝洁的电视广告惯用的公式是"专家法""比较法"和"数据法"。

宝洁先指出你面临的一个问题，如头痒、头屑多，接着便有一个权威的专家来告诉你，头屑多这个问题可以解决，那就是使用海飞丝，最后用了海飞丝，头屑没了，秀发自然更出众。这就是"专家法"。

"比较法"是指宝洁将自己的产品与竞争者的产品相比，通过电视画面，消费者能够很清楚地看出宝洁产品的优越性。当然宝洁广告常常糅合"专家法"和"比较法"，如舒肤佳广告。舒肤佳先宣扬一种新的皮肤清洁观念，表示香皂既要去污，也要杀菌。它的电视广告，通过显微镜下的对比，表明使用舒肤佳比使用普通香皂，皮肤上残留的细菌少得多，强调了它强有力的杀菌能力。它的说辞"唯一通过中华医学会认可"，再一次增强其权威性。综观舒肤佳广告，它的手法平平，冲击力却极强。

"数据法"是一些广告常用的表现手法，但真正运用自如的还是宝洁。玉兰油洁面乳的广告如是说：它含有BHA活肤精华……只需7天，就能让肌肤得到改善。玉兰油多效修复霜的广告中，更是不厌其烦地列举皮肤的干燥粗糙、细纹、色斑等"七种岁月痕迹"，然后声称：能帮助抵御七种岁月痕迹，令肌肤焕发青春光彩。

玉兰油活肤沐浴乳的广告也不例外：24小时不断滋润，令肌肤持续得以改善。一星期内，肌肤会更有光泽，更富弹性。润肤沐浴乳则阐述其独有之处：含75%的玉兰油滋润成分，使用14天后，能体验到肤质的明显改善和滋润……

通过广告中的数字运用，科学的功能解释，巧妙的理性诉求，增强了说服力量，同时也在提升其产品信任度。

宝洁公司的舒服佳广告

（四）

很多国内产品广告中使用了外国人作为形象代言，以造成该产品已经国际化的印象。宝洁的竞争对手，如联合利华一直聘请国际大腕级女名人做形象代言人。

宝洁形象代言人却与众不同。人们最初在中国看到的宝洁广告中几乎不存在名人代言这一现象。大部分产品的广告是由中国普通女性，直接陈述产品性能或使用的体会。这类广告让广大消费者耳目一新，给他们带来了平和、亲近的感受。例如，飘柔广告代言人，通常是公司的白领，而平常注重形象、愿意头发更柔顺的消费者也常是受过教育的白领阶层，自然飘柔广告深受他们的欢迎。

但现在我们看到宝洁在中国的广告中明星也逐渐增多了，如潘婷广告中的章子怡和萧亚轩，海飞丝广告中的王菲、周迅，汰渍广告中的郭冬临等。这也是宝洁在中国广告策略中的一个较大变化。

（五）

宝洁进入中国时正值中国计划经济向市场经济转轨时期，以前人们没有这么多产品可以购买，也没有这么多品种可以选择。面对突如其来的大市场，焕发了封闭很久的激情，购买力因为这种刺激呈现井喷式爆发。再加上先进的促销手段，宝洁由此拉开中国日化波澜壮阔的一幕。

但进入21世纪以来，中国本土日化企业以及世界级的对手都对宝洁展开了全方位的围攻，在中国市场上一直高歌猛进的宝洁步伐开始显得有些凝重。

2000年面世的宝洁润妍针对18—35岁女性，定位为"东方女性的黑发美"。润妍的上市给整个洗发水行业以极大的震撼，其包装、广告形象无不代表着当时中国洗发水市场的一流水准。为了更好地推广，宝洁专门建设网站进行网上和网下推广活动，成立了润妍俱乐部，这曾被认为是最为成功的推广手段。润妍问世后，宝洁还启动了两个令人印象深刻的公关活动：赞助《花样年华》和"周庄媒体记者东方美发秀"。

但在润妍推出后的两年时间中，其市场表现却令宝洁上下感到失望。资料显示，润妍在上市后的销售额大约在1亿元，广告费用约占10%。两年时间里，润妍虽获得一些消费者认知，但其最高市场占有率从未超过3%，这个数字，不过是飘柔市场份额的10%。

2002年4月，润妍全面停产，然后逐渐退出市场。

2005年8月，飘柔沐浴露四款新包装产品面市。

宝洁的这一举措让许多人感到意外。因为新品上市一般会在旺季之前，而此时长江以北的盛夏即将过去，长江以南则已处于补货阶段。而且，六神、花世界、滋采等沐浴露的强劲对手早已先入为主地占据着飘柔沐浴露的相当一部分生存空间。

发展相当成熟的广东市场，已经没有飘柔沐浴露多大的空间，澳雪、六神等早已站稳脚跟。

在上海、江浙等地，六神更是驰骋纵横。

而其他地区，尽管存在市场空间，但是使用沐浴露仍非普遍现象，北方人洗澡次数更是明显少于南方。

还有重要的一点：飘柔在消费者心中的"洗发水"认知度非常牢固。

这些气候、地理位置、生活习惯、心理感受等因素，都使飘柔沐浴露面临极大挑战。

飘柔沐浴露上市之初，宝洁公司对消费者使用情况进行了长达数月的跟踪调研。结果是，上市前三个月的试用率略高，但也不足3%。尽管飘柔沐浴露辅助宣传的折页广告如期送到了消费者手中，但画面制作却不如以前赏心悦目。

在这之后的一年多时间里，宝洁做出了很多努力：广告依旧在轰，包装也更新了，产品线也更齐全了，但仍然未能改变（或者说拓展）消费者的认知。

2006年起，飘柔沐浴露基本上就处于卖陈货的境地。陈列面积不断压缩，直至在许多卖场消失。

主要参考资料

[1] 佚名．"没有打不响的品牌"——宝洁［EB/OL］.http://www.douban.com/group/topic/3847724/ 2008-08-02.

[2] 佚名．宝洁公司的营销和广告策略［EB/OL］. http://news.mbalib.com/story/26705 2010-05-06.

[3] 曾朝晖，王逸帆．润妍 宝洁的中国之痛［J］.现代营销（学苑版），2005（3）．

[4] 佚名．飘柔沐浴露：宝洁公司的又一牺牲品［EB/OL］.（2006-02-08）. http://info.beauty.hc360.com/2006/02/08080116024.shtml.

三、分析与讨论

（1）广告是最直接、最直观，也是最普遍的促销手段。作为全球知名的日化公司，宝洁的品牌管理和广告策略一直被津津乐道。可以说，宝洁的一举一动都备受关注。

讨论题1：宝洁麾下的飘柔、潘婷、海飞丝三大品牌的广告传播具有什么共同特点？这个特点后面的本质是什么？

（2）众所周知，广告投入需要大量资金。但高额的广告投入，并不一定能保证有相应的回报。这里面有一个关键因素是广告策略的科学设计，包括设计广告目标、广告内容、广告预算和选择广告媒体，等等。盲目的广告投入，无疑会使巨额资金打水漂。

讨论题2：通过与宝洁的广告策略相对比，讨论我国日化企业近年来在广告宣传和促销方面有什么进步或变化？

（3）在营销活动中，广告本身不是目的。广告永远只是促销或者品牌宣传的手段，况且从广告引起消费者对商品的关注到实际购买之间，还有很多变数。进入21世纪后，虽然宝洁旗下的润妍和激爽的广告独特且又有杀伤力，但最终还是黯然退出中国市场。

讨论题3：宝洁的飘柔、潘婷、海飞丝三大品牌成功在中国市场立足并成为领军品牌，主要是因为广告的力量吗？宝洁旗下的润妍和激爽黯然退出中国市场，仅仅是因为广告方面的问题吗？结合案例并查找相关资料，系统分析宝洁在中国市场的成败得失。

四、教学组织建议

课堂公开讨论。

案例 24　公共关系危机案例

一、知识要点

公共关系是指组织机构用传播手段使自己与相关社会公众之间形成双向交流，促进公众对企业的认识、理解和相互适应的管理活动。对企业来说，这个竞争异常激烈的时代，是危机四伏的时代。一不留神，潜伏的危机就足以摧毁企业多年的苦心经营。企业在遇到危机或灾难时，公共关系必须发挥其预防、准备和供应功能，即防患于未然，居安思危；拟订面临危机的沟通计划；向传媒提供和发布与危机有关的公共关系信息。

一旦发生危机，无论是处理危机、控制危机，还是协调与危机有关的方方面面，都非常复杂，需要投入大量的人力和财力。处理好危机公关有利于企业在公众心目中重塑良好的形象，降低或挽回企业的经济损失，协调企业与公众的关系。

公共关系危机处理的原则有：快速反应原则；实事求是原则；人文关怀原则；主动通报原则。

公共关系危机处理的基本程序主要包括：控制事态，控制损失到最低限度；表明公司态度和行为；了解事实，公开真相；分析情况，采取对策；召开新闻发布会，发布正式消息；组织力量，有效行动；认真处理善后工作；总结调查，吸取教训。

美国公共关系协会提出危机公关的八大要领：① 如果可能，使形势得到控制，首先要保护人身安全，然后才是财产。分析形势，判断其新闻价值。不要跳到枪口上来制造危机，许多时候，情况不足以吸引传媒的注意。② 收集事实：人物，事件，地点，时间，原因，方式，后果。③ 如果必要，设立危机管理小组。快速行动，全力将确定应该让媒体和公众知道的信息公开通报。④ 尽可能为媒体提供信息，因为他们也会从其他来源获得信息（也许是不准确的）。⑤不要猜测，如果不知道事实就如实相告，并承诺尽快回复媒体。⑥保护组织的正直和名誉。⑦ 主动报告自己的坏消息，不要让其他消息来源先通知媒体。⑧ 在危机之中或者危机之后合适的时候，尽快实施一项亲善行动。

二、案例正文

苹果、三星的危机公关

2013 年，中国中央电视台的"3·15"晚会报道了苹果公司在中国的售后服务存在种种问题。直到 4 月 1 日，苹果才在其中国官网表示歉意，距央视"3·15"曝光足有半月之遥,堪称迟来的道歉,实属万般无奈之下的危机公关。

2013年10月21—22日,央视财经频道《经济半小时》栏目连续播出了三星部分型号手机存在设计以及维修售后服务等问题。节目播出后,三星公司采取了迅速的危机公关措施,避免了事态的扩大,并将损失降到了最低限度。

(一)苹果公司深陷"维修门"

2013年3月15日,中国中央电视台的"3·15"晚会报道了苹果公司在中国的售后服务存在种种问题,包括iPhone的"整机更换"保留旧手机的后盖,更换后保修期仍按旧产品计算,产品保修期与中国相关法律法规不一致,未完全执行三包规定等问题,引起了社会舆论和媒体的一致声讨。

从2013年3月25日起,人民日报连续5天以反面新闻报道苹果,质疑苹果。而央视继"3·15"晚会曝光苹果售后"中外双重标准"的问题之后,又在《新闻联播》《焦点访谈》等节目中连续两周保持对苹果的曝光。

2013年3月27日晚,国家质检总局表态,苹果必须将相关产品的保修时间由一年改为至少两年,国家质检总局相关负责人表示,苹果服务商的做法,违反了我国《微型计算机商品修理更换退货责任规定》,必须予以改正。否则,将由行政执法部门按照有关法律法规予以严肃处理。

2013年3月28日,针对中国消费者协会和"3·15"晚会曝光的"苹果"售后维修服务问题,国家工商总局对外表态称,已向全国工商系统发出通知,要求对"苹果"等电子产品加大市场监管,查处存在的不公平"霸王"条款,维护消费者合法权益。

2013年3月29日,《光明日报》发表文章《跨国公司"耍大牌"?无须再忍!》。认为在中国消费者面前,苹果异常"傲慢"。自2012年开始,青岛等地工商局针对苹果公司《iPhone维修报告》中存在不公平合同格式条款的问题,就对相关授权服务商进行过行政处罚。尽管苹果公司数次发表声明,并象征性地修改了《苹果维修条款和条件》,但并没有对中国消费者的歧视性政策作出任何实质性改变。

2013年3月29日,网易科技报道苹果改官网资料。明确在中国内地Mac与iPad的主要部件保修两年。据说这没有什么新鲜的,苹果在2010年就是这样答复媒体的,并且行货Mac包装内的纸质"苹果商品三包凭证"显示"若服务条款与三包规定有不符之处,以三包规定或三包凭证内容为准,对于执行特别三包目录的地区,苹果公司承诺遵守当地的相关规定"。

2013年3月29日,中国消费者协会发布公告指出,苹果公司在华保修政策的有关内容与中国法律相抵触,苹果公司考虑更多的是如何减轻和规避自身责任,而非真正为中国消费者提供高标准的服务。《苹果维修条款和条件》第4条明确规定,"如果维修不属于保修范围,苹果可依据相关法律使用在可靠性和性能方面合格的零件或产品"。中消协指出,依据有关三包规定必须使用新的零配件、部件;三包期外,除非维修前明确说明,并经消费者同意,否则不应使用旧件。"采取单方的、概括的政策性说明,等于没有告知,消费者也没有获得选择权"。鉴于其"敷衍塞责,避实就虚"的态度,中国消费者协会要求苹果公司"尊重消费者合法权益,彻底改正存在问题,向中国消费者真诚道歉"。

2013年4月1日,苹果股价收盘下跌3.11%。与2012年苹果股价曾触及705.07美元的历史高点相比,苹果股价已经下跌了39%。花旗银行分析师格兰·杨当日表示,对苹果在中国市场份额感到担忧。"如果苹果在中国的市场份额丢失50%,那么相当于损失131亿美元的营业收入以及3.62美元的每股收益"。

2013年4月1日晚,苹果在其官网发布署名为苹果CEO蒂姆·库克的《致中国消费者的一封信》。针对引发舆论关注的保修问题,苹果中国售后服务做出四项重大调整,其中包括:自2013年4月起,将iPhone 4和iPhone 4S服务包升级为全部采用新部件的设备更换和自更换之日起重新计算的1年保修期。在这封信中,苹果称在过去两周,在中国收到许多在维修和保修政策方面的反馈。苹果"不仅对这些意见进行了深刻的反思还与相关部门一起仔细研究了'三包'规定"。并重新审视了苹果维修政策的沟通方式。"我们意识到,由于在此过程中对外沟通不足而导致外界认为苹果态度傲慢,不在意或不重视消费者的反馈。对于由此给消费者带来的任何顾虑或误会,我们表示诚挚的歉意。我们保证,Apple对于中国的承诺和热情与其他国家别无二致"。

2013年4月3日,中国消费者协会表态认为苹果"仍有不足"。苹果公司在售后维修时,涉嫌利用模糊概念有意规避中国法律。

2013年4月9日,《证券日报》刊文指苹果托管的内容程序触犯刑法。

2013年4月11日,苹果首席运营官抵达北京应对公关危机。

2013年4月22日,苹果公司为中国地震捐款5 000万元人民币,官网首页表示慰问。

受苹果"维修门"事件的影响,苹果公司为其"傲慢"付出了沉重的代价。2013年7月24日,苹果公司发布了2013财年第三财季财报。报告显示,苹果公司2013年第三季度净利润为69.00亿美元,比2012年同期的88.24亿美元下滑22%。苹果公司表示,该公司于2013年第二季度在中国赚取了46.5亿美元的销售收入,较上一季度的88亿美元有着43%的下滑。与此同时,苹果公司第三季度在中国的收入较2012年同期也下滑了14%。按照地域划分,苹果公司美洲部门第三财季营收为144.05亿美元,其中大中华区营收为46.41亿美元,比2012年同期的53.89亿美元下滑14%;亚太其他地区营收为20.46亿美元,比2012年同期的24.98亿美元下滑18%。

(二)三星手机的"字库门"

2013年10月21~22日,央视财经频道《经济半小时》栏目连续播出了三星部分型号手机涉嫌设计缺陷导致频繁死机,以及在维修售后服务环节,中国消费者遭受不公正待遇的报道,节目播出后,引起了社会各界的巨大反响。

1. 三星公司简介

三星集团成立于1938年，创办人为李秉喆，是韩国第一大企业，也是一家大型跨国企业集团，业务涉及电子、金融、机械、化学等众多领域。旗下各个三星产业均为家族产业，并由家族中的其他成员管理。三星在中国主要经营产品包括：三星手机、电视、数码影音、电脑办公及BSV液晶拼接屏等产品。

三星为世界500强企业，2009年首次挺进全球品牌价值20强。销售额占韩国GDP近20%。2011年，三星集团资产总额达3 437亿美元，净销售额达2 201亿美元，净收入212亿美元。美国《财富》杂志2011年世界500强行列中三星公司排名第22位。2012年世界规模最大的品牌咨询公司"Interbrand"于10月2日公布了"全球100强品牌"调查结果，三星以329亿美元的品牌价值排名第9位。当前，三星在华设立的机构有163个，雇佣员工数量达119 000名，业务涉及电子、金融、贸易、重工业、建筑、化工、服装、毛纺织、广告等诸多领域。

2. 三星"字库门"事件过程回顾

2013年10月21日，央视《经济半小时》报道称，三星手机字库（手机内置存储器emMC芯片，行话称"字库"）因突然断电而被"击穿"造成无法使用，这就是"字库门"。字库被击穿导致三星手机陷入频繁死机中，最多一天可死机二三十次。这是自三星换屏门后再一次针对三星手机爆出的负面报道。

2013年10月22日，央视财经频道《经济半小时》栏目连续两天播出了三星手机部分型号涉嫌设计缺陷导致频繁死机，三星陷入了"字库门"风波。

2013年10月23日，三星（中国）投资有限公司发布官方声明，正面回应了中央电视台对其产品质量问题相关的报道。三星表示，央视的报道所反映的问题共涉及7款手机，三星公司决定对已产生问题的手机进行免费修理，如果有消费者在修理上述问题手机时已经付费，三星公司将进行退款处理。三星还表示，如果两次修理还是不能正常使用，三星公司将为消费者免费更换同型号产品；而本次涉及的上述手机型号，凡2012年11月30日以前生产的产品，无论是否经过修理，均延长一年保修期。

三星的致歉声明发布后，不少消费者认为三星的致歉态度是诚恳的，甚至有声音力挺三星，认为"大品牌就该学学三星"。

3. 三星"字库门"事件的影响

在2013年第一季度，中国消费者一共购买了6 740万台智能手机。三星手机以1 250万台的销量，占中国第一季度智能手机市场份额的18.5%。

2013年10月25日，三星公布的2013年第三季度财报显示，三星该季度实现营收约556.9亿美元，同比增长13%；净利润约76亿美元，较2012年同期增长25%。而此次央视财经报道的三星手机涉嫌设计缺陷的手机型号是三星最热销的两款——Galaxy系列和Note系列。在2013年第二季度财报中，Galaxy S4和Galaxy Note 8.0的销量推动业绩比上个季度攀升9%。北京最大的手机通信连锁店迪信通在2013年7月份公布的2013年半年报显示，在迪信通销售的手机中，三星市场份额则接近4成。

主要参考文献

[1] 苹果在华销售额不到全球市场1% 人气第一销量第二 [EB/OL].赢商网,2013-06-8.

[2] 苹果售后 何时能一碗水端平.央视3·15晚会,2013-3-15.

[3] 方南.苹果售后事件持续发酵:营销拐点隐现 [N].南方都市报,2013-3-20.

[4] 钱小磊.苹果发布公开信解释"整机更换"保修政策 [EB/OL].腾讯数码,2013-3-23.

[5] 苹果向消费者致歉 改进iPhone4和4S维修政策 [EB/OL].中国新闻网,2013-4-2.

三、分析与讨论

(1)苹果公司在遭到投诉及涉嫌歧视中国消费者问题的曝光后,只发出了一个不足200字的声明。在不少消费者看来,根本没有诚意,这是苹果公司对中国消费者的敷衍,也是最差的处理方式。危机发生后,苹果在发布声明不理睬媒体曝光的售后问题,后来不得已理睬了,但又不承认问题,也不解决问题,最后由于中国媒体的紧追猛打,才向中国公众致歉,解决售后维修问题。苹果面对公众自视甚高,以为自己有足够的"力"与"利",不怕得罪中国的媒体与公众。苹果的霸道,强横无理,以势压人,伤害了中国媒体和公众对它的好感。

相比于苹果公司傲慢的态度,三星的态度还是比较真诚的。三星对"字库门"事件的快速反应,也表明了企业负责和真诚的态度。

产业经济观察家梁振鹏认为,结合目前手机市场的格局来看,在高端领域仍在追赶苹果的三星,此次危机公关处理方式是可取的。三星作为大型跨国公司,通过道歉、补偿、延长售后服务等积极手段在公众面前树立了负责任的企业形象。

讨论题1: 请你评价苹果公司与三星公司在处理危机公关事件中的表现(成功之处和失败之处)。

(2)国际危机管理权威Roben D.Ramsey就危机管理容易犯下的十大错误提出告诫。

① 不要被分化。分化就不可能挺过危机。

② 不能没有反应,以不变应万变。危机管理需要行动,而不能瘫痪。

③ 不要逃跑——生理、心理或情感上。从危机中恢复的第一关键是存在和可见。

④ 不要忽略问题。装作坏事情没有发生并不能使之消失,而只能使你显得像个傻子,大家只会这样想而忽略别的。

⑤ 不要否认明显的事情,否认是欺骗的一种形式。

⑥ 不要试图掩饰,否则会使事情更糟糕。

⑦ 不要攻击、质问和指责,这只是借口而不是解决办法。

⑧ 不要耽搁,拖延解决只会增加问题。

⑨ 不要继续按照以前的方法做事,如果出了错,做更多同样的事情也于事无补。

⑩ 不要放弃。一旦你投降,就没有胜利的可能。

讨论题 2:假如可以重新来过,你认为苹果公司应该怎样应对这次公关危机?

(3) 既然比尔·盖茨都说"微软离破产永远只有 180 天",还有什么企业能躲过危机呢?近年来,中国企业危机发生的频率似乎越来越高,三株、飞龙、亚细亚、秦池、爱多、冠生园、南德、巨人、亿安科技、蓝田、实达、托普、三九、德隆、巨能钙、中航油等都是因危机而衰退甚至倒闭的企业。

进入新媒体时代以后,对企业风险高低的预判已经不再局限于通过消费者投诉、意见反馈,或者是媒体曝光这样的形式来体现。消费者已经开始在论坛、贴吧、微信、微博等一系列社交网络平台散布所遇到的消费问题,这些不起眼的微弱信息渠道往往会被企业忽视,但是这些渠道可以无限制放大危机。为此,企业在平时就应该对微弱信息进行收集和反馈,从而打通微弱信息渠道,减少风险事件的发生。

讨论题 3:危机的发生往往是连带性的,它可以一瞬间在各种渠道上被无限地放大,作为企业应该如何进行有效的危机管理?

四、课堂组织建议

先分小组在课余讨论,然后在课堂陈述,并进行质疑答辩。

促销案例 08

案例 25 促销综合案例

一、知识要点

（1）促销，是指企业向目标顾客传递商品或劳务的存在及其性能、特征等信息，帮助消费者认识商品或劳务所带给购买者的利益，从而引起消费者的兴趣，激发消费者的购买欲望及购买行为的活动。从活动运作的方向来分，促销的基本策略或者说总策略有推式策略和拉式策略两种。

（2）促销组合指履行营销沟通过程的各个要素的选择、搭配及其运用。促销组合要素包括：人员推销、广告促销、营业推广（销售促进）、公共关系。可以认为，公共关系提供的是企业形象，广告和人员推销提供的是购买理由，而营业推广提供的是购买刺激。

（3）优化促销组合一般必须考虑几个主要因素：促销的目标；产品的类型；产品处于生命周期的什么阶段；市场属于什么性质；预算促销费用是多少。其他需要考虑的因素有：产品渠道、价格策略、企业资源、竞争环境、经济前景等。

二、案例正文

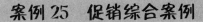可口可乐在中国的促销策略

中美建交后，可口可乐重新进入中国市场已经 30 多年。1999 年，可口可乐饮料的销售量为 160 亿标准箱。2000 年在中国的销售再次大幅增长近 25%，2011 年可口可乐公布财报称，全年总营收 465.42 亿美元，同比增长 33%。可口可乐在华曾实现了连续 9 年的两位数增长，这些大数据全都归功于可口可乐在中国进行的大量促销活动。

（一）

可口可乐在全球每年广告费超过 6 亿美元。可口可乐在中国每年广告投入高达几千万元。起初，可口可乐在中国凭美国风格和美国个性来打动消费者，所用广告也是美国亚特兰大版本。20 世纪末，可口可乐的广告营销策略发生了显著的变化，其在中国推出的电视广告，开始选择在中国拍摄，请中国广告公司设计，邀请中国演员拍广告。

2004 年，即将出征雅典奥运会的刘翔、滕海滨、马琳三位体育明星，成为雅典奥运会期间可口可乐新的形象代言人。以他们为主角拍摄的可口可乐新的广告片在奥运会期间反复播放，同时，分别以这三位体育明星形象设计的"要爽由自己"可口可乐奥运包装，也开始在全国市场限量销售。

2005年夏季，可口可乐更是推出了以奥运冠军刘翔领衔的"要爽由自己"系列情节广告，以刘翔、潘玮柏、余文乐和S.H.E. 6人的爱情故事为主题的"可口可乐版老友记"等活动，一如既往地致力于品牌推广。

2006年3月，同为奥运TOP赞助商的可口可乐与联想公司，在上海宣布结成市场战略合作伙伴关系，双方将聘请相同形象代言人并在品牌、渠道以及市场营销方面全面展开合作。此后，在可口可乐专门店便可以看到由联想生产的印有可口可乐标志的台式PC、笔记本电脑以及其他数码产品。

2008年正值北京奥运年之际，北京用热情洋溢的"中国红"将欢乐传播至世界各地，可口可乐的经典色彩在这一刻有了全新的内涵与外延。凝聚创意结晶的奥运会主赛场"鸟巢"、刘翔、郭晶晶等奥运明星的酷爽剪影、一张张欢笑的嘴和在彩虹上冲浪的梦幻畅爽画面，在打开瓶盖的那一瞬间，沸腾了整个世界。

2009年，可口可乐更加侧重于与中国消费者的情感沟通，让消费者积极参与，一起勾画品牌的蓝图。推出"新年的第一瓶可口可乐，你想与谁分享"的系列广告。在网络上也同步推出视频网站的促销活动。

2010年南非世界杯期间，可口可乐在中国地区的推广活动也开始启动——随着带有浓厚非洲风情TVC的发布，可口可乐的"啵乐乐乐乐"（BRRR）世界杯广告正式拉开了帷幕。

2012年，可口可乐联合微软发布的Windows 7主题打造了一个主题为"The Great Happification"的广告。该广告在Facebook和YouTube上同期播放，它以音乐剧的形式带领消费者深入到自动售货机内部，去了解可口可乐生产的虚实世界。

2013年，随着春节的临近，可口可乐推出了新的广告。本次推广活动的主旨是邀请13亿中国人一起提名他们身边的"快乐创造者"，为此，可口可乐建立了一个网络互动平台供消费者提名并分享他们想要分享的内容。这个新的广告给人一种积极、快乐、真实的感觉，在中国市场树立了新的标杆。

2013年夏天，可口可乐首次携手德国宝马旗下品牌MINI正式对外发布一则新广告。该广告的主角是300ML迷你装可乐产品和一款Coca-Cola X MINI改装车——"可口可乐迷你快乐能量车"。这则广告充分展现了年轻人对"自在，轻便"生活方式的追求，而宝马公司旗下MINI所崇尚的"自在，灵动"的品牌精神，正好与可口可乐迷你装的特质完美契合。同时，可口可乐宣布亚洲乐团五月天为最新一季代言人，发布首支广告片。

（二）

2005年开始，可口可乐将视线投向了网络。当年可口可乐正式推出了iCoke.cn网站，希望以音乐、娱乐咨询、游戏等多元化内容和多种网络互动平台吸引年轻消费者。

2005年4月，可口可乐和著名网络游戏"魔兽世界"全面合作，推出"要爽由自己，冰火暴风城"全面整合活动。可口可乐的投入包括在全国网吧提供装修，提供印有《魔兽世界》和可口可乐标志的门头、灯箱、大幅喷绘写真等。

2006年3月，可口可乐与腾讯联手。腾讯为可口可乐打造一个3D在线社区，并提供3D内容素材，丰富iCoke网站活动内容。而可口可乐则授权腾讯为可口可乐旗下代言人特制3D QQ秀酷爽造型，这些造型陆续出现在2006年可口可乐的系列主题广告和市场活动中，包括刘翔、S.H.E、张韶涵、潘玮柏、余文乐和李宇春等明星。

2008年，可口可乐在奥林匹克公园设置了"可口可乐畅爽中心"，该中心在奥运期间每天都满负荷运转，日均接待1万多参观者。除此之外，可口可乐还在北京闹市和全国各主要城市同样设置了26个"畅爽地带"。奥运期间平均每天来到可口可乐畅爽展示区的人数，达到20万人。

2010年，可口可乐迎合南非世界杯推出了"狂欢世界杯、畅爽开怀"的促销活动。

2010年，上海世博园里面屹立起了一座两层建筑，它就是可口可乐企业馆。其建筑风格讲求虚实对比和颜色变化，刷成"可口可乐"的红色。可口可乐企业馆通过宣传上海世博会"城市，让生活更美好"的主题，提出节能、环保、技术创新和创建高品质生活方式的理念。

2011年，可口可乐与腾讯合作举办了"2011揭金盖，畅饮畅赢换Q币"的活动。本次促销活动设有"赠饮奖"和"腾讯网络虚拟奖品"。赠饮奖全国共设2亿份，腾讯网络虚拟奖品全国共设1亿份。

2011年，可口可乐将可乐与火锅联系起来。推广思路是重点突出可口可乐使火锅更美味的概念，从而使消费者在享受火锅美食的时候，自然而然地想到搭配可口可乐，使可口可乐"爽动美味，畅爽开怀"的概念深入人心。

2012年，可口可乐邀请全民启动13亿快乐能量，收集每个人的节拍，汇聚13亿人的鼓励与支持，为中国健儿助威加油！活动平台还结合网络游戏"愤怒的小鸟"，提供不同的节拍贡献机制。社交网络也同步与消费者互动，创造话题，同时还有SMS短信直达目标消费者，随时更新活动近况。

2013年3月，可口可乐推出"揭盖中奖100%，三重好礼赢不停"的促销活动。凡购买可口可乐产品的顾客可以登录千人掌网站，按照参与及兑奖办法操作，均可赢取指定电商网站抵扣券。参与活动的消费者，将100%获得中粮我买网、凡客诚品、一号店、京东商城、窝窝网等12家知名电商网站提供的购物抵扣券一份。

2013年夏天，可口可乐的夏季包装"快乐昵称瓶"面试，首批昵称瓶涵盖了"文艺青年""高富帅""闺蜜"等二十几个网络热词昵称。随着活动的不断推进，还将有更多的昵称瓶在市场上推出，某些市场还会陆续推出极具地方特色的昵称，如重庆的"重庆妹儿"，湖北的"板尖儿"等。同时，为了带给消费者更多的独特体验，可口可乐还推出了"快乐昵称瓶定制"的地面活动，消费者只要填写自己、朋友或家人的名字，一瓶专属的可口可乐昵称瓶就将"打印"完成。

（三）

可口可乐公司在中国的公关活动一刻都不停歇，从体育、教育、文娱到环保，利用一切可利用的机会提高自己的知名度。

2007年4月26日，可口可乐中国公司宣布，将延续与奥运火炬接力合作传统,成为北京奥林匹克火炬接力全球合作伙伴,更进一步支持北京2008年奥运会,并承诺利用丰富的火炬接力合作经验,携中国区32家可口可乐装瓶公司,协助北京奥组委让奥运圣火再次照亮全球。6月24日,"谁点燃我心中圣火"可口可乐奥运火炬手选拔活动正式开始,并历时4个月。可口可乐宣布,1 188个名额中70%以上将面向普通大众。其中,火炬手938名,护跑手250名。

同样,可口可乐公司在中国也十分关注教育事业。例如,可口可乐公司积极赞助许多推动教育、扶贫助学的项目,其中以对"希望工程"的捐助最为显著。可口可乐公司及中国的装瓶厂捐赠200万美元,在数十个贫困山村共建了50所希望小学和100个希望书库,帮助300~600名小学生改善了学习环境,可口可乐公司还捐助500万元人民币共10 000个奖学金,让贫困的学生可以完成6年的学业。可口可乐公司在中国还与当地青基会办、教委、团委及大学共同挑选一些品学兼优的特困生,帮助他们解决生活费及学费的压力,协助我国培养优秀的人才。这个项目于1997年实行,有超过1 000名学生受惠。

2008年,四川汶川大地震期间可口可乐捐赠1亿元人民币,用于灾害扶助及灾后重建。

2009年,可口可乐倡导绿色环保的活动,推出植物环保瓶,该瓶部分采用植物基材料制成,可完全回收再利用。

2009年,可口可乐推出了Expedition 206活动。消费者投票选出了3位他们中意的可口可乐大使,这三位大使会在有可口可乐销售的206个国家访问,在旅行中,大使们要写博客,用他们的创作内容告诉人们,世界各地的人们的生活现状。

2010年3月23日,可口可乐正式启动"欢聚世博,乐在低碳生活"活动。3月27日晚上8:30—9:30,可口可乐关闭了其遍布上海繁华商业街头的户外广告灯。可口可乐希望通过身体力行的方式倡导和鼓励公众参与环保,从自身抓起,从小事做起,从而筑建一个更美好、可持续发展的未来。

主要参考文献

[1] 李铁军,李铁钢. 可口可乐营销攻略[M]. 广州:南方日报出版社,2005.

[2] 塞尔希奥·齐曼. 可口可乐营销革命[M]. 上海:上海译文出版社,2003.

[3] 齐馨. 可口可乐:与奥运共振[EB/OL]. 中国市场营销管理网,2005-04-08.

[4] 佚名. 可口可乐成功关键因素分析[EB/OL]. 中国品牌网,2006-03-04.

[5] http://biz.ppsj.com.cn/2010-4-11/2556441222.html.

三、分析与讨论

（1）20世纪调查显示，全球最流行的三个词分别是上帝、她和可口可乐。但可口可乐公司的前老板伍德拉夫自己却说过："可口可乐99.61%是碳酸、糖浆和水。如果不进行广告宣传，那还有谁会喝它呢？"从历史上看，可口可乐公司一向在广告上投入巨额资金。然而，资金实力十分雄厚的可口可乐，其广告绝不会盲目投放，它总是根据一定的目的和具体情况来决定自己的广告策略。

讨论题1：试分析可口可乐在中国地区的广告策略有什么特点。

（2）可口可乐2013年正式启动"畅爽夏日，分享快乐"夏日促销活动。此前已在媒体和网络大热的可口可乐"快乐昵称瓶"已全面上市。这款独具特色的夏季包装，将流行于网络的社交昵称印制在可口可乐瓶身，为分享畅饮注入了诸多趣味，在年轻人之间掀起了一股收集与分享的热潮。

讨论题2：你如何看待可口可乐与网络热词结合的营销推广活动？

（3）几乎所有大型跨国公司都十分重视公共关系活动。可口可乐总裁曾经骄傲地说，即使全世界的可口可乐工厂在一夜间被烧毁，他也可以在第二天让所有工厂得到重建。其对可口可乐品牌的这份自信，绝不是夸口。多年来，可口可乐除了大量的广告和营销推广活动以外，还有大量的公关活动。尽管可口可乐的公关活动众多，但并非没有重点地、"撒胡椒面"式的开展，而是选择体育运动领域为主攻方向，尤其是针对奥运会的公关活动，其影响之大，活动持续时间之久，非一般公司所能比拟。

讨论题3：可口可乐的主要公关活动为什么选择在体育运动领域（尤其是奥运会）？

四、教学组织建议

分组讨论，各组在课堂公开陈述本组主要观点。

09 营销综合案例

学习重点

1. 市场营销管理的过程;
2. 营销的"4P"组合;
3. 营销组合策略在企业的综合运用。

本章概述

本章选取了 5 个有代表性的案例,从不同侧面介绍了企业对营销组合策略的综合运用,并以此引导学生分析这些案例中营销组合和策略运用的特点和异同,拓宽学生的营销视野。

关键词

营销管理　"4P"组合

案例 26 市场营销综合案例分析

一、知识要点

（1）市场发展战略，是指企业在现有市场基础上，开发新的目标市场的一种战略。可供企业选择的发展战略有密集型增长战略（市场渗透、市场开发和产品开发）、一体化增长战略（后向一体化、前向一体化、水平一体化）和多元化增长战略（同心多元化、水平多元化、集团多样化）。

（2）市场营销管理过程，是指通过分析市场机会，选择合适的目标市场，设计最佳的市场营销组合，对市场营销活动进行管理。

（3）营销组合策略，即 4P 组合策略。产品（Product）是营销组合中最重要的因素。一个企业的成败兴衰，其营销活动效益如何，首先取决于它提供什么样的产品来满足目标市场的需求，产品策略就是对此问题进行研究；价格（Price）决策是任何企业都要面临的，它不仅直接影响消费者的购买行为，也直接影响企业的销售和利润；渠道（Place）是现今的大部分企业重点争夺的领域，有了合适的、高效率的销售渠道，企业才能覆盖市场，实现产品的价值；促销（Promotion）是企业刺激消费者产生购买欲望、采取购买行动的有效手段，包括人员推销、广告、营业推广和公共关系等手段。

二、案例正文

越来越强劲的鄂酒音符

2000 年以前，湖北白酒业在全国默默无闻。充斥于湖北市场的，尽是川酒、鲁酒、湘酒等强势白酒品牌。如今，湖北的白酒企业不仅是利税大户，整个产业也成为重要的支柱产业。来自湖北省酒业协会提供的数据显示，2012 年湖北白酒产能已达到 72.1 万吨，占据着全国白酒产量的 6.3%，在全国排名第六位，销售额全国排名第三位，其中白云边、稻花香、枝江等鄂酒品牌占据销售额过半。白酒企业实现收入 352.8 亿元，同比增长 34%，位列全国第四，其中，省内白酒生产主要集中在宜昌、荆州、襄阳等地区，稻花香、白云边、枝江大曲、劲酒等占全省产量 50% 以上。而且，枝江、稻花香已进入全国白酒十强；劲酒的年销售额已经突破 56 亿元大关；曾被誉为"中国第五香"的白云边则在沉寂数年之后卷土重来，在市场上掀起了"年份酒"旋风；曾被誉为"荆楚第一酒"的黄鹤楼也东山再起。以枝江、稻花香、劲酒、白云边和黄鹤楼为代表的鄂酒，在全国白酒市场上奏起了越来越强劲的乐章。

（一）鄂酒名企的风雨历程

1. 枝江大曲

枝江大典酒

楚国国都开始定在枝江，当时称丹阳，后迁至江陵。枝江一带有楚国贡酒之乡的美誉。

20世纪70年代后期，湖北省枝江市问安镇关庙山村一个农民，在开挖渠道时，一锹掀开了鄂酒文化厚重的页面：从现场出土的5 000余件文物中，竟然有不少酒器。

明清时代是枝江酿酒较为发达的时期。那时，枝江的地理优势转化为商贸经济优势，特别是沿江通都大邑和重要集镇，多以工商贸易为主。当时的江口镇已发展成商贸集场，手工业特别兴盛，酿酒业也极为繁荣，"所制烧春酒，味佳且有名"。"烧春酒"便是如今枝江大曲的前身。清嘉庆二十二年（1817年），毗邻的松滋县马峪河陈二口村一位为人谦和的秀才张元楠，相中了江口这块商贾云集的圣地。他携家在江口开设酿酒糟坊，取名"谦泰吉"，意即谦和、福泰、吉祥，专门酿造高粱白酒，称"堆花烧酒"。据清光绪十年（1884年）《楚州府志》载："今荆郡枝江县烧春甚佳。"此后，江口满街兴办酒糟坊，枝江烧酒名冠荆楚。清光绪十八年（1892年），翰林学士雷以棫回荆州省亲，品尝江口"烧春"后赞不绝口："此酒比贡酒还胜一筹，真乃旷世佳酿。"当即挥笔泼墨写下"谦泰吉"三个大字。

谦泰吉糟坊酿出的烧春酒后来取名枝江小曲、枝江大曲，独特的烧春酒酿造技术一直延续了下来。所酿造的"枝江大小曲"系列白酒具有色秀透明、芳香浓郁、醇厚绵甜、后味爽净的独特风格，先后26次获得湖北省轻工部颁发的产品质量大奖，产品畅销于鄂、湘、豫、皖等100多个地区。在枝江曲酒大家族中，42°精品枝江大曲一直深受消费者青睐，产品供不应求。而新面市的枝江大曲"鄂神""精品王""谦泰吉"等品种酒质纯正，包装高贵典雅。

枝江酒的销售业绩从1999年来一路攀升：1999年4.1亿元、2003年6.6亿元、2005年9.5亿元、2006年11.2亿元。2006年，枝江实现了11.2亿元的销售收入，2006年7月枝江酒列入了国家地理保护标志范围，并被世界贸易组织知识产权体系确认，从而增加了一道国际"护身符"。2012年，枝江酒业集团拥有固定资产及品牌价值40多亿元，员工5 000多名，公司下设3个分公司、5个分厂、5 000个大型固态白酒发酵窖池、40多条现代化灌装生产线，年产商品白酒12万余吨，产品畅销全国20多个省400多个城市和农村。总收入90亿元，利税6亿元，上缴税收3.7亿元，继续入围中国民营企业500强、中国最具价值品牌500强、中国制造业企业500强、湖北企业100强。

2. 稻花香

稻花香创牌于1992年，其名撷取于南宋大词家辛弃疾"稻花香里说丰年"之名句。稻花香成立虽只有短短21年，但现在拥有42家成员企业，15 800名员工，占地1.1万亩，其中工业占地面积5 200亩，物流产业占地面积2 154亩，生态农业占地面积2 000亩，房地产占地面积2 000亩。

2011年，集团实现销售收入124.86亿元，创利税10.28亿元，同比分别增长70.65%、60.38%。2012年，集团的经营目标是实现销售收入160亿元，创利税16亿元。至2012年，已连续9年入选"中国500最具价值品牌"，品牌价值高达168.85亿元。产品畅销湖北、江苏、广东、浙江、天津等全国20个省及200多个大中城市。企业规模和综合经济实力位居全国白酒行业前8强，是湖北省最大的白酒生产基地。

稻花香酒

20世纪90年代，随着三峡工程上马，全国迅速掀起一股"三峡热"。稻花香以此为契机，推出以"浓浓三峡情，滴滴稻花香"为主题的大规模广告宣传，大打三峡牌。单一的稻花香牌白酒行销全国大部分省市（尤其是中南和东南部地区），其销售额一度高达8亿元，跻身全国白酒行业综合实力前10强，列第10位。

但是，从2000年以后，省外市场急剧萎缩。尤其是此前的主销区河南市场大半丢失，企业发展停滞，效益滑坡。

为扭转这种局面，稻花香陆续推出一系列举措。

2003年，稻花香将广告语从"浓浓三峡情，滴滴稻花香"改变为"人生丰收时刻——稻花香"。

掷重金整体收购了当阳关公酒厂，深挖关公文化的内涵，大打"喝关公坊酒，交诚信朋友"的文化品牌。2006年，稻花香12.6亿元的白酒销售收入中，关公坊占有2.5个亿，对稻花香的业务增长起到了关键性作用。在这个时期，稻花香还相继收购了宜昌周边的屈原、昭君和楚瓶贡等白酒企业，它们与稻花香、关公坊一起，被稻花香人称作"五朵金花"。稻花香原来只有浓香型白酒，通过并购和扩张，酒的品类几乎涵盖了所有的香型，企业每年的销售增幅在40%以上，2013年销售额已达到200亿元。

在产品系列上，稻花香集团还开发了以鄂酒王为代表的商务用酒、以君之红为代表的喜庆用酒等，锻造了诸如世纪经典、鄂酒王、珍品系列等主导品牌形象，同时向中高端酒进军，生产出了稻花香珍品一号、稻花香珍品二号、稻花香珍品三号、稻花香世纪经典等品牌。

2007年，稻花香开始调整产品，重点推出了终端售价180元的金珍品1号和90元的金珍品2号，2008年，在金奖送2008元现金、银奖送68元现金等大手笔的促销活动刺激下，金珍品2号的市场被打开，销量迅速增加。仅在武汉金珍品2号销量就达到了40万箱，金珍品1号销量也在上升中，达到了10万箱。

3. 劲酒

劲牌酒业有限公司成立于20世纪80年代初。其前身先后称为大冶县新建酒厂、湖北大冶御品酒厂、湖北省皇官酒厂，湖北劲酒厂。80年代初开始涉足保健酒行业。1981年生产出了莲桂补酒、迎宾酒、双喜酒和红茶菌酒等产品，后又陆续推出"御品酒""曹府莲花白""芙蓉玉液"。1989年正式推出"中国劲酒"；1997年，"中国劲酒"推出125毫升小方瓶包装，受到市场欢迎；2007年2月24日，年产15 000吨的原酒生态园三期工程建成投产。

2007年10月，保健酒工业园二期工程建成投产，劲牌保健酒年生产能力突破8万吨,成为国内最大的保健酒生产基地;2011年9月,年产5万吨、全面采用现代化酿酒工艺的原酒生态园四期工程建成投产,劲牌小曲酒的年生产能力达到7.5万吨,成为国内最大的小曲酒生产基地。

中国劲酒三次在国家级食品博览会上荣获金奖,连续5次被评为"湖北消费者满意商品",并于1997年被国家卫生部认定为"保健食品"。2013年5月8日,"中国保健酒联盟"正式在劲牌公司挂牌成立。2013年第十届"中国500最具价值品牌排行榜",劲牌公司以41.85亿元的品牌价值上榜,这也是劲牌公司首次荣登"中国500最具价值品牌排行榜"。

劲酒有中国劲酒、参茸劲酒、精品劲酒三个系列,分别针对餐饮、商超、家庭三大渠道全线覆盖。产品类别也由原来的125毫升、500毫升两种规格变成125毫升、258毫升、135毫升、500毫升、5升、2.5升等多种规格。价位也由原来的7元、30元左右变成包含高、中、低等多种价位。例如,700毫升38°劲酒为1 680元/瓶,1.5升38°青花瓷为3 688元/瓶。其中,125毫升是劲酒中销量最大的产品,占据了餐饮渠道低端保健酒70%以上的市场份额。

该酒市场现状为:浙江、江苏、福建、安徽、江西、湖南、湖北为主力市场,河南、山东为辅助市场。北方市场2002年进入,成绩平平。

劲酒长期致力于保健酒市场。2007年3月,在重庆第76届春季全国糖酒交易会上,劲酒并未设立展台,而是成立一个调研小组前去调研,捕捉保健酒或酒类产品的营销、技术、工艺等有关信息。劲酒期望通过做专做细,保持国内保健酒排行老大的地位。

2006年,劲酒的年销售额突破10亿元大关。2010年,销售额36.68亿元,上缴税金7.07亿元。2012年销售额突破56亿元人民币,上交税金突破14亿元人民币。到2017年,劲牌将有望发展为营业额超过120亿元、主营产品"劲酒"成为中国保健酒第一品牌的一流企业。

4. 白云边

白云边酒,产于湖北省松滋县白云边酒厂。该厂坐落在松江河畔,为古代由陆路去洞庭湖的要道。松滋县酿酒有悠久的历史,唐代诗人李白路过此处,曾饮酒赋诗一首:"南湖秋水夜无烟,耐可乘流直上天,且就洞庭赊月色,将船买酒白云边。"取李白诗中的雅意,故此酒以"白云边"为名。

1991年10月,由于首创浓酱兼香型白酒,"白云边"被誉为"中国第五香",从此成为市场宠儿。从1979年至今,白云边先后获得过"全国白酒质量评比银质奖""全国十大口感好酒""全国十大文化名酒""全国十大最受消费者喜爱的产品""中国驰名白酒精品""湖北省酒"等80余项殊荣。

20世纪90年代中期,白酒市场竞争日益激烈,大量的浓香型白酒品牌主导着白酒市场。"白云边"仓促应对,放弃了浓酱兼香型白酒,转而跟风生产浓香型白酒产品,结果失去了产品特色,销售连续5年下滑。1998年,"白云边"不仅被迫放弃省外市场的开拓,而且痛苦地淡出了"根据地"——武汉市场。

2003—2004年,面临破产的白云边酒厂进行了改制,准备重振雄风,再出江湖。

此时,"白云边"面对的白酒市场仍然是浓香型白酒的天下:全国注册的

37 000家酒厂，99%的酒厂走的是浓香型的路子。

白云边是继续跟风生产浓香型白酒，还是高举浓酱兼香的旗帜？董事长决定回归兼香型。于是，他们组织力量对"白云边"特征香味进行了深入细致地研究，并取得了突破性进展，再次在行业内获得了技术领先优势。在浓香型白酒一统天下的白酒市场上，白云边以"芳香优雅、酱浓协调、绵厚甜爽、圆润怡长"的风格独树一帜，市场占有率迅速扩大。

白云边坚持"口感听消费者的"，一方面放弃传统的、曾经颇具优势的高度酒，改为当今市场颇受消费者青睐的低度白酒；另一方面在全国首创"年份酒概念"，推出5年陈酿、9年陈酿、15年陈酿、20年陈酿，把价格与年份挂起钩来，快速在市场上掀起了"年份酒"旋风。凭借"芳香优雅、酱浓协调、绵厚甜爽、圆润怡长"的独特风格，立足湖北，走向全国，销售遍及鄂、豫、赣、皖、粤、冀、湘、甘、京等地。

2012年，集团工业产值近50亿元，员工6 500余名。集团合并实现利税10.7亿元。2012年1—6月酒业销售收入同比增幅高达42.93%，上交税金3.2亿元，比上年同期增长52.26%，在荆州全市企业中排名第一。

5. 黄鹤楼

"故人西辞黄鹤楼，烟花三月下扬州。孤帆远影碧空尽，唯见长江天际流。"唐代诗人李白《黄鹤楼送孟浩然之广陵》这首诗描述了其在武昌名楼——黄鹤楼，送别诗界名士——孟浩然，游历江左名城——扬州（古时称为广陵）的情景。李白不仅把名楼、名士、名城联系在一起，谱写了一段"三名兼备"的佳话，而且使得后世的黄鹤楼酒成为闻名遐迩的湖北省名酒。

黄鹤楼酒古称汉汾酒，1984年获轻工业部酒类质量大赛金杯奖，1984年、1988年荣获全国第四、五届评酒会上"中国名酒"称号及金质奖，跻身全国"十大"名酒之列。2003年，天龙投资公司并购停产10余年的黄鹤楼酒业，携手武汉高科集团、武汉国资经营公司，组建武汉天龙黄鹤楼酒业有限公司。从此，"尘封"数年的"黄鹤楼"酒重出江湖。

黄鹤楼酒

2003年11月，围绕黄鹤楼的品牌认知度以及上市切入点，黄鹤楼酒业有限公司对湖北四大中心城市——武汉、荆州、襄樊（后改为襄阳）以及宜昌进行了45天的市场调研。结果发现：虽然黄鹤楼酒已经淡出市场近10年，但是昔日的"中国名酒"在消费者心目中依然清晰。访谈过程中发现，黄鹤楼酒品牌形象在消费者心目中差强人意，尤其是在武汉，"一块三毛五""有假酒，品质不好"等颇具微词的抱怨显得非常刺耳。因此，黄鹤楼酒业有限公司决定将黄鹤楼酒定位为"湖北地产第一品牌"，作为黄鹤楼酒业有限公司重出江湖的一种地域文化的回归。为此，黄鹤楼酒业有限公司果断决定改制，首先立足湖北。在这一年企业经历第一次腾飞。2007年、2008年黄鹤楼酒重新恢复全国市场，整体走势良好。

黄鹤楼酒2004年5月一上市，便推出三款产品：终端价位超过400元的高端形象产品特制黄鹤楼酒；终端价位138元的52°、42°的主导产品黄鹤楼酒。不到三个月时间，黄鹤楼酒就迅速在武汉市乃至湖北部分市场同等价位细分市场中占据了有利地位。2006年年底，黄鹤楼酒销售收入已突破亿元大关。从 2009—2011 年，黄鹤楼酒在全国市场以平均 120% 的速度递增，2012 年在湖北以外市场达到 170% 的增速。

（二）鄂酒在省内的竞争格局

2013 年湖北白酒前 10 名排行榜分别为白云边、枝江大曲、稻花香、将军红、石花、劲牌、演义、光武、黄鹤楼、关公坊。湖北地产酒的核心区域，基本上集中在由武汉—宜昌—襄阳这三条线所连接而成的黄金区域。位于这个区域内的稻花香、白云边、枝江大曲、黄鹤楼酒等企业白酒产量占全省的 70% 以上。

在武汉一些商场的货架上，陈列的白酒价位在 15～80 元，基本被省内酒占领。其中，30～60 元的酒销售情况较好。

2006 年 11 月 27 日，《湖北日报》记者从武汉酒类行业协会了解到，武汉人年均消费白酒 7 万余吨，按每瓶 500 克计算，总共喝掉 1.4 亿多瓶，人月均消费 1.4 瓶，年消费额达 50 亿元。据介绍，枝江大曲、白云边、稻花香、黄鹤楼酒等 4 大鄂酒是武汉市民选择得最多的白酒品牌，销售额占武汉白酒市场的一半以上。其中，枝江大曲的市场份额最大，达 40%。

枝江大曲首先看重的是湖北本土市场。他们采取了"稳扎稳打，步步为营，瞄准一个市场，攻打一个市场，占领一个市场，巩固一个市场"的策略参与市场竞争。枝江酒业先后发起了宜昌保卫战、武汉攻坚战、襄阳争夺战、中原合围战、三湘麻雀战等一系列堪称经典的市场攻防战，以创新的营销思维和手段，开疆辟土。

竞争最为典型的当属宜昌市场。枝江和稻花香同在宜昌，双方谁都不愿意在家门口落下风。经过多年的竞争，双方目前在宜昌呈相持状态，每年的本地销售额均在 5 000 万元左右。

与此同时，白云边也一直没有放弃对宜昌市场的争夺。白云边认为，除了宜昌市场，白云边在省内很多地方都是第一品牌。

此外，在孝感、荆州、荆门、十堰、恩施、咸宁、黄冈等地级市，较量主要在枝江大曲和白云边之间展开。2006 年关公坊异军突起后，也成为一支新的竞争力量。2007 后湖北楚园春酒业有限公司二次创业，其资产总额 3.2 亿元，员工 3 000 多人。拥有包括产品专利在内的 27 项自主知识产权，具有年产 10 000 吨优质商品白酒和 5 000 吨黄酒的全自动流水生产线。2012 年，楚园春被认定为"中国驰名商标"，也大有与其他白酒一决雌雄之势。

（三）开拓省外市场

在枝江酒业的发展中，湖北省内市场是不容动摇的根据地。但是，再坚实的根据地市场也不能够满足枝江快速发展的需要。过去白酒界有句俗语："西不入川，东不入皖，中间两南（难）"，但枝江大曲的全国化扩张进程逐步打破了这种成见。

"中间两南"指的就是"河南与湖南"，枝江在这两个省内的市场上拥有广阔的发展空间。枝江大曲在岳阳、益阳、衡阳、信阳、南阳、安阳等地，销售收入达到亿元以上。纵观这六大市场，目前正形成加速增长趋势，巩固和提升了枝江大曲在"两南"市场的品牌地位。如今,枝江在湖南市场又取得重大突破——湖南市场以长沙为中心,湘北、湘南及湘西市场已是遍地开花。北方市场中山东、河北等省的县级市场相继开发成片;苏皖市场、广东市场2006年也取得了不错的成绩。

为巩固已有地盘,枝江酒业推出"零风险"的招商政策,即产品由厂家包运到,破损由厂家承担,销售不畅包退包调包换,并根据经销商的贡献大小进行年终奖励,还指派专业营销员负责市场运作。目前,枝江大曲的市场已经拓展到全国18个省(市),拥有一级代理商300多家,二级批发商20 000多家,A类酒店、大卖场及大型超市数千家,中小零售店、小酒店和小超市数不胜数。

与枝江酒业不同,稻花香是一个外向型的鄂酒品牌。它们从一开始就把市场重点放在了省外,其倾力打造的"金网工程"早已在业内闻名。所谓"金网工程",可以从微观和宏观两个方面来理解。在宏观方面,稻花香即将完成以湖北本土、长三角、珠三角、京津石三角的"1+3"全国市场网络布局。在微观方面,金网工程打破了传统的"厂家—代理商—批发商—终端商"单一、平面、多层级的市场网络模式,实行厂家分别与代理商、批发商、终端商构建双向直达关系,通过厂商联盟共同控制终端网点,通过网络下沉,抢占终端市场,服务广大消费者。

针对各个重点目标市场,稻花香则采取了"避实击弱,围圆打点"的战术。在进攻长沙市场时,这一策略起到了关键作用。众所周知,"湘酒"以强劲的实力名扬天下。白沙液、龟蛇、九如斋、酒鬼、湘酒王,个个在湘酒中出类拔萃。如果强攻长沙市场,必然会遭到"湘酒"的猛烈反击。因此,稻花香并不从长沙入手,而是首先拿距长沙约200千米、湘酒市场相对薄弱的常德开刀,然后依次开发长沙外围的株洲、湘潭、郴州等市场。当稻花香对长沙形成包围之势的时候,才着手攻打长沙。

白云边同样将视线投向了全国市场。他们走出湖北首选河南,其次是江西,然后是广东,以"递进式"战略攻占外省市场。

黄鹤楼酒于2005年年末、2006年年初正式走出湖北省,逐步在广东、江西两个省各设立一个试点市场,目前已经进军全国很多市场,效果比较乐观。

主要参考资料

[1] 佚名. 区域为王——记河套、稻花香、枝江的市场布局 [EB/OL]. 中国酒网,2007-05-12.

[2] 湖北枝江酒业股份有限公司. 把酒问枝江. 2006,2.

[3] 稳定省内开拓外埠"鄂酒军团"酝酿突破 [N]. 财富金刊,2007-04-17.

[4] 中国行业咨询网(http://www.china-consulting.cn/)研究部汇总,2013-05-22.

[5] 2012年1—12月中国白酒产量分省市统计 [EB/OL]. 中国产业信息网,2013-01-28.

三、分析与讨论

（1）近年来，由于渠道、价格、消费习惯及感情因素的影响，地产名酒已逐渐成为白酒消费的主体。业内资深人士大都认为，由于地产白酒在地域文化、家乡观念等情感消费上所占据的优势，今后，地产白酒的销售趋势将继续趋旺，而彼此的拼杀也将持续地激烈下去。

这种残酷拼杀，也导致各地域市场的地产中低档白酒企业不断推出各具卖点的新品以及各具新意的营销策略，以维持利润，从而直接促进地产白酒势力的逐渐强大，使其他外来品牌的进入遇到越来越大的阻力。

讨论题1：面对激烈竞争的市场，几大鄂酒地产品牌各自采取的是什么竞争战略？

讨论题2：几大鄂酒地产品牌的营销策略各有什么特点？

（2）从古至今，白酒都是一种物化的精神产品，没有深沉的文化底蕴，很难风靡天下。尤其是在现代市场经济环境下，白酒文化潜质的开发利用远远超过白酒本身。中国的酒文化源远流长，鄂酒也不例外。无论是继承了谦泰吉糟坊的枝江大曲，还是稻花香酒业2004年买下秦汉时期朝廷贡品"宜城醪"以及收购"关公坊"；不论是来自李白诗意的白云边，还是蕴藏着"仙人乘鹤"传说的黄鹤楼，都是荆楚酒文化的延伸和发展。

面对社会的快速发展，消费者的情感将会变得更加细腻，而白酒品牌可利用的文化卖点也将更多，因此，白酒品牌在文化上可供挖掘的潜力将会更大。包括鄂酒在内的许多地产白酒，虽然都不乏别具特色的酒文化底蕴，但酒文化不等于故事和传说，白酒市场也毕竟不是凭一两首诗歌就可以占领的。白酒企业应该结合自身的品牌特色，一方面丰富其品牌的文化内涵，另一方面挖掘独具特色的酒文化精髓。这方面中国大多数白酒企业明显没有下足功夫或做足文章。

讨论题3：几大鄂酒地产品牌应该如何在传承荆楚酒文化的基础上，塑造各具特色的品牌文化？

（3）湖北已经成为全国酿酒大省之一，2012年省内白酒产量72.1万千升，在全国位列第六，同比增速37.3%，增速高于全国平均增速。省内白酒生产主要集中在宜昌、荆州、襄阳等地区，稻花香、白云边、枝江大曲、劲酒等占全省产量50%以上。

在省内几个大型品牌的带领下，湖北省白酒企业近几年发展迅猛，2008—2012年收入和利润年复合增速达到40.8%和63.5%。2012年省内白酒企业实现收入352.8亿元，同比增长34%，位列全国第四，与贵州和山东构成白酒酿制第二梯队，实现利润总额22.7亿元，同比增长56.2%，均高于全国平均增速。然而单个企业块头并不大，湖北白酒行业整合有利于壮大整体实力，增强强势品牌市场竞争力。目前的几大鄂酒中，只有稻花香、枝江大曲、劲酒和黄鹤楼酒都制定和开拓了省外市场，并取得了较大成功，其他的品牌都只是在省内打转，进行着低端市场的价格战。显然，要实现强势的湖北白酒产业，仅凭稻花香、黄鹤楼酒、枝江大曲和劲酒等目前在全国市场的份额是远远不够的。一方面，这几家公司必须加快步伐占领更多的市场；另一方面，也需要其他的后起之秀快速发展，早日挺进全国市场。

事实上，纵观湖北数千年的酒文化渊源，照理说，鄂酒如今应该群雄并起，称霸一方。但现实却给了一个否定的回答：只有枝江、稻花香、劲酒、白云边、黄鹤楼、楚园春、石花、黄山头等白酒企业崛起。

讨论题4：鄂酒应如何冲出湖北，在全国白酒市场获得竞争优势？

四、教学组织建议

先分小组在课余讨论，然后在课堂陈述，并进行质疑答辩。

案例 27　营销组合案例

一、知识要点

市场营销组合是指企业根据目标市场的需求特点，将各种可能的营销策略和手段有机结合起来，优化系统的整体策略，形成企业的经营特色，达到企业的营销目标，并取得最佳经济效益。既是企业为了进占目标市场、满足顾客需求，加以整合、协调使用的可控因素；也是综合运用企业可以控制的因素，实行最优化组合，以达到企业的营销目标。

市场营销组合主要有四大要素，即产品（Product）、价格（Price）、分销（Place）和促销（Promotion），因为这 4 个词的英文第一个字母都是 P，因此，经常将市场营销策略组合称为 4Ps。企业的营销组合策略由产品策略、价格策略、分销策略和促销策略组成。

（1）产品策略，主要包括：产品定位、产品组合、产品名称、产品包装等内容。

（2）价格策略，主要包括：新产品的定价、老产品的调价、货款支付方式的确定等内容。

（3）分销策略，主要包括：通路模式、中间商策略、渠道管理、物流配送等内容。

（4）促销策略，主要包括：促销方式的选择、时空定位、执行效果监测与评估等内容。

企业应根据外部环境的变化和企业自身的状况，将 4 种策略有效地组合起来使用才能达到最佳的营销效果，并逐步打造自主品牌。

自主品牌是指由企业自主开发，拥有自主知识产权的品牌。它有三个主要衡量因素：市场保有量、生产研发的历史及其在整个行业中的地位。

品牌的价值包括用户价值和自我价值两部分。品牌的功能、质量和价值是品牌的用户价值要素；品牌的知名度、美誉度和普及度是品牌的自我价值要素。

二、案例正文

个人护理连锁店老大——屈臣氏的营销魔法

屈臣氏个人护理商店的历史可追溯至 1828 年，其前身是中国广州的"广东药房"，为贫苦大众赠医施药。1841 年迁往香港，1981 年成为李嘉诚旗下和记黄埔有限公司全资拥有的子公司，凭借和记黄埔雄厚的经济实力和灵活的经营理念，在亚洲迅速崛起，成为家喻户晓的零售业品牌。屈臣氏以其优越品质及更新及时,而深得客户信赖,在各地市场均取得领导地位。目前,屈臣氏在亚洲8个国家和地区拥有近700家个人护理连锁零售店,成为区内最大的保健及美容产品零售连锁集团,其业务范围覆盖中国内地、中国香港、中国澳门、中国台湾、新加坡、泰国、马来西亚及菲律宾,为每周平均总数高达200万的顾客提供最大的购物乐趣。

2011年岁末,屈臣氏第1 000家门店在上海浦东开业,屈臣氏的"百城千店"计划完美收官;屈臣氏酝酿在2016年前将门店规模扩大至3 000家,正式启动未来5年的"三千店计划"。造就全球个人护理连锁店老大,屈臣氏独占鳌头,千店成功的营销魔法是什么呢?

(一)屈臣氏营销魔法1:自有品牌与企业发展相辅相成

目前,屈臣氏自有品牌在中国的业务显著增长,并在其所售商品的销售总额中占据了21%的市场份额。自有品牌品种数量也由最初的约200个产品类别,迅速增长到目前的600多个。

屈臣氏自有品牌产品每次推出都以消费者的需求为导向,以顾客需求为根本出发点,不断带给消费者新鲜的理念,并为自有品牌的实施带来成功。把握市场需求的优势为零售企业实施自有品牌策略提供了有利的条件,所以,屈臣氏时时刻刻都在直接与消费者打交道,既能及时、准确地了解消费者对商品的各种需求信息,又能及时分析掌握各类商品的适销状况。在实施自有品牌策略的过程中,由零售商提出新产品的开发设计要求,与制造商相比,具有产品项目开发周期短、产销不易脱节等特征,在降低风险的同时降低了产品开发成本。

1. 品牌定位,强调消费者心智认知

屈臣氏以"个人护理专家"为市场切入点,以低价作为引爆点,围绕"健康、美态、快乐"三大理念,为消费者提供高性价比的产品、优雅的购物氛围和专业资讯服务,旨在帮助热爱生活、注重品质的消费者塑造内在美与外在美的统一。

在所有自有品牌产品中,药品及保健品是屈臣氏的王牌产品,它继续保留着创店以来的特色——倡导"健康"。而美容美发及护理用品所占比重最大,种类也最繁多,表达着"美态"的概念;独有的趣味公仔及糖果精品则传递着"乐观"的生活态度。为了配合这三大经营理念,公司的货架、收银台和购物袋上都会有一些可爱的标志——"心""嘴唇""笑脸",给人以温馨、愉快、有趣的感觉,分别象征着"健康""美态"和"乐观"。

"我"是谁并不重要,关键是消费者认为"我"是谁?从提供药品到个人护理产品的嬗变,屈臣氏找到了自己在消费者心中的地位。

2. 强化"个人护理"品牌

根据目标客户群的定位,屈臣氏提出了"个人护理"的概念。凭借其准确的市场定位,屈臣氏"个人护理专家"的身份深入人心,以至于人们一提到屈臣氏便想到"个人护理专家",其品牌影响力由此可见一斑。最鼓舞人心的是,屈臣氏自有品牌产品由于可靠的品质和良好的性价比赢得了中国市场的信任。自有品牌的特色深深吸引着中国消费者,尤其是18~35岁的年轻

女性。另一个吸引消费者的原因则是自有品牌的价格历来比同类竞争品牌的产品便宜20%～40%。物美价廉的产品再加上时尚的包装设计，更显得如虎添翼，同时也彰显了屈臣氏自有品牌团队出色的创新能力。

（二）屈臣氏营销魔法2：营销战术组合

1. 锁定目标客户群

在日益同质化竞争的零售行业，只有为消费者提供合适的产品选择和优质的购物体验才能赢得市场。而实现这一切的首要基础就是准确锁定目标消费群。屈臣氏将中国内地的目标消费群锁定在18～35岁，月收入在2 500元人民币以上的时尚女性。它为何偏爱的是这一人群呢？原来年龄更大一些的女性大多早已有了自己固定的品牌和生活方式，很难做出改变。而35岁以下的女性人群则富有挑战精神，比较注重个性，喜欢体验优质新奇的产品。同时，她们又是女性中收入增长最快的一个群体，有较强的消费能力，而她们往往由于时间紧张，不太喜欢去大卖场或大超市购物，于是追求舒适购物环境的她们与屈臣氏的定位非常吻合。

2. 用自有品牌实现差异化

屈臣氏以"个人护理专家"为市场定位，围绕"健康、美态、快乐"三大理念，通过为消费者提供别出心裁的产品、优雅的购物氛围和专业资讯服务来传达积极美好的生活理念。

（1）"健康"——"MJ"果汁先生。屈臣氏在坚守企业品牌统一定位的基础上，秉承"健康"的产品理念，通过地域细分和功能细分，针对广东地区特有的清热养生观念和人文环境，以自有品牌的形式推出MJ清润系列饮料，进一步强化了屈臣氏宣扬的"健康"的企业形象，实现了差异化突围。广东地区因其独特的潮湿闷热气候特征，消费者对清热温补十分关注，素有喝"凉茶"的习惯。随着生活节奏的加快，以往由家庭煎煮或在街头凉茶铺购买才可以喝到的清凉类饮料，能否通过包装成品备在身旁随时饮用呢？就是在这种市场需求的背景下，屈臣氏从"为顾客提供健康的产品"这一理念出发，潜心研制，在市场上推出自有的新产品MJ（果汁先生"Mr. Juicy"的缩写）甘蔗汁，"Mr. Juicy"一经上市，就得到了广大女性及儿童消费群体的喜爱。屈臣氏没有放松节奏，立刻上市新产品MJ酸梅汁，全面占领具有岭南特色的清润饮料市场。MJ果汁先生是屈臣氏在秉承健康理念的基础上，从区域消费者角度开发的具有针对性的产品，避开了产品同质化竞争，实现了产品的差异化突围，不仅完善和扩充了自身的产品线，更为重要的是，在成功塑造自有品牌价值的同时丰富了企业品牌的内涵。

（2）"美态"——时尚蒸馏水、护肤品、化妆品。屈臣氏个人护理店"美态"的经营理念集中体现在把主要目标顾客锁定在18～35岁的女性上，该类消费群体追求个性，注重个人魅力，追求舒适的购物环境。针对该目标群体追求时尚活力的生活，屈臣氏推出了让人眼睛一亮、充满新鲜感的屈臣氏蒸馏水：流线型的瓶身、简洁时尚的绿色包装以及独有的双重瓶盖设计，把单纯的"水"变成了一款独具时尚品位、尽显个人风格的产品。该产品在中国香港推出后即受到了消费者的喜爱，其时尚的外型吸引了大批追求个人形象的消费者，并获得了第十四届香港印制大奖包装印刷优异奖。屈臣氏蒸馏水品牌标志沿用了屈臣氏企业品牌本身的绿色主调，为反映"美态"主题改用了较活泼的鲜绿色，一方面保存了屈臣氏专业和清纯的形象，另一方面则给消费者带来屈臣氏蒸馏水的朝气和活力。

此外，针对女性消费者的需求，屈臣氏设计出大量的护肤品、洗涤用品以及各种女性化妆用品等，实惠、精致、时尚而有品位，受到女性顾客的青睐。根据日前屈臣氏对近600名女性顾客有关个人生活理念的调查显示：有超过85%的被访者认为屈臣氏产品品种尤其是女性护肤品和化妆品的丰富和精致是吸引她们来屈臣氏购物的首要因素，她们对屈臣氏店内所售商品品质的信赖使她们成为屈臣氏的忠实顾客。

（3）快乐——"心""嘴唇""笑脸"。走进屈臣氏任何一家门店，迎接顾客的首先是欢乐的音乐，还有摆放在商店里独有的可爱的公仔、糖果等，一些可爱的标志如"心""嘴唇""笑脸"等都会出现在公司的货架、收银台和购物袋上，这一切都给消费者欢乐、温馨、有趣的感觉，向消费者传递着乐观的生活态度。

3. 制造低价现象下的持续赚钱

面对激烈的市场竞争，屈臣氏更是勇敢、自信地屹立并迂回于价格竞争战的风口浪尖。在进入中国内地市场24年之际，建立在其对内地消费者深入了解和自身雄厚实力的基础上，屈臣氏将其在海外市场成功运作的"我敢发誓保证低价"策略引入了中国内地市场，掀开中国零售行业发展的新篇章。该策略的推出已经为屈臣氏在华东、华南市场增加了20%的客流量及销售额。此外，屈臣氏通过差异化和个性化来提升品牌价值，屈臣氏对国内600多位女性顾客的调查显示，有超过85%的人认为屈臣氏产品丰富和精致是吸引她们来此购物的首要因素。能在这儿买到在其他购物场所买不到的东西，是很多光顾屈臣氏的顾客的观点和看法。

为增强竞争力，屈臣氏近年来在中国内地推行"保证低价"策略，以此来吸引相当一部分对价格敏感的顾客，也为全体顾客提供性价比更高的商品。在策略实施方面，屈臣氏则根据不同市场消费者的情况不断进行调整，使"保证低价"成为其为中国内地消费者量身定制的长期让利策略。屈臣氏不仅增加了核价的频率，简化了差额双倍返还的细则，更推出以礼品赠送鼓励消费者进行返还的措施，从而更好地贯彻低价策略。屈臣氏认为，月收入超过2 500元的时尚女性，会有不同的产品需求。同时，中国的不同城市的平均收入大相径庭。因此在定价方面，屈臣氏会突出考虑不同品牌的产品和同一品牌的不同等级产品的价格制定。

4. 连锁经营模式

屈臣氏在中国内地200多个城市拥有超过1 500家店铺和3 000万名会员，是中国目前最大的保健及美容产品零售连锁店。屈臣氏在质量与创新方面建立了相当好的声誉，在购物环境方面不断地为顾客制造惊喜，从而赢得中国顾客的高度信赖。目前，屈臣氏集团在全世界正以每2.2天开一家店的速度迅速扩张。2005年，屈臣氏中国第100家分店在广州正佳广场隆重开业；2008年，屈臣氏中国第400家分店在海口隆重开业；2011年，屈臣氏集团全球达到10 000家店铺，中国屈臣氏第1 000家店在上海开业；2013年，中国屈臣氏第1 500家店在安徽开业。不断地扩张使其自有品牌产品获得较强的营销优势，为自有品牌的广泛分销奠定了市场基础，从地域空间上强化了屈臣氏的企业品牌形象。

5. 自主宣传推广降低营业成本

屈臣氏自有品牌仅在该零售商的内部进行销售，其广告宣传主要采用在商店内摆放广告手册、播放广播电视等方式进行。对比普遍采用电视、报纸等大众媒体进行广告宣传的制造商品牌，屈臣氏自有品牌广告成本明显较低。并且零售商的目标顾客群具有区域性特征，即使是采用大众媒体进行宣传推广，也只需运用当地媒体，实施针对性强、经济效益高的广告宣传。

另外，在营业推广方面，屈臣氏自有品牌更是"近水楼台先得月"。屈臣氏店内有25%的空间留给自有品牌，包括一般品类以及特殊品类，都摆放在屈臣氏比较显眼的位置。同时，屈臣氏还为自有品牌产品特制了小册子，详述各品类的不同产品。除此之外，还有试用品的店内派发和使用活动，使消费者既能即时感受产品的质量，又能对屈臣氏自有品牌的性价比有一个理性的认识。

6. 异业联盟，强强联合

企业经营要善于从做加法过渡到做乘法，加速企业的发展步伐。由于目标消费者的趋同性，2010年，屈臣氏顺利启动了"时尚＋地产"的不同行业整合项目。通过嫁接大型商业地产品牌，屈臣氏中国本土开店策略从稳健从容走向激进爆发。2010年2月19日，屈臣氏作出重大决定：与中国商业地产两大巨头——大连万达集团、中粮置业投资有限公司分别签署了战略合作协议。这预示着在未来的日子里，屈臣氏会全面进驻全国各地的万达广场和大悦城，与国内最具实力的两大商业地产旗舰品牌实现同步扩张。

主要参考资料

[1] http：//baike.baidu.com/link?url=rvkVyZ59LpZjvzOtvkf9L-CJDzNBNCWWqjRaLBlEpskQkZiO8ec2XrcjTAq0xZE_.

[2] 冯军．屈臣氏，何以成为国内个人护理用品业逆风中的旗帜［EB/OL］.http：//www.cnbm.net.cn/article/kz61956614.html.

[3] 林嘉卿．屈臣氏营销策略：自家品牌与企业发展相辅相成［EB/OL］.http：//www.mbachina.com/html/management/201001/34846.html.

三、分析与讨论

（1）屈臣氏自有品牌的成功在于定位准确，看准了年青一代的女性消费市场，所以产品的定位、包装以至价格策略，都以18～35岁的消费群为目标。相对其他产品品牌，屈臣氏以低于2～4成的价钱和潮流时尚的包装，吸引这群高素质且颇具消费力的目标顾客。此外，屈臣氏作为代理过万千产品的大型连锁店，对每一件商品都能够了如指掌。长期以来，屈臣氏自有品牌都具有较强的价格竞争优势，而在促销宣传方面，屈臣氏的促销策略灵活多变，经常会给顾客一种层出不穷的新鲜感。

讨论题1：屈臣氏在产品、价格、分销和促销方面采用了什么策略？

讨论题 2：屈臣氏的产品策略、价格策略、分销策略、促销策略是如何相互配合的？

（2）屈臣氏个人护理店经营的产品来自20多个国家，有化妆品、药物、个人护理品等25 000种。其自有品牌产品的开发生产或销售订货都是与制造商直接联系，省去了许多中间环节，节约了交易费用与流通成本。由于成本领先优势，屈臣氏自有品牌的价格历来比同类竞争品牌的产品便宜20%～40%。通过自有品牌，屈臣氏时刻都在直接与消费者打交道，既能及时、准确地了解消费者对商品的各种需求信息，又能及时分析掌握各类商品的销售状况。在实施自有品牌策略的过程中，与其他制造商、零售商相比，屈臣氏可以由自己及时提出新产品的开发设计要求，因此产品项目开发周期短、产销不易脱节，在降低风险的同时又降低了产品开发成本。

讨论题 3：屈臣氏坚持经营自有品牌给企业带来的产品优势、价格优势分别有哪些？

讨论题 4：从营销组合角度来看，相对家乐福、沃尔玛等连锁企业，屈臣氏的竞争策略有哪些优势？

四、教学组织建议

分组讨论，并搜集最新资料进行补充。各组在课堂上汇报分析整理资料的情况，陈述本组主要观点。

案例 28 营销综合案例

一、知识要点

1. 市场营销的含义

有关市场营销的含义不尽相同,但其描述的基本内涵不变。具体如下。

(1)市场营销是一个综合的经营管理过程,贯穿于企业经营活动的全过程。

(2)市场营销是以满足顾客需要为中心来组织企业经营活动,通过满足需要而达到企业获利和发展的目标。

(3)市场营销以整体性的经营手段,来适应和影响需求。

综上所述,可以对市场营销作出这样的概括:市场营销是企业以顾客需要为出发点,有计划地组织各项经营活动,为顾客提供满意的商品和服务而实现企业目标的过程。

2. 关于 4P 和 6P

4P 指代的是 Product(产品)、Price(价格)、Place(地点,即分销,或曰渠道)和 Promotion(促销)4 个英文单词。另外,目前理论界还有其他的说法,如 6P,它是 4P 的扩展。

6P 与 4P 的不同,在于营销学界的泰斗 Kotler 加上的两个 P:Power(权力)和 Public Relations(公共关系)。Kotler 认为,企业能够而且应当影响自己所在的营销环境,而不应单纯地顺从和适应环境。在国际国内市场竞争都日益激烈、各种形式的政府干预和贸易保护主义再度兴起的新形势下,要运用政治力量和公共关系,打破国际或国内市场上的贸易壁垒,为企业的市场营销开辟道路。同时他还发明了一个新的单词——Mega Marketing(大市场营销),来表示这种新的营销视角和战略思想。

3. 企业并购的含义

企业并购是一家企业以现金、证券或其他形式购买其他企业的部分或全部资产或股权,以取得对该企业的控制权的一种经济行为。

4. 企业并购的类型

(1)兼并,是指两家或更多的独立的企业、公司合并组成一家企业,通常由一家占优势的公司吸收一家或更多的公司。

(2)收购,是指一家企业用现金、股票或者债券等支付方式购买另一家企业的股票或者资产,以获得该企业的控制权的行为。

(3)合并,是指两个或两个以上的企业互相合并成为一个新的企业。合并包括两种法定形式:吸收合并和新设合并。吸收合并是指两个或两个以上的企业合并后,其中一个企业存续,其余的企业归于消灭,用公式可表示为:A+B+C+…=A(或 B 或 C……)。新设合并是指两个或两个以上的企业合并后,参与合并的所有企业全部消灭,而成立一个新的企业,用公式表示为:A+B+C…=新的企业。

二、案例正文

检阅历史,续写辉煌——看联想的昨天和今天

(一)最初的联想

1984年11月1日,柳传志、李勤、王树和、张祖祥等11个"完全不懂得市场、不懂经营管理的科技人员"响应中科院科技体制改革的号召,靠中科院计算所20万元投资起家,在一间传达室里,成立了中国科学院计算所新技术发展公司(联想集团前身)。

刚刚步入市场大潮中的知识分子们,面对激烈的市场竞争,一时不知所措。而公司刚成立时,计算所只给了他们20万元的贷款,这对于开发高技术产品的公司真是杯水车薪,要想继续发展下去,就必须有足够的资金积累。

1994年2月14日,香港联想控股有限公司在香港挂牌上市,股票代号0992。香港联想的上市,标志着联想集团公司已正式成为一个集研究、生产和销售于一体的技工贸一体化的大型企业。

1994年3月19日,联想集团成立微机事业部。原在联想CAD事业部工作的杨元庆临危受命。在柳传志的支持下,他以市场为导向,改变管理体制,精减人员,改直销为分销,一举扭转了联想微机的颓势,也奠定了联想电脑后来的偌大家业。联想以"双子星座"电脑打下联想电脑品牌,在互联网初起时以"天禧"电脑"一键上网"畅销一时,高歌猛进的联想形成了强大的市场包装和造势能力。

1996年,联想首次超越国外品牌,市场占有率位居国内市场第一,并持续6年稳居榜首,联想品牌开始根植在中国用户的心中。1999年,联想推出一键上网的"联想天禧"电脑,掀起互联网热潮,同年联想台式电脑突破百万大关,销量为117万台,更以8.5%的市场占有率荣登亚太市场PC销量榜首,世界排名第11位。

2004年8月3日,联想宣布以2 999元的低价电脑砸开乡镇电脑市场,无独有偶,8月10日,PC厂家紫光宣布启动"千城计划",这两家PC厂商下乡的原因是相同的:一是核心大城市PC市场出现负增长,二是HP(惠普)、DELL(戴尔)等国际知名品牌对国内大城市PC市场的争夺,三是乡镇市场正由培育期步入成熟期。

"千城计划"的具体内容是什么呢?就是切实针对区域(特指县城级,包括县城)特征和用户需求,在全国2 800多个县城中精选1 000个县城,建立集销售、培训、服务、增值业务于一体的综合性营销平台,有点类似汽车销售的4S店。它不是单纯的销售,而是本地化的销售,本地化的培训,本地化的服务,以及其他增值业务。

（二）联想收购 IBM PC 业务

2004 年 12 月 8 日，联想集团有限公司（以下简称"联想集团"）和 IBM 签署了一项重要协议。根据此项协议，联想集团将收购 IBM 个人电脑事业部（PCD），成为一家拥有强大品牌、丰富产品组合和领先研发能力的国际化大型企业。

此次收购将打造全年收入约 120 亿美元的世界第三大 PC 厂商（按 2003 年业绩计算）。所收购的资产有 IBM 所有笔记本、台式电脑业务及相关业务，包括客户、分销、经销和直销渠道，"Think"品牌及相关专利、IBM 深圳合资公司（不包括其 X 系列生产线），以及位于日本和美国北卡罗来纳州的研发中心，交易总额为 12.5 亿美元。联想集团将向 IBM 支付 6.5 亿美元现金，以及价值 6 亿美元的联想集团普通股，锁定期为 3 年。IBM 将持有联想集团约 19% 的股份，联想集团和 IBM 将在全球 PC 销售、服务和客户融资领域结成长期战略联盟。PC 业务联盟后联想集团的年收入将达到 130 亿美元，PC 年产量为 1 400 万台，联想集团将以 7% 的市场份额位居全球 PC 市场前三强。

完成收购的联想集团旗下的中国业务将向何处发展？这一问题一直为业界关注。PC 业务联盟后联想集团在中国的员工将占全球员工总数的 2/3，因此，在联想集团的新征程中，联想集团在中国可谓重任在肩。概括来说，联想集团在中国要承担三大使命：第一，保持中国业务利润、现金流、收入的快速增长，保持在战略市场上的绝对领先地位；第二，探索有竞争力的业务模式，并积极孵化全球种子业务；第三，因为中国是新联想集团大本营，因此要发挥研发、制造、供应链优势，全力支持全球业务。

2006 年 1 月 7 日，联想集团突然公布了收购 IBM 全球 PC 业务以来的重大进展。联想集团董事长杨元庆宣布，与 IBM 全球 PC 业务部门整合的工作提前 8 个月完成。杨元庆还大刀阔斧地对新联想集团全球组织架构进行了全面调整，全球设 5 个区域总部，新的组织架构将于 2006 年 10 月 15 日生效。联想集团原有业务和近期并购的 IBM 个人电脑业务将在全球范围内整合在一起，形成统一的组织架构。过去双方各自的产品运作、供应链和销售体系将合并，统一整合到这个全新的组织架构中。

（三）收购 IBM PC 业务之后的调整

联想集团正式收购 IBM 个人电脑事业部之后，被纳入联想集团旗下的原 IBM 电脑产品仍然打着 IBM 的标志，不了解真相的人，根本不会想到这是联想集团的产品。按照并购时当事双方签订的合同，为了延续 IBM 电脑产品在全球各地的强大影响力，联想集团有权在收购之后的 5 年之内继续使用 IBM 的标志，因此出现这种现象倒是情有可原。当装配有英特尔酷睿 2 处理器的新型 ThinkPad 笔记本电脑开始在海外正式发售，细心的人发现，与以往不同的是，在这款电脑机身右侧屏轴部分，赫然出现了联想的标志——"Lenovo"，虽然在不远处也能看到 IBM 的标志，但这"小小的变动"不能不说是一个"大大的"进步，甚至可以称得上是联想集团在国际化道路上的一个具有里程碑意义的标志性事件。在位于法国巴黎的联想集团欧洲区总部，联想集团首席执行官阿梅里奥在一次简短的谈话中曾经数次表示，联想集团的国际化正在逐渐步入正轨，未来，联想集团将更加专注于在全球范围内提升联想集团"Lenovo"品牌的知名度。ThinkPad新品印上"Lenovo"标志，正与阿梅里奥的谈话"遥相呼应"，反映出联想集团在国际化道路上已经更加自信，IBM的ThinkPad开始提前逐步"引退"，"Lenovo"品牌将成为未来几年联想集团唯一的"核心主打"。纵观联想集团的发展道路，不难看出其在国际化进程中做出了不懈的努力。

2007年4月20日，外国网站一篇文章说："虽然我新买的联想笔记本电脑依然印着红色的I、绿色的B和蓝色的M，还有白色耀眼的ThinkPad标志，但IBM在联想集团的影响继续萎缩。"

同时，联想集团的裁员工作也在进行，原先的2 000名IBM人，经过两次裁员，有约600人成为历史。一些曾在IBM担任高级职位的顶级高管，从联想集团的首位CEO到联想集团美国总裁，都已经相继离开。取代他们的是从现任CEO威廉·阿梅里奥老东家戴尔转来的（阿梅里奥在担任戴尔亚洲总裁前也在IBM工作过）精英。

不仅仅是裁员，联想集团首席发言人雷·戈尔曼（Ray Gorman）很快对外表示，为了帮助公司更快地发展和提高利润率，在承诺增加工作的前提下，联想集团将获得税收优惠，投资7 000万美元在莫里斯维尔建造新园区，这意味着很多工作将转到美国之外，数百名IBM人发现自己上了裁员名单。

（四）全球业务日渐稳定

2007年5月23日，联想集团公布了截至2007年3月31日第四季度及全年的业绩。财报显示，2006/2007财年全年总营业额达146亿美元，年比年增长10%；联想集团个人电脑销量，年比年增长12%，超过市场平均增长的10%；全年股东应占溢利（包括重组费用）为1.61亿美元，较上一财年上升625%。

联想集团总裁兼CEO杨元庆表示："这种表现证明联想集团不但已稳定全球业务，而且重点发展交易型业务及新兴市场的策略也取得了显著的成果。"

对于联想集团来讲，国内市场仍然是主要战场，在策略布局上，联想集团一直在不断尝试。在城市PC市场竞争日益激烈的情况下，联想集团的市场排名也退居第四，此时的联想集团有必要考虑更广阔的、更长远的布局。自2004年联想集团推出圆梦计划以来，凭借2 999元圆梦电脑吹响了农村PC市场的竞争号角。时隔3年，联想集团再一次推广它的农村PC战略，针对农村市场推出了1 499元、1 999元、2 499元和2 999元等不同价位段的产品，并专门针对农户订制开发了特色应用软件。此次是进一步强化"农村包围城市"的策略，在大力拓展消费业务全球化发展的同时，乘胜追击农村市场。根据市场调研数据，中国有2 000多个县，2万多个镇，60万个行政村，有2亿农户、7亿农民，而且互联网人数占整个中国的互联网人数0.3%～0.5%。根据中国未来农村信息化发展的趋势，在未来5～10年时间，广大农村地区将会孕育出一个1 000～2 000万台的PC消费潜力市场。业界认为，此次联想集团的"新农村战略"短期内给联想带来的收益只是一方面，重要的是其宣传的效果、网点的铺设都会在未来若干年后成为联想参与农村PC市场竞争的绝对优势。

国际奥委会全球合作伙伴
联想

2008年对于联想集团来讲具有非同一般的意义。7月，美国《财富》杂志公布了2008年全球500强排行榜，联想集团首度打入全球500强，以167.8亿美元的年销售额排名第499位。联想集团也是中国内地首家立足于充分竞争行业进入世界500强的企业。8月第29届奥运会在北京召开，联想集团为其提供了30 000件台式电脑、笔记本、服务器、桌面打印机、显示器等计算设备，并派出了一支580余人的联想集团奥运技术团队，坚守在各个奥运IT技术岗位。联想集团在奥运期间开设了7家联想网吧，为各国运动员、教练员、官员提供信息服务，助力各国媒体的新闻报道。联想集团在奥运期间为全球媒体提供多品牌电脑维修服务计划，一支40人的联想集团国际化服务团队全力保障全球2万多名媒体记者的笔记本电脑等IT设备正常运行。由联想集团设计的祥云火炬也为其赚足了面子。自此，联想集团在世界的知名度提到了一个新的高度。

（五）联想并购NEC

完成IBM全球PC业务收购之后，柳传志或杨元庆每次接受采访时，总会被问到同一个问题：下一个收购对象是谁？两人给出的总是制式答案：我们在等待合适的时机。

机会终于来了。2011年1月27日，联想集团与NEC（日本电器股份有限公司）宣布成立合资公司，形成战略合作，共同组建日本市场上最大的个人电脑集团。根据协议，联想集团和NEC公司将成立NEC联想日本集团，并构建名为"联想NEC控股B.V."的新公司。为了此次收购，联想集团发行新股支付1.75亿美元给NEC，成立一全资子公司，名为Lenovo BV，在荷兰注册，联想集团持有新合资公司51%的股份，NEC公司则持有49%。当时的NEC个人产品有限公司总裁Hideyo Takasu将出任新合资公司的总裁兼CEO，LenovoJ（联想日本）的总裁Roderick Lappin出任执行董事长。合资新公司将由5名董事组成，其中Lenovo BV将有权提名3名董事，而NEC将有权提名2名董事。合营公司董事会主席将由Lenovo BV委任。

联想集团是亚太地区第一大PC企业，但在日本无法获得更多突破。当时，包括NEC在内的六大日本PC企业仍占一半以上本土份额，惠普、戴尔、宏碁的势力越来越强。而且，联想集团在日本本来就有全球最大的研发中心，如果整合NEC业务资源，在日本本土可直接超越所有对手。

当时，联想集团和NEC有着不同的零部件供应商，合资之后，在采购环节将实现统一，因此采购时的议价能力将进一步提升。

而此次与NEC公司的合作，也可以借助NEC在新兴电子产品领域的雄厚实力帮助联想集团；作为老牌的电器公司，NEC公司在液晶屏等方面有着很强大的实力和不少专利技术，这可以极大地增强联想集团在手机以及平板电脑领域的竞争实力，对联想集团的移动战略起到不小的作用。

NEC 公司想借着联想集团这棵大树重新回到国际市场,而联想集团则想在 NEC 公司的帮助下更多地在平板、手机市场有所作为。究竟联想集团和 NEC 公司能否实现双赢,恐怕只有时间能够给出答案。

IDC2010 年第 4 季度全球 PC 市场报告显示,在第 4 季度,宏碁在全球 PC 市场排名第三,市场份额为 10.6%;戴尔排名第二,市场份额为 12.1%;而排名第四的联想集团市场份额为 10.4%。NEC 全球市场份额为 1%,并购完成后,联想集团市场份额将超过宏碁。

经过近半年的整合,联想集团终于如愿以偿完成对 NEC 公司的并购。2011 年 7 月 4 日,联想集团发布公告称,NEC 联想日本集团正式成立,新集团占据日本 PC 市场近 25% 的份额。

2011 年是联想集团执行国际化发展战略的第 10 年,继收购 IBM 个人电脑业务之后,联想集团还以 2.31 亿欧元收购了德国消费电子厂商 Medion36.7% 的股份。有业内分析人士认为,通过对 NEC、Medion 的收购,联想集团不仅稳定了其在亚太市场的地位,还加大马力冲击欧洲市场,此举是联想集团在全球市场上力争排名改变的重要措施。

(六)并购之路并非来者不拒

2012 年年末,NEC 公司开始与联想集团交涉,提出让联想集团持有 NEC 公司卡西欧移动通信公司(下称"卡西欧移动")的多数股份。卡西欧移动是 NEC 公司、卡西欧电脑和日立三方联合出资成立的,NEC 公司担当业务责任。但从 2013 年夏季的商战开始,NTT 公司的 Docomo、索尼及三星手机开始提高智能机打折力度,使 NEC 公司卡西欧销量雪上加霜。卡西欧移动目前负债超 600 亿日元。

从 2011 年、2012 年日本电子业的年报来看,交出的成绩单可谓"满目疮痍"。2012 年,夏普遭遇公司 100 年史上最严重的年度亏损。截至 2012 年 3 月底的上一财年中,夏普净亏 5 453.5 亿日元,高于上一年。松下 2012 财年净亏损 7 543 亿日元。主流厂商接连中枪,是日本电子业由盛转衰的缩影。

如 NEC 公司能够争取到联想集团的加入,可能还会东山再起。然而对于联想集团而言,双方在电脑业务上的合作是联想集团出于国际化的考虑,希望借此获得硬件成本等方面的帮助,NEC 公司的手机在全球并没有很大的市场,注资意义不大。而且此时的 NEC 公司没有任何筹码,联想集团无论是品牌影响力还是市场占有率,都胜过 NEC 公司。

最终的结果正如很多人预测的一样,曾在日本国内市场占有率超过 27% 的 NEC 决定退出智能手机市场。《日本经济新闻》2013 年 7 月 17 日报道称,由于无法跟联想集团达成一致,NEC 公司计划退出不断遭受亏损的智能手机市场。

通过此事不难看出,联想集团对市场有着深刻的认识,对自身的发展有清晰的战略目标。此时人们看到的联想集团,已经更加成熟,成为一家在信息产业内多元化发展的大型企业集团,富有创新性的国际化的科技公司。

(七)关注组织架构调整

为了提高管理效率,更好地服务于业务拓展,2013年1月5日,联想集团总裁兼CEO杨元庆宣布联想集团组织架构调整。此次调整将联想集团旗下业务拆分为Lenovo业务集团和Think业务集团。其中,Lenovo业务集团交由刘军负责,主要负责Lenovo品牌的消费和商用电脑、笔记本电脑、平板电脑以及智能手机、智能电视等业务。而Think业务集团交由Peter Hortensius负责,主要负责Think品牌的台式机、笔记本等硬件业务和各类型的企业服务,着重高端商业消费市场的拓展。由于Think是联想集团最优质品牌资源,因此Think也被赋予了在高端市场抗衡苹果和三星的使命。

近年来,联想集团的组织架构多次调整,每一次都是针对市场的变化或企业战略目标的需要而进行,调整之后的联想集团更加富有效率,这也是联想集团一直在稳步前进的重要原因。

联想集团2013年11月7日公布截至2013年9月30日的2013财年第二财季业绩,其中营业收入97.7亿美元,较2012年同期增长12.7%;净利润2.14亿美元,比2012年同期增长31.4%。

第二财季,联想集团PC出货量同比增长2%,达1410万部;售出1230万部智能手机,230万台平板电脑。毛利年比增长11%,达12.7亿美元,毛利率为12.9%。截至2013年9月30日,联想集团的净现金储备为26亿美元。

1. 区域表现

(1)中国区。第2季度,联想集团在中国区的综合营业额为38亿美元,同比增长1%,占全球总营业额40%。在中国个人电脑市场的市场份额达33.9%,同比上升0.2%。

(2)亚太区。联想集团在第2季度的综合营业额为15亿美元,占全球总营业额15%,同比增长1%。联想集团个人电脑在区内的市场份额达到14.5%,同比增长0.1%。与此同时,智能手机和平板电脑销量超过100万台。

(3)欧洲、中东及非洲区。联想集团第2季度在欧洲、中东及非洲区的综合营业额同比增长26%,达到23亿美元,占全球总营业额23%。季内,联想集团在区内的个人电脑销量达15%,同比上升4.2%。

(4)美洲区。联想集团第2季度在美洲区的综合营业额为22亿美元,占全球总营业额22%。联想集团在美洲区的个人电脑销量同比上升39%,市场份额达到11.3%。

2. 产品表现

第2季度,联想集团的笔记本电脑占全球总营业额的51%,营收达到50亿美元,同比增长8%;台式个人电脑占全球总营业额28%,营收达到27亿美元,同比下降3%;移动互联及数字家庭(MIDH)产品,包括智能手机和平板电脑占全球营业额的15%,营收达到15亿美元,同比增长106%。

联想集团智能手机在中国区销量同比增长64%,市场份额排名第二位。

(八)关于联想未来的联想

随着"PC+"时代的来临,联想集团在本财季公布了数项重要的举措,当中包括两项重要收购交易。收购在巴西广受顾客欢迎的个人电脑和消费电子领导企业 CCE，显著提升联想在巴西这个全球第三大个人电脑市场的业务规模；收购位于美国印第安纳州从事云计算解决方案的 Stoneware，有助联想集团加快提升其提供商业和消费云产品的能力。

"凭借对'保卫和进攻'战略的有效落实，联想集团保持了强劲而均衡的增长势头，全球个人电脑市场份额创历史新高，领导厂商的梦想正在实现。4年国际市场耕耘，消费电脑首次成为全球第一；2年中国市场拓展，智能手机再度稳固第二。"联想集团总裁兼 CEO 杨元庆表示："更重要的是，在快速增长的同时，我们的盈利能力不断提升。随着中国以外的新兴市场业务和成熟市场交易型业务进入盈利性增长的轨道，由于智能手机等移动互联业务规模的不断扩大，联想集团的盈利水平还将持续提升。"

主要参考资料

[1] 瑞天. 罗亮联想发布第二财季业绩：净利润增长 31%［EB/OL］. 2013-11-07 http://tech.sina.com.cn/it/2013-11-07/12598892605.shtml。

[2] 佚名. 联想 2008 年合作北京奥运［EB/OL］. 网易科技报道，2009-07-01.

[3] 侯继勇. 收购 NEC 挺进日本市场　联想重返全球 PC 三甲［EB/OL］.21 世纪经济报道，2011-01-28.

[4] 佚名. NEC 公司退出智能手机市场［EB/OL］.［2013-07-18］.http://finance.huanqiu.com/data/2013-07/4143933.html。

[5] 佚名. 继续摆脱 IBM 身影　前 IBM 职员占裁员名单多数［EB/OL］. 网易科技，2007-4-20.

三、分析与讨论

（1）联想集团的发展可以从某种程度上见证中国信息产业的发展历史，联想集团所走路线为贸工技：以贸易为先导，以技术为后盾促进企业发展。联想集团所选路线为其发展提供了源源不断的动力，尤其是当内地计算机制造受阻时，毅然选择到中国香港设立分公司更可见联想集团的国际化眼光。

讨论题 1：联想集团起初如何得以迅速发展？

讨论题 2：联想集团的市场定位和战略选择是什么？

（2）联想集团并购 IBM 全球 PC 业务，一度被国内一些学者誉为走向国际的楷模，其过程艰辛自不必说。但成功并购之后如何进行业务整合是一个很重要的问题，管理层的企业理念的差异，员工素质的不同，企业文化的不同等都是影响联想集团业务发展的重要因素。随着国际化步伐的加快，联想集团的成本也在不断增加，如何解决内外员工薪酬的差异是摆在联想面前的重要问题。

讨论题 3：请查阅相关资料，分析联想集团是如何对各方面的资源进行整合的。

（3）联想集团与 NEC 公司的合作，惊动业界，通过更强大的市场地位、产品组合及分销渠道，为联想集团和 NEC 公司提供一个独特的机会——在日本这个全球第三大个人电脑市场发展商用及消费电脑业务。知情人士指出，联想集团与 NEC 公司两家公司的合并意味着他们将用扩大经济规模来换取更低的组件成本，或者把他们的订单合在一起以便得到笔记本电脑厂商更优惠的报价。因此，这两家公司的合并意味着他们未来的订单将转变。

讨论题 4：请评价联想集团企业国际化模式的战略选择。

四、教学组织建议

分组收集资料并讨论，各组提交案例分析报告。

案例29　营销与法律案例

一、知识要点

（1）新产品是指在原理、用途、性能、结构、材质等某一个方面或某几个方面具有新的改进的产品。新产品可以分为全新产品、换代产品、改良产品和地域性产品等。

（2）企业可以采用两种方式增加新产品：一是从企业外部购买技术专利或特许权，取得经营权利；二是自行研究和设计制造新产品。

（3）市场营销环境大体可分为宏观环境和微观环境。宏观环境包括人口、自然、经济和法律等影响企业营销活动的社会性力量与因素。

二、案例正文

历经磨难的奇瑞汽车

（一）奇瑞汽车发展简史

安徽省芜湖市是长江流域重要的工业基地和物流中心，这里是奇瑞汽车有限公司的诞生地。奇瑞汽车有限公司（以下简称"奇瑞"）起源于安徽省芜湖市政府的汽车项目，在1992—1993年经济过热时期，芜湖一家村办工厂一年敲打几百台车，就是一个多亿的产值。这个现象引起苦于经济落后的地方政府领导人的注意，由此产生了造汽车的念头。想上汽车项目的安徽省芜湖市领导人在1995年1月考察欧洲汽车工业期间，得知英国福特公司的一条发动机生产线要出售，于是抓住这个机会把项目做起来。由于国家政策对轿车项目的限制，只能秘密进行，所以这个项目启动时取内部代号为"951工程"（国家"九五"期间安徽头号工程），公开则称为"安徽汽车零部件工业公司（筹备处）"。

1996年，为了生产第一款轿车，奇瑞花2 500万美元从英国福特公司引进一款发动机和一条生产线，引进合同是按"交钥匙工程"签订的，英方派来20多名工程技术人员负责安装工作。但这些人松松垮垮，不好好干活，加上工程技术复杂，难度大，后来几乎做不下去了，董事长尹同耀决定自己来做。1997年，奇瑞人经过广泛的动员大会，开始全力以赴收拾英国人留下的烂摊子。

1997年3月18日，奇瑞发动机厂厂房开始平整土地，工厂的第一根柱子立了起来,标志着奇瑞建设拉开序幕。

1999年5月18日,在克服了种种难以想象的困难之后,奇瑞第一台发动机正式下线并点火成功。

1999年12月8日,第一台油漆车身下线,奇瑞的整车蓄势待发。

1999年12月8日,一个值得纪念的日子,奇瑞的第一台整车终于呱呱坠地。

2000年5月9日,四川捷顺有限公司成为奇瑞公司的第一家经销商,首次订购100辆。从此奇瑞轿车正式走向市场。

2000年,安徽省汽车零部件有限公司生产了2 000多辆汽车。为了让这个没有生产汽车许可证的企业能够生存下去,在安徽省和芜湖市两级政府的帮助下,指定奇瑞汽车为芜湖的出租车用车,并为其上牌照。

但奇瑞造出来的车无论是否达到安全标准,都因为没有登上国家轿车目录而不合法,被国家有关部门要求停产。经过多方努力,在原国家经贸委的协调下,奇瑞进行了加入上海汽车集团股份有限公司(以下简称"上汽集团")的谈判。这是一个具有"中国特色"的谈判,因为上汽集团掌握的底牌是奇瑞的生死牌:不加入上汽集团就没有户口。最后,双方签署了《国有资产划转协议》,奇瑞同意将35 040万元的资产(注册资本的20%)无偿划到上汽集团的账下,但奇瑞对上汽集团提出了"四不"原则,即不投资、不参与管理、不承担风险和不分红。其实还有很多上汽集团给奇瑞的"不",如上汽集团的销售网络奇瑞不能使用、上汽集团的管理经验奇瑞不能学习……

2001年1月,安徽省汽车零部件有限公司正式更名为上汽奇瑞。说起品牌的含义,奇瑞人是这样解释的:奇,有特别的意思;瑞,是吉祥如意,合起来就是特别的吉祥如意。奇瑞轿车因此上了原国家机械局被撤销前最后一次公布的车辆生产管理目录,获得了久盼的"7字头"目录。同年,奇瑞风云正式上市,奇瑞风云的原型车是西班牙的图雷多(Toledo),配有1.6升的发动机,与桑塔纳、捷达和富康"老三样"属同一档次,但奇瑞风云价格低近1/3,在市场一亮相就反响热烈。2001年全年,奇瑞轿车销售2.8万辆,销售额达20亿元。2002年,奇瑞轿车产销量突破5万辆,成功跻身国内轿车行业"八强"之列。

2003年5月31日,奇瑞QQ轿车"震撼"上市。这款色彩鲜艳,长着可爱圆眼睛的微型车是国内第一款专为年轻人张扬个性与快乐而造的轿车。一经面世,就深受年青一代及时尚人士的喜爱,其销量一路飙升,在2005年仅仅上市两年销量就超过10万辆,成为国内微型车市场的一个传奇。

2005年,奇瑞继QQ之后最成功的一款车上市,也是奇瑞的第一款SUV——奇瑞瑞虎。奇瑞瑞虎最关键的是它极为出色的销量,它在2012年3月份的销量曾一度达到惊人的1.29万辆,平均月销量也在8 000辆以上,足以让许多厂商眼红不已。

2006年,奇瑞首批2100台发动机出口美国,成为中国首个自主品牌发动机批量出口美国的企业。奇瑞自主研发的ACTECO发动机随后大批量出口美国市场。

2007年8月22日,第100万辆奇瑞轿车下线,同时迎来了中国自主品牌企业第一个100万辆。奇瑞从1辆到100万辆,用了93个月,创下中国乃

至世界汽车行业发展之最。

2009年，中国首款BSG混合动力车奇瑞A5 BSG上市，售价7.48万元，也是国内唯一一款售价在8万元内的混合动力车。

2010年3月26日，奇瑞第200万辆汽车下线，100万～200万辆，奇瑞仅仅用了31个月。

2011年4月19日，奇瑞汽车出口突破50万辆，成为中国首个出口突破50万辆的汽车品牌。7月27日，奇瑞第300万辆汽车下线。

在自己的车型逐渐成熟后，奇瑞又开始寻找国外的合作伙伴。奇瑞考虑过的合作伙伴包括克莱斯勒和菲亚特，不过因为种种原因没有谈下来。

2012年3月才是最值得奇瑞庆祝的日子，因为奇瑞与捷豹路虎集团正式达成了合作协议，合作方式是以50∶50的比例建立合资公司。目前，奇瑞和捷豹路虎双方投入的总资金已经达到27.8亿美元，主要合作项目仍为国产化路虎车型，捷豹暂时还没有详细计划。目前进一步合作还有待审批。

奇瑞自成立以来，始终坚持自主创新，逐步建立了完整的技术和产品研发体系，并打造了风云、QQ、东方之子、瑞虎以及艾瑞泽等一系列在国内家喻户晓的知名产品品牌，而且产品出口到海外80余个国家和地区，在全球范围内具备了一定的品牌知名度。截至目前，公司累计销量已达430余万辆，其中，累计出口达89万余辆，总销量和出口量均位居中国乘用车企业第一位。

（二）奇瑞与通用之争

奇瑞的发展并非一帆风顺，其间涉及的诉讼纠纷使它经历了不少磨难。

2003年6月，奇瑞QQ刚刚上市，美国通用汽车公司（以下简称"通用汽车"）就认为奇瑞QQ与上海通用五菱汽车股份有限公司（以下简称"上汽通用五菱"）生产的Spark过于相似，并声称要依法对奇瑞进行追究。上汽通用五菱Spark的原型车是韩国大宇Matiz，2002年通用汽车收购了韩国大宇，Matiz的知识产权归通用汽车所有。同年5月，通用汽车联合上汽集团收购柳州五菱，生产微型轿车。2003年，通用大宇汽车和技术公司（以下简称"通用大宇"）与上汽通用五菱签署了《技术许可协议》，授权上汽通用五菱在中国制造、销售Matiz的第二代雪佛兰Spark。

对于QQ的设计，奇瑞在不同的场合均宣称，奇瑞拥有包括整车外形在内经过国家认可的24项专利，拥有完全的知识产权。在设计时主要依靠自己的力量，并从国际资源中吸取了一些优点。2004年12月16日，通用大宇向上海市第二中级人民法院提起诉讼，诉称奇瑞侵犯其知识产权，违反《中华人民共和国反不正当竞争法》（以下简称《反不正常竞争法》）。由于这次案件的重大影响，最高人民法院进行了指定管辖。2005年5月6日，北京市第一中级人民法院正式立案受理了通用大宇诉奇瑞不正当竞争纠纷一案。通用大宇请求法院判令奇瑞公开赔礼道歉，赔偿经济损失人民币7 500万元，并承担律师费和调查费用500万元，并要求没收销售QQ车的所有"非法"收入。

讼状中，原告通用大宇称，在原告委托泛亚汽车技术中心有限公司（通用的子公司）就QQ车与Matiz原车的相似程度等情况进行调查后，发现两个车型绝大多数零部件具有相互替换性。QQ车缺乏独立开发应有的原创性，且奇瑞并不具备其所自称的"独立开发"的时间和技术条件。

奇瑞QQ的正面

雪佛兰Spark的正面

通用大宇还认为,奇瑞在太平洋汽车网等网站上,用以向中国消费者证明奇瑞QQ车属于安全车辆的照片实际上是一辆Matiz车。并称,奇瑞采用伪装的Matiz车而不是QQ车通过了有关部门的碰撞测试,获得了政府颁发的生产证和销售QQ车的许可证。

与此同时,通用向奇瑞在美国的经销商梦幻汽车(VVLLC)发出律师函,称奇瑞的英文商标(Chery)与雪佛兰(Chevolet)的昵称"Chevy"接近,通用反对奇瑞用"Chery"在美国进行注册、销售、代理以及所有有关商业活动。

奇瑞QQ的侧面

雪佛兰Spark的侧面

对于通用大宇的指控,奇瑞断然否认QQ"剽窃说"。奇瑞在答辩中称,QQ的开发工作于2001年6月启动,设计工作由芜湖佳景科技有限公司和相关配套企业协作完成。2002年下半年,奇瑞完成了QQ的各项试验工作,并结合配套体系的组织、优化、整合对设计进行了修改。奇瑞认为QQ虽然从外形上看与通用大宇的Spark很接近,但这个外观是由奇瑞自主设计的,而且作为汽车的核心部件发动机也是和奥地利一家著名厂商合作开发的,因此并不存在侵权的可能。

英文商标(Chery)的由来,奇瑞也作出了解释。1999年奇瑞第一辆车下线,大家都非常高兴,就将单词Cheery(欢呼地、兴高采烈地)中间去掉一个e,改为"Chery"为该车命名。但是"Chery"在英文里不构成一个单词,这样也间接表达了公司永不满足现状,不断进取,通过努力创造这样一个品牌。"我们希望'Chery'这个单词某一天能被收录到英文大词典里,成为一个专有名词。"奇瑞公关部部长孟涛在接受采访时说。

针对通用大宇称QQ作弊通过碰撞试验,奇瑞对QQ进行了三次安全碰撞测试:第一次在天津的国家实验室,QQ通过了碰撞测试,通用大宇不承认;第二次又从奇瑞的生产线上随机抽取了一辆QQ,国家发展和改革委员会监督再测试,通用大宇还是不认可;随后,奇瑞又做了第三次碰撞测试。三次测试,奇瑞耗资上百万元。

对于这起中美汽车领域的知识产权纠纷,各方给予了极大关注。当时有两派意见:一派认为,上汽通用五菱的Spark原型车Matiz的外观设计在中国没有申请过专利。根据诉讼程序,判定外观侵权,首先要了解此项外观有无专利,如果没有专利就不能诉讼对方侵权。一派认为,即使Matiz在中国没有申请外观专利,根据《中华人民共和国著作权法》,原Matiz的外观自动受到法律保护。但问题的焦点在于,仅仅外观相似是不是构成侵权?因为奇瑞早前曾表示和韩国大宇有过合作,所以2002年通用汽车收购大宇,通用一度怀疑奇瑞通过非法渠道获得外观设计资料。但是,根据法律"谁主张,谁举证"的原则,通用大宇应该拿出足够的证据来证明。

通用不仅在中国和北美对奇瑞发动法律攻势,而且在马来西亚、黎巴嫩等国家也向奇瑞提起知识产权诉讼。2004年6月下旬,通用大宇依据其于2004年6月12日在黎巴嫩被授予的"Industry Model"的权利,向黎巴嫩法院提出禁止销售奇瑞QQ的临时禁令申请。通用还通过美国驻黎巴嫩大使馆向黎巴嫩主管知识产权事务的经贸部提交了要求禁止进口奇瑞QQ的报告。黎巴嫩法院经过两次专家评审,认定奇瑞QQ并没有侵犯通用大宇Matiz的知识产权,正式驳回了通用的申请。2004年11月,奇瑞授权马来西亚的ALADO公司制造、组装、配售和进口代理奇瑞轿车。ALADO公司先以整车进口形式,进口1万辆QQ,然后再逐渐转为CKD(全散件组装)方式。但随着通用对奇瑞在马来西亚的起诉,奇瑞全面停止了QQ车型在马来西亚的出口,以前进入的样车也全部运回了国。

2005年11月,在多方的努力下,通用和奇瑞公司的知识产权纠纷最终达成了和解协议。双方在联合声明中称:"通过友好协商,通用大宇公司、通用汽车公司和奇瑞公司已达成了和解协议,解决了所有纠纷。因此,所有目前的案件及相关的诉讼请求已经或将被撤回。各方将集中精力发展好各自的业务。各方均对相关政府部门为进一步澄清知识产权事务及相关法律框架已进行的努力表示感谢。"至此,历时三年之久的这场纠纷落下了帷幕。

(三)"QQ"商标之争

刚刚从与通用长达三年的知识产权之争中侥幸脱身,奇瑞QQ又陷入与腾讯QQ的侵权纠纷。

腾讯QQ是腾讯公司1999年推出的国内第一个即时通信软件,也是历史最久、影响最大的网上聊天工具。奇瑞QQ则是奇瑞在2003年推出的一款微型车,其"大眼睛""招风耳"的可爱造型已经风靡全国。一个是几乎打开每台电脑都会蹦出来的小企鹅,一个是大街小巷都能见到的汽车宠儿,两个QQ较上劲了。

2005年5月19日,腾讯公司在第12类汽车等商品上申请注册"QQ"商标,2008年3月7日获准注册。

2009年11月26日,奇瑞以上述商标注册违反了《中华人民共和国商标法》(以下简称《商标法》)中关于复制模仿驰名商标、类似商品上的相同近似商标、损害他人在先权利等规定为由,向国家工商行政管理总局商标评审委员会(以下简称"评委")提出撤销商标的申请。商评委经过复审后作出裁定,认定争议商标的注册构成《商标法》第三十一条所指的"申请商标注册不得损害他人现有的在先权利,也不得以不正当手段抢先注册他人已经使用并有一定影响商标"的情形,裁定争议商标予以撤销。

由于此次撤销,腾讯公司将商评委告上了法院,要求对方撤销该裁定、重新作出裁定。

腾讯公司诉称,商评委做出的争议裁决存在明显错误和漏审情形,争议商标并未违反法律规定,注册应该予以维持。其代理人介绍说,2001年8月31日,腾讯公司即在第38类"信息传送,计算机终端通信"等服务上申请注册了"QQ"商标,经过广泛宣传及推广,QQ通信业务的注册用户量由2000年的500万增长到2003年超过2亿。因此,在奇瑞汽车使用"QQ"商标之前,腾讯公司的"QQ"商标已经构成驰名商标。在2009年,腾讯公司已经获得了国家相关部门颁发的驰名商标资格证,若再有其他公司使用"QQ"商标,则构成侵权行为。

奇瑞汽车则认为,腾讯公司在汽车领域注册"QQ"商标,是有恶意的。作为此案第三人,奇瑞汽车的代理人表示,腾讯在2001年注册的商标并非"QQ"字母,而是图形。而奇瑞汽车于2003年在汽车领域注册了"QQ"字母商标。因此,两个企业是在不同领域使用各自的商标,奇瑞汽车在汽车领域的"QQ"商标早于腾讯,且奇瑞QQ销售量已累计上百万辆,广告宣传费用就花了两亿余元,应予以保护。

此外,腾讯公司认为,该公司在多领域注册"QQ"商标,是对"QQ"的保护性注册。但奇瑞汽车从一开始策划汽车名称到后期的推广宣传,无一不是依傍早已知名的"QQ"商标和企鹅公仔来达到宣传效果,这种侵权行为不能产生合法的在先权利。

奇瑞公关部相关人士则表示,当初腾讯公司在通信领域注册的商标是鼠标图样,而不是普通QQ的字母,双方经营的领域不同,不知道为什么腾讯在公司奇瑞QQ上市后近两年又在汽车领域注册QQ字母商标,并竭力阻止奇瑞QQ注册。

作为本案被告的商评委则认为,自己的裁定完全合法,应予以维持。2013年7月17日上午,北京市第一中级人民法院开庭审理了此案。

商标是企业立足市场的招牌,对于培育品牌10年左右的腾讯公司和奇瑞来说,谁都输不起。有人认为,在这场官司中,谁被认定为侵权,则将面临巨额的赔偿。难道,在这次商标之争中,只有胜负之分,没有第三条路?有知识产权专家表示,对于腾讯公司和奇瑞的"QQ"之争,双方完全可以联合起来实现双赢。

该专家表示,商标的作用就是吸引消费者的注意力,是商家和消费者之间的纽带,也是商家在消费者心中的形象。商标本身是一种手段而不是目的,如何使用这个手段,每个商家会有自己的考虑。这几年,中国的商标保护越来越成熟,侵权不侵权并不仅仅以两个标志相似为依据,关键是要看消费者会不会混淆,如果不混淆,那两个或多个商家使用,还能扩大商标的影响力,这对商标的使用者来说都是有好处的。

此外,该专家还表示说,从理性的市场来看,腾讯公司和奇瑞没有冲突,聊天工具基本是年轻人的市场,而QQ汽车也广受年轻人喜爱,双方完全可以联合起来,相互运作,共享市场,实现共赢,完全没有必要在没有损害的情况下争抢商标归属。

主要参考资料

[1] 骆倩雯. 商标纠纷近10年 腾讯奇瑞谁都输不起"QQ"[N]. 北京日报,2013-07-17.

[2] http:/www.chery.cn/.

[3] 通用大宇和奇瑞之争[EB/OL]. http:/auto.sina.com.cn/z/GMVS chery.

[4] 品牌:奇瑞[EB/OL]. http:/www.globrand.com.

[5] 佚名. 中国汽车出口"暴涨"背后:短期的繁荣?[N]. 21世纪经济报道,2007-3-2.

三、分析与讨论

（1）据相关资料统计，在中国的多家汽车合资企业中，除上海大众、上海通用、神龙汽车以外，其他的企业在专利方面几乎一片空白。而且专利申请以实用新型和外观设计为主，核心技术的拥有量较低。而奇瑞公司、吉利集团等非合资企业却自主开发成果颇丰。究其原因在于合资企业中方没有掌握技术的主动权。因而中方在开发新车型和自主研发上没有发言权。合资企业不仅很难对引进的产品设计进行任何修改和创新，甚至连后续生产过程中的"持续改进"也是不允许的。国外成功经验证明，只有发展自主品牌，才能形成强大的汽车工业。而对于目前合资企业的核心技术大部分控制在外方手里的现实，不能不说是"用市场换技术"策略的失败。

讨论题 1： 培育自主品牌对奇瑞公司发展的重要意义。

（2）企业要想在市场中获得竞争优势，就必须持续地进行创新，开发出更有竞争力的新产品。尤其是中国的汽车市场，老品牌更新换代，新车型争奇斗艳，已经进入了群雄争霸的"战国时代"。因此汽车企业都加大了新产品的研制与开发。但是，由于中国的汽车工业起步比较低，所以新产品的研发还基本处于模仿阶段。模仿可以说是汽车业发展的必经阶段。更重要的是，模仿后如何创新的问题，只有不断地创新才能使产品具有竞争力。商标注册问题在我国也一直困扰着很多企业，由于对相关法律知识的了解不够，导致很多企业错失了注册的先机，结果是"哑巴吃黄连，有苦说不出"。

讨论题 2： 结合本案例中通用和奇瑞的知识产权纠纷，探讨企业在新产品的研制开发过程中应该注意哪些问题？

讨论题 3： 结合腾讯 QQ 和奇瑞 QQ 的商标之争，谈谈企业在商标注册问题上应该怎样做才能够更好地维护企业利益？

（3）美国、日本、韩国等国家汽车工业发展的历史证明，汽车产业的振兴，不仅取决于核心技术的掌握，还得依靠一系列政策法规的支撑。企业了解法律，熟悉法律环境，既能保证企业自身严格依法经营，还能争取在法律允许的范围内充分发挥自身的管理水平、技术能力、营销效率，又能利用法律手段保护企业自身的利益，获得平等的参与竞争的机会。因此，营销人员知晓、熟悉相关法律法规，并加以灵活运用和把握是十分必要的。

讨论题 4： 小议法律环境对企业营销活动的影响。

四、教学组织建议

分组讨论，各组在课堂公开陈述本组的主要观点。

案例30 广告促销与法律案例

一、知识要点

1.《中华人民共和国广告法》有关规定

第五条 广告主、广告经营者、广告发布者从事广告活动,应当遵守法律、行政法规,遵循公平、诚实信用的原则。

第九条 广告中对商品的性能、产地、用途、质量、价格、生产者、有效期限、允诺广告中表明推销商品、提供服务附带赠送礼品的,应当标明赠送的品种和数量。或者对服务的内容、形式、质量、价格、允诺有表示的,应当清楚、明白。

第十条 广告使用数据、统计资料、调查结果、文摘、引用语,应当真实、准确,并标明出处。

第十二条 广告不得贬低其他生产经营者的商品或者服务。

第二十一条 广告主、广告经营者、广告发布者不得在广告活动中进行任何形式的不正当竞争。

2.《中华人民共和国反不正当竞争法》有关规定

第九条 经营者不得利用广告或者其他方法,对商品的质量、制作成分、性能、用途、生产者、有效期限、产地等作引人误解的虚假宣传。

第十四条 经营者不得捏造、散布虚伪事实,损害竞争对手的商业信誉、商品声誉。

二、案例正文

农夫山泉广告促销引起的风波

（一）

农夫山泉股份有限公司（以下简称"农夫山泉公司"）成立于1996年9月26日,注册资金为14 700万元,是集科研、开发、生产、营销于一体的农产品果汁饮料深加工企业,生产和经营天然饮用水、果蔬汁饮料、功能饮料、茶饮料等四大系列几十种产品。农夫山泉公司自成立至今,已相继在浙江千岛湖、吉林长白山矿泉水保护区、湖北丹江口、广东万绿湖、新疆玛纳斯等国家一级水资源保护区建成了7座现代化的生产基地,投资总额近30亿元人民币。目前,农夫山泉公司已成长为中国饮料行业十强企业,天然水和果汁饮料销量长期居全国同类产品前列,"农夫山泉""农夫果园"等已成为国内饮料行业的代表品牌。

浙江千岛湖,是1959年为建造新安江水电站筑坝蓄水形成的人工湖。随着水电站的建成,原来高高的山峰形成了湖上1 078个大小岛屿,千岛湖的美誉由此而来。千岛湖拥有448平方千米的森林面积,森林覆盖率达81%,茂密的森林净化了千岛湖一流的大气环境,泱泱573平方千米之广、178亿立方米之巨的千岛湖水平均水深34米,透明度可达7米。1996年9月26日,浙江千岛湖养生堂饮用水有限公司成立了。1997年6月,取自国家一级水资源保护区千岛湖的4升瓶装水率先在上海上市,并很快进入注重生活质量的现代家庭。它就是后来在我国饮用水行业赫赫有名的农夫山泉。1997年开始除了千岛湖外,又在湖北丹江口水库、长白山靖宇矿泉水保护区、广东河源万绿湖、陕西宝鸡太白山开发了三个水源地,使农夫山泉拥有五大优质水源基地,总投资几十亿元。农夫山泉公司拥有专业的实验室,长期从事水与健康的研究,还与美国国家实验室、国内知名科学家进行专项合作,并获得阶段性成果。

2000年4月22日,农夫山泉公司宣布全部生产天然水,停止生产纯净水。同年,农夫山泉公司被授予"中国奥委会合作伙伴"荣誉称号和"北京2008年奥运会申办委员会热心赞助商"荣誉称号;"农夫山泉"饮用天然水被中国奥委会选定为"2000年奥运会中国体育代表团比赛训练专用水"。2001年6月10日,农夫山泉公司整体变更设立为股份公司,公司正式更名为"农夫山泉股份有限公司"。农夫山泉品牌在短短几年时间内就成为国内著名的饮用水品牌;农夫山泉的销售业绩每年都有增长。2002年,全球最大市场研究机构——AC尼尔森经过调查:中国消费品市场中最受欢迎的六大品牌,"农夫山泉"是唯一的民族品牌。2003年9月,"农夫山泉"瓶装饮用天然水被原国家质检总局评为"中国名牌产品"。2006年农夫山泉被评为"中国驰名商标"。2007年9月,农夫果园荣获"中国名牌"产品称号。2009年,继"水溶C100"柠檬汁饮料畅销之后,农夫山泉公司推出"水溶C100"西柚汁饮料。2009年度农夫山泉公司被评为"中国民营500强"企业。2012年陕西宝鸡眉县太白山天然水生产基地投产,生产瓶装饮用水、维生素水和红茶。

2004—2007年,农夫山泉的销售额一直维持在20亿元人民币,增长极度缓慢。但是从2008年起,农夫山泉公司却每年以30%～50%的速度增长,2012年已达到年销售额120亿元人民币。农夫山泉公司在全国拥有150万家门店,1万多名业务代表的大型供销系统。

(二)

许多人都对当年农夫山泉公司的广告记忆犹新。美丽淳朴的千岛湖,青山绿水,碧波荡漾,一个可爱的农家小孩喝了湖水后,露出甜蜜、纯真的微笑。一句话外音"农夫山泉有点甜",让千千万万的人牢牢记住了农夫山泉。当别的同类产品都在各自表现如何卫生、高科技、时尚的时候,农夫山泉不入俗套,独辟蹊径,只是轻轻却又着重地点到产品的口味,仅仅是"有点甜",就显得超凡脱俗,与众不同,使自己的产品具有了鲜明的个性,更重要的是,让电视机前的消费者感到耳目一新。"农夫山泉有点甜"

的声音随着广告的播放,传遍了大江南北,品牌知名度迅速打响。这句蕴涵深意、韵味优美的广告语还被《人民日报》等新闻媒体评为1999年最好的广告语、中国十大广告策划个案之一。

2004年,农夫山泉公司推出了"农夫果园"的系列果汁饮料。果汁饮料市场先有统一入主,后有娃哈哈、可口可乐、康师傅等国内外著名饮料大企业跟进,市场细分一分再分,产品创新一代胜一代,市场竞争非常激烈。而农夫山泉公司此时推出"农夫果园"为时晚矣,它应属于果汁里的二流产品。可是农夫山泉公司却别出心裁,在别的厂家的果汁饮料都尽力回避果汁饮料里有沉淀物的问题时,农夫山泉公司迎难而上,打出"农夫果园,喝前摇一摇"的广告语,并把其变成了产品销售的一个卖点,这"摇一摇"使产品深入人心,并倡导了一种新的喝法,使"农夫果园"系列产品扶摇直上,从二流产品迅速挤入一流产品的行列。

(三)

随着法国达能公司相继控股娃哈哈和乐百氏,国内两大排名前位的以生产纯净水为主的包装饮用水企业都走上了与外资的合作之路。在雄厚的外来资本面前,农夫山泉公司开始思考自身的发展方向。农夫山泉公司意识到,如果继续在纯净水市场上和它们争夺,前景已不容乐观,随时都有可能陷入困境。因此,1999年下半年,农夫山泉公司决定停止生产纯净水,全部生产天然水。之后,为了配合公司业务的调整,农夫山泉公司又制作了一则广告。正是这则广告引发了全国范围内的"水战"。

2000年4月,一则"水仙花生长对比试验"广告出现在中央电视台和各地方电视台,两组水仙花,分别养在农夫山泉纯净水和农夫山泉天然水里——这两杯水看上去毫无差别。但一个星期后,养在天然水里的水仙花的根长到了3公分,而养在纯净水里的仅有1公分。"同学们,现在我们知道该喝什么水了吧!"老师说。2000年4月24日,农夫山泉公司宣布不再生产纯净水,原因是科学实验表明,纯净水对健康并无好处,而含有矿物质和微量元素的天然水对生命成长有明显的促进作用。作为生产厂家应该对人的健康负责,因此农夫山泉公司将不再生产纯净水,转而全力投向天然矿泉水的生产销售。

2000年4月27日,农夫山泉公司正式向媒体披露了此前提及的"科学实验",即由浙江大学生物医学工程学院、浙江省心脑血管系统中药筛选与评价重点实验室的博士后白海波主持的"水与生命"课题组所做的一项实验。该实验主要通过利用纯净水与天然水对白鼠、水仙、洋葱、细胞切片等的影响,对水与动植物生命的关系进行研究。研究初步表明,天然水及其中含有的钾、钠、钙、镁离子对维持生命极为重要,而纯净水与之相比则有着极为显著的差距。"一石激起千层浪"。此举一出,立即在全国饮用水行业引起轩然大波。

同日,由四川蓝光牵头,与成都十余家纯净水生产企业,组织成立地方性"反农同盟",他们认为,农夫山泉"喝纯净水不利于人体健康"的观点只代表该公司的看法,并非国家权威机构认证。

2000年5月26日,农夫山泉公司在全国21个大中型城市的2 700多所小学正式启动"全国青少年争当小小科学家活动",进行天然水与纯净水的生物成长对比试验。27日,《北京日报》整版、《北京青年报》半版都做了这一活动的广告。5月30日,全国食品工业标准化技术委员会和乐百氏等20家企业在广州声讨农夫山泉公司。6月7日、8日在水战中始终保持沉默的杭州娃哈哈集团遍邀全国纯净水巨头聚集杭州,召开"屠农大会",纯水联盟发表了联合声明,要求农夫山泉公司停止"争当小小科学家"活动,并请求国家有关部门制止农夫山泉公司的"不正当竞争",同时作出了联合主要生产厂家起诉农夫山泉公司的决定。

而在纯净水企业会议进行正酣之时,农夫山泉公司于6月8日在杭州召开新闻记者恳谈会,公司全部高层出席会议并回答记者提问,9日更是有专车接送记者参观千岛湖水厂,"让记者朋友了解农夫山泉为什么有点甜。""娃哈哈"和"农夫山泉"的针锋相对,将纯净水和天然水之战推向又一高潮。2000年6月19日,69家纯净水生产企业推举的由浙江的娃哈哈、广东的乐百氏、上海的正广和、四川的蓝光、北京的国信和鑫丽等六家公司组成的申诉代表团,向国家工商行政管理总局、原国家质监总局、教育部、卫生部和中国科学技术协会分别递交了材料。

在给国家工商行政管理总局的申诉材料中说:根据《反不正当竞争法》和《中华人民共和国广告法》(以下简称《广告法》)有关规定,经营者不得捏造、散布虚伪事实,损害竞争对手的商业信誉、商品声誉,广告不得含有虚假的内容,不得欺骗、误导消费者,也不得贬低其他生产经营者的商品或服务。因此生产农夫山泉的浙江千岛湖养生堂饮用水有限公司的上述行为明显属于以诋毁竞争对手和发布虚假广告的手段进行不正当竞争的行为。为保障饮用水行业正常的竞争秩序,维护纯净水生产企业的合法利益和广大消费者的权益,请求依照上述两部法律的有关规定责令其停止发布虚假广告和诋毁竞争对手的行为,向全国消费者以及纯净水生产企业公开道歉,并赔偿损失,同时对其上述违法行为进行严肃查处。

随后,娃哈哈集团以不正当竞争为由,将生产农夫山泉的浙江千岛湖养生堂饮用水有限公司告上了杭州市上城区人民法院。6月21日,农夫山泉公司表示农夫山泉将立即向杭州上城区法院递交反诉状。但令许多人没想到的是,7月13日,农夫山泉公司突然把诉讼战场开辟到了北京,将娃哈哈集团告上北京市高级人民法院。农夫山泉公司在起诉状中称,原告与被告均系国内生产瓶装饮用水的著名企业,然而,被告为打击竞争对手,抬高自己,实施了一系列不正当竞争行为:首先是向北京和全国各地的媒体散布大量虚假"事实",称"农夫山泉水源严重污染""农夫山泉市场销售情况不佳"等;其次,被告还在中央电视台和全国各地电视台播放系列"金鱼存活"对比广告,用意在于力图证明只有"娃哈哈"纯净水最好,其他所有水都不好。被告这种行为直接攻击了包括原告在内的其他所有饮用水。农夫山泉公司认为娃哈哈集团的上述行为违反了《反不正当竞争法》、《广告法》,据此请求法院判令被告立即停止侵权、公开赔礼道歉并赔偿原告经济损失3 000万元。

(四)

对于农夫山泉公司的"水仙花"对比广告是不是违反了《反不正当竞争

法》,农夫山泉公司表示,对比广告并非首创,在此之前,国际、国内已有成功的例子。此次做法是参考了碧浪洗衣粉对比广告的经验,以科学实验为依据,而且在对比中没有指名道姓地跟某一品牌的纯净水相比。所以并不存在不正当竞争的侵权行为。

与此同时,法律界对此也众说纷纭。一种观点认为,"农夫山泉"事件在一定程度上侵犯了《反不正当竞争法》第14条的规定:"经营者不得捏造、散布虚假事实,损害竞争对手的商业信誉、商品声誉。"农夫山泉公司单方面召开记者招待会并发布纯净水有害健康的新闻,无疑侵害了其他同类生产纯净水的企业的权益。对于纯净水有害健康的问题并没有得到有关主管部门的确认,相反,国家有关部门对饮用水有一定的卫生检测标准及生产规定,在满足这些标准的前提下,应该说这些产品对人体健康的影响是可以接受的。如果没有国家权威部门的科学鉴定足以证明此类饮用水对人体的某种危害因素超过国家有关规定指标,即发布这种对消费者会产生一定负面影响的论断,容易引起社会不安定。

另一种观点则认为,纯净水厂家很难借此将农夫山泉公司告上法庭。因为尽管《反不正当竞争法》第14条规定:"经营者不得捏造、散布虚伪事实,损害竞争对手的商业信誉、商品声誉",但由于不论是在新闻发布会上,还是广告中,农夫山泉公司都做得十分巧妙,并没有涉及具体的厂商及产品,因此,即使众多纯净水厂家将农夫山泉公司告上法庭,也很难打赢这场官司。

最后,在国家标准化委员会的主持下,双方通过和解了结了此次纠纷。但是,农夫山泉公司通过这次广告活动所引发的水战,产品知名度迅速上升,当年市场占有率进入全国三甲之列。

(五)

2006年,农夫山泉公司在央视打出了"pH试纸篇"广告,一句"健康的生命需要天然的弱碱性水"展开了饮用水市场的夏季营销攻势。农夫山泉公司提出三大理念,宣称"农夫山泉从不使用城市自来水""坚持水源地生产、水源地灌装""天然的弱碱性水,不添加任何人工矿物质"。农夫山泉公司认为弱碱性水才是人体需要的,酸性水对人体不利。医学研究证实:人体是一个较为稳定的呈弱碱性的内环境。正常人血液pH值应在7.35～7.45。低于7.35的血液pH值,身体就处于健康和疾病之间的亚健康状态。现代人由于肉食、油腻等饮食习惯,体质大多偏酸。世界著名医学博士、日本专家莜原秀隆曾经提出人体的酸性化是"百病之源"。当人体体质为弱碱性时,身体会感觉良好;相反,则常有一种疲倦感,时时觉得不舒服。所以,当你再怎么吃补品皮肤都不好、睡得再多也觉得疲倦的时候,很可能你就是"酸"性体质。偏酸的亚健康体质,怎么能再常年饮用酸性饮用水?

中国消费者协会2003年3月发布消费提示:人体大多适宜喝弱碱性的水,老人、少年儿童及婴幼儿尤其不宜将纯净水作为通常饮用水大量、长期饮用。接着,农夫山泉公司在广东、四川等省展开了"你家喝什么水,我来帮你测"的现场测试活动。在对纯净水、矿泉水、矿物质水、天然水的测试中,天然水的pH值是最利于人体健康的碱性。这场饮用健康水大战,同样吸引了同行及消费者的目光,达到了农夫山泉公司预期的目的。

(六)

2013年11月29日,农夫山泉公司诉《京华时报》报社侵犯名誉权纠纷案在北京市朝阳区人民法院公开开庭。这是《京华时报》连续报道农夫山泉"标准不如自来水"以来,两家的第7次交锋。

2013年4月,《京华时报》持续28天以连续67个版面、76篇报道,称农夫山泉"标准不如自来水",引发了不少市民对饮用水问题的强烈担忧。农夫山泉"标准门"爆发。2013年11月3日,农夫山泉公司新闻发言人周力进京前往原国家新闻出版广电总局举报《京华时报》虚假报道,农夫山泉公司要求《京华时报》道歉,赔偿经济损失。农夫山泉公司对于《京华时报》索赔额已由6 000万元升至2亿。

主要参考资料

[1] 农夫山泉再挑水健康之争[N].信息时报,2006-07-18.
[2] 尚阳.记忆点创造法——"农夫山泉"品牌成功案例[EB/OL].全球品牌网,2004-10-18.
[3] 农夫山泉简介[EB/OL].凤凰网,2013-04-25.
[4] 农夫山泉品牌的辉煌发展历程[EB/OL].中国联合市场调研网,2013-04-25.
[5] 农夫山泉向京华索赔2亿今开庭 虚假报道举报仍在调查[EB/OL].人民网,2013-11-29.

三、分析与讨论

(1)在当今社会,"好酒不怕巷子深"已经不再适应企业发展的需要。企业要想在激烈的市场竞争中取胜,关键在于能比竞争对手更快捷、更有效地把企业创造的价值传递到目标市场上去,而这一过程就是通过企业的一系列促销策略完成的。因此,现代意义上的企业,除了在产品质量上下足功夫外,更应该在产品的促销方面多花点心思,让消费者认识和了解企业的产品,激发其购买行为,实现企业效益最大化。

讨论题1: 促销手段在农夫山泉公司的发展中起到了哪些作用?

(2)广告作为产品促销的手段经常被企业利用。对比广告以简单明了的途径向消费者告知产品的优势,不失为挑战性企业争取市场份额的良策。但是,生产厂家做对比广告历来是个很敏感的问题,如果把握不好分寸就会招来麻烦。

在对比广告中,所陈述的产品差异性一定要真实,要有科学依据。消费者不能永远被蒙骗,一旦发现广告的虚假性,就会产生强烈的不信任感,对企业品牌形象造成无法弥补的损失。

同时,企业在运用对比广告宣传自己的产品时,应注意不能违反我国法律。《广告法》规定,广告不得贬低其他生产经营者的商品或者服务。若广告中存在虚假、恶意中伤其他企业的内容,用自己产品的优点比较别人产品的缺点,则构成侵权行为。

而虚假的广告宣传行为损害了竞争对手的商业信誉、商品声誉,属于我国《反不正当竞争法》中禁止的不正当竞争行为。

讨论题 2:农夫山泉公司的对比广告是否违反《广告法》的规定,构成了不正当竞争?

(3)对于农夫山泉公司的广告策划引起的水战,有的同行不以为然。他们认为农夫山泉公司纯属是商业炒作。作为普普通通一瓶水,人们花费一两元钱就是为解渴所用,没必要赋予更多的功能价值和象征意义。毕竟已经饮用了几千年了,而且大多时候只是喝自来水,之所以后来发展到瓶装纯净水,那是用来应急解渴所饮,并不是为了平衡体内矿物质和营养。企业还是应该踏踏实实地做好自己的市场。

讨论题 3:针对此种观点,谈一谈你的看法。

讨论题 4:假设你是农夫山泉公司的领导人,将如何处理接下来的产品营销工作?

四、教学组织建议

可采取小组讨论的形式。讨论题 2 和讨论题 3 如果有分歧,且观点集中,可采取课堂辩论的形式。

10 营销前沿案例

学习重点

1. 基本的营销前沿理论及其发展；
2. 企业对前沿营销手段的实际运用。

本章概述

  本章精选了 6 个营销前沿案例，系统介绍整合营销、关系营销、事件营销、文化营销、体育营销和网络营销等前沿手段在企业经营中的运用，帮助学生拓展营销视角，并分析、研究营销前沿理论的发展。

关键词

营销前沿　整合营销　关系营销　事件营销
文化营销　体育营销　网络营销　案例分析

案例31 整合营销案例

一、知识要点

（1）整合营销的中心思想是，通过企业与消费者的沟通，以满足消费者需要的价值为取向，确定企业统一的促销策略，协调使用各种不同的传播手段，以发挥不同传播工具的优势，从而使企业的促销宣传实现低成本策略化，与高强冲击力的要求，形成促销高潮。

（2）整合营销的特点如下。

① 整合营销，首先是一种思想、一种理念，其次才是一种方法、一种方案。

② 整合营销的对象是消费者需求。

③ 整合营销的核心是对资源的有效利用。

④ 整合营销的关键在于目标、策略和战术的高度统一。

⑤ 整合营销的方法是以消费者为核心，一切站在消费者的立场上来考虑问题，用"4C"策略取代传统的"4P"策略：用"消费者（Consumer）"取代"产品（Product）"，抛弃传统的产品开发概念；用"成本（Cost）"取代"价格（Price）"，放弃传统的定价方式；用"便利（Convenience）"取代"地点（Place）"，抛弃传统销售地点的思考方式；用"沟通（Communication）"取代"促销（Promotion）"，抛弃传统的线性传播方式。

⑥ 整合营销的表现方式是"统一"。无论是促销整合还是传播整合，整个过程都必须做到目标、策略、形象统一，使企业的资源朝向一个共同的方向。

二、案例正文

加多宝借势中国好声音完美转身

（一）加多宝联姻中国好声音将娱乐营销做成经典

2012年7月13日，浙江卫视《加多宝中国好声音》首播，随即一夜走红。随着主持人的反复播报，冠名赞助的加多宝掀起"红色旋风"，并蔓延至场外。《加多宝中国好声音》是浙江卫视与加多宝集团联合打造，以"正宗好凉茶正宗好声音"全程冠名的大型音乐栏目。该栏目一经播出就收到了"一夜爆红""满城皆夸"的蝴蝶效应。

《加多宝中国好声音》栏目引自荷兰人气音乐真人秀节目The Voice，并获得了The Voice的正版授权。该栏目播出后收视率爆棚，截至2012年

7月27日,《加多宝中国好声音》音乐栏目已经播出了三期,三期节目亮点各不相同,备受观众热捧,成为2012年暑假人气最高的综艺节目。

《加多宝中国好声音》自开播以来引起的关注与追捧是毋庸置疑的。不仅稳稳坐上收视率的头把交椅,还引发了众多的网络讨论。《加多宝中国好声音》带动了娱乐产业的繁荣,而作为独家冠名商的加多宝更是赚得盆满钵满,加多宝用其让同行羡慕的销售数据成为这场全民狂欢的最大赢家。

加多宝的处境曾经一度为人们所担忧,养育了多年的王老吉品牌忽然被收回,企业前景陷入巨大的不确定性之中。甚至连加多宝公司内部也下调了全年的销售额,从上年度的200余亿下调到100亿以内。加多宝与王老吉的缠斗一开始仅停留在司法及文宣层面,加多宝期待以打官司来最大限度地实现品牌认知转移,却被爆出加多宝以行贿为手段,非法获取"王老吉"商标的使用权,反倒让品牌美誉度受损。在冠名《中国好声音》之前,加多宝的广告诉求都集中在改名之上,没有逃出"讨遗产"的诉求,而非自立门户的做法。而当加多宝花6 000万拿下《中国好声音》,借娱乐上位之后,就把加多宝带到了一个新的阶段:加多宝已成为一个独立的品牌为消费者所认识。加多宝从《中国好声音》获得的不仅限于品牌的最大化曝光率,《中国好声音》的巨大口碑产生的附加值转移,也极大地提高了加多宝在终端的指名购买率。在两个月的时间里,加多宝凉茶销量同比增加了50%,在广东、浙江等凉茶重点销售区,同比增长甚至超过了70%,加多宝凉茶的销售创造了阶段性新高峰。

(二)加多宝与中国好声音一拍即合

加多宝是一家以中国香港为基地的大型专业饮料生产及销售企业。在1995年推出第一罐红色罐装凉茶"王老吉"之后,加多宝通过广告宣传迅速占领了中国内地市场。目前,加多宝凉茶不仅在国内深受广大消费者喜爱,还远销东南亚和欧美国家。然而就在加多宝凉茶品牌销量蒸蒸日上的时候,王老吉与加多宝商标之争一触即发,直到2012年7月中旬,这场"旷日持久"的王老吉、加多宝商标案才落下帷幕。割爱王老吉之后,加多宝开始踏上了重铸"王者"的品牌之路。

加多宝深知2012年的夏季是一个非常重要的战略季,能否让加多宝凉茶成功立足并实现品牌重塑可谓举足轻重。于是,加多宝花费巨资,连环出击地进行品牌宣传。在进行品牌宣传之时,加多宝最成功的一点就是与娱乐传媒紧密联系在一起。加多宝先后联合湖南卫视、浙江卫视,冠名《向上吧少年》《中国好声音》等大型节目。2012年夏天,随着《中国好声音》火爆全国,加多宝的人气也实现了暴增。这一仗,是品牌重塑的绝美一战。

1. 天造地设,正宗好凉茶配正宗好声音

"加多宝"凉茶与《中国好声音》共同具有原汁原味、正宗的品牌内涵,这是加多宝凉茶与中国版 The Voice 的结合点。加多宝虽然不再使用原来的商标,但依然拥有王泽邦先生的家传秘方,同时拥有独创的凉茶浓缩汁技术

和精益求精的生产工艺,更名后的加多宝凉茶,仅仅改变了产品名称,原有的配方、工艺、口感都没有改变。而这与《加多宝中国好声音》秉承了The Voice正版的原汁原味,严格按照节目版权手册制作节目,并接受版权方派专家现场监制等特点正好不谋而合,收到了异曲同工之妙。

2. 强强联手,打造2012年中国第一正宗好声音

"加多宝"在与"中国好声音"的这次合作中,并不乐于其"项目投资人"的地位,而是更好地诠释了其"项目合伙人"的身份。从开始的权益谈判,到后期的利用线下终端、网络做推广,加多宝实际上是一个参与者、一个合伙人。作为国内顶级饮料品牌,加多宝拥有无可比拟的终端推广能力和各种资源的整合能力。电视+微博+网络推广+终端推广,各方资源充分整合,从而成就了《加多宝中国好声音》完整、立体式的推广模式,其成效也是显而易见的。从《加多宝中国好声音》开播以来,加多宝便充分调动自身的渠道资源,先后在西安、武汉、广州、北京等地,与浙江卫视一起,开展了10余场推介会活动,并利用自身的资源,将《加多宝中国好声音》的宣传海报贴到了终端销售渠道,同时利用电视、平面、网络等多元化的宣传平台重塑自己的品牌。

对于强强联合的最好证明可以通过一种假设来进行判断,假设没有加多宝,中国好声音会怎样?事实上,这是一个双方互相诠释、互为背书的过程,正当五六月份《中国好声音》进入准备阶段之际,也正是加多宝关注度极高的时候,这本身就为《中国好声音》带来了话题与期待。此外,加多宝正宗凉茶属性,让"中国好声音"的正宗概念如虎添翼,快速抢占了大众心智,当再回味这段经典营销案例的同时,会发现《中国好声音》成就了"加多宝",而"加多宝"同时也成就了《中国好声音》,双方都有一种天然的默契与共识,这正是对强强联合所能造就神话的另一种有力诠释。

通过《中国好声音》,"加多宝"的正宗凉茶身份也随着"正宗好凉茶,正宗好声音"广告语的流行而深入人心。而更重要的是,在这一次的完美营销中,"加多宝"凉茶实现了品牌的完美转身。启用自有品牌,借《中国好声音》迅速造势,加多宝迅即取得良好的市场反应,这不但坚定了加多宝人的信心,也为加多宝打造"中国式可口可乐"奠定了坚实基础。

3. 借力中国好声音,加多宝领跑凉茶市场

加多宝与《中国好声音》的捆绑合作,在这个夏末对外展现出一个双方都收益不菲的成功营销案例。伴随着节目的火爆,加多宝的正宗诉求与品牌内涵也得到了充分的传递,更进一步实现了"加多宝"品牌与消费者的沟通与互动。事实上,快消品用娱乐营销的方式提升品牌知名度是一种惯用的模式。在2012年夏天,"加多宝"无疑创造了又一个品牌成长的奇迹。

一份来自第三方的数据显示,更名后的"加多宝"凉茶品牌知晓率高达99.6%,品牌第一提及率达47.9%,为凉茶品牌最高,在选择和推荐方面,46.2%的人会向亲友推荐,占据绝对领先优势。销量也是大幅攀升,整个上半年同比增长已超过50%,在广东、浙江等凉茶重点销售区,同比增长甚至超过了70%。"加多宝"凉茶在全国各地火热销售的同时,"怕上火喝加多宝"也已成为观众和网友们热捧的口头禅,喝着"加多宝"凉

茶，品味着17年的专注滋味，欣赏着《加多宝中国好声音》，已经成了2012年夏天的潮流之一。

（三）加多宝与中国好声音二度联姻

2012年结束的《中国好声音》第一季，无论是制作质量还是节目口碑，都成为2012年最抢眼的真人秀节目。而节目的广告费也一路飞涨，从最初的每15秒15万飙升到36万元，以每期节目22分钟广告，每15秒广告费36万元计算，一期《中国好声音》的广告费就是3 000多万元，使"好声音"变"好生意"。在浙江卫视2013年广告招标会上，知名品牌加多宝以2亿元天价一举夺得《中国好声音》第二季的独家冠名权，相较于2012年的6 000万元，飙升了3倍有余。"加多宝"品牌通过《中国好声音》第一季，成功地在消费者心中扎根，而第二季给加多宝带来的价值，也就是对于加多宝的品牌巩固以及对品牌影响力的拉动，要远大于为此付出的2亿元。

同样的节目，如果说第一季中冠名《中国好声音》，加多宝只是凭运气"押对宝"，那么第二季开播至今，当加多宝以娱乐营销的组合手段，让其品牌所代表的"正宗"声音传向哪怕是质疑者的内心时，观察者们则应认真审视这家神奇的企业是如何做到的。

纵观这家企业的次次出手，不难发现当竞争对手还在守着传统的营销模式，以生硬的广告对消费者进行"硬塞式"灌输时，加多宝已经开始在娱乐创意营销的大路上奔跑。毫无疑问，加多宝选择冠名"中国好声音"将被称为品牌营销案例中的经典。这场声势空前的合作从决定投资，到谈判、沟通一共只用了十几天，而这十几天所爆发出的效果是令人瞩目的。加多宝看中《中国好声音》"正宗版权"的概念，正好与加多宝"正宗好凉茶"的品牌形象吻合。

为了达到冠名的预期效果，这一次，加多宝从高管团队中组成了5人小组，全程参与到节目的制作和推广过程中。经双方合作，《加多宝中国好声音》第二季已经站上了2013年夏天娱乐节目的高峰，而作为独家冠名的加多宝集团，不仅最大限度地完成了由经典红罐凉茶到"加多宝"凉茶的品牌转换，也让"加多宝"凉茶坐稳了市场头把交椅，续写着凉茶神话。

在《中国好声音》第二季开播前，作为独家冠名商，对于如何将栏目与品牌内涵结合起来，加多宝团队即制订了完整的线上线下传播方案并作出了效果预估。

在《中国好声音》第二季开播前期的2013年4月10日，加多宝即强势推出"唱饮加多宝直通中国好声音"活动，让所有怀揣音乐梦想的人都可以报名参加活动并通过网友投票评选出优秀选手。从4月10日活动官网正式上线开始，每天都有成千上万的选手上传自己的演唱音频，截至5月23日官网报名人数已超过260万。经过1个月的激烈较量，评选出的"唱·饮加多宝，直通中国好声音"50强"加多宝网络学员"，奔赴广州、成都、武汉、西安、北京、杭州6个城市，与2012年《中国好声音》的优秀学员一起同台表演、积聚人气，最终有10位人气最高的参赛选手获得了加多宝的推荐资格。

截至8月20日，加多宝为此活动专门上线的《加多宝中国好声音》活动官网独立点击量就已超过4 000多万,值得称道的是,来自于日本、美国等国外网友的点击更是占到17%。

与此同时,加多宝发挥渠道优势推出红罐促销装,将销售和节目做预期绑定,消费者不仅可以凭借促销装拉环上的"加油码"为自己喜爱的好声音选手投票加分,还可以赢得2013年《加多宝中国好声音》总决赛门票及观赛奖金等大奖,此番促销装上市共设置了近2 000万个奖项。

7月12日,第二季正式开播,此时,加多宝再度推出与栏目同步的"向正宗致敬"活动也引发消费者共鸣,让电视银屏不再永远的高高在上,而更多的是平易近人。这一活动中,加多宝在官方微博中推出一系列创意海报,结合好声音学员的真实经历、现场表现和对"正宗好声音"的执着追求,将各种正宗精神浓缩在创意海报中,引发网友热捧。

此外,一向在营销上出奇制胜的加多宝,2013年更是频出奇招。通过微博、微信朋友圈等社交媒体,加多宝发起"红罐随手拍""加多宝微信好声音"等创意活动,让年轻网友、也是好声音最主要观众群体参与互动,让观看者变成"参与者",实现全民娱乐。最近,加多宝又将"你唱我评"搬上微信,网友只需上传自己的声音,即可获得导师的真声点评,这使普通人也能体验到参加《中国好声音》的乐趣。

可以说,加多宝推出的一系列整合营销活动,不仅为《中国好声音》节目推波助澜,更在最短时间里积聚了社会大众对于这两个正宗相连、相得益彰的品牌合作的肯定和喜爱。

主要参考资料

[1] 佚名.凉茶好声音:"貌离神合"式营销术[N].南方都市报,2012-10-26.

[2] 佚名.借力中国好声音 加多宝领跑凉茶市场[EB/OL].http://www.admaimai.com/news/ad201211032-ad92507.html.

[3] 佚名.全民娱乐——"好声音又一年"[EB/OL].http://net.chinabyte.com/294/12731294_2.shtml.

三、分析与讨论

(1)整合营销的基本想法类似于现代战争,它围绕基本促销目标,将一切促销工具与活动一体化,打一场总体战,如同现代战争中将空军(广告)、战略导弹(有冲击力的社会公共关系活动)、地面部队(现场促销与直销)、基本武器(产品与包装)等一切消费者能够感受到的武器整合为一体,使企业的价值形象与信息以最快的时间传达给消费者。

讨论题1:通过分析加多宝的这次整合营销活动,比较整合营销与传统的营销策略有什么不同?

(2)在加多宝与《中国好声音》的二度合作中,不难发现虽然节目内容不变,但此次加多宝则更加深入地开展娱乐营销。此时,将该企业对正宗品质的严谨态度传递给消费者、让消费者感知到这个品牌的内涵与厚重成为使命所在。除了广告词已变化为"正宗好凉茶,正宗好声音"外,加多宝同时通过线上、线下的创意营销实现与消费者互动,最大化整合《中国好声音》资源,强化与消费者的感情沟通。第一季的好声音已经成为一种现象,第二季则不止于此,它已经成为一个可以估价的品牌,而这个品牌里也包含了加多宝的产品元素,比方说你想到好声音,就会想到红色,而红色是加多宝外包装的主色调。

讨论题2:加多宝充分利用《中国好声音》这个平台除了大幅度地提升了销售量以外,还达到了哪些目的?

(3)加多宝与王老吉分家了,为了有效阻截原来的王老吉品牌,加多宝致力于宣传加多宝是正宗凉茶,这就正面挑战了王老吉的正宗凉茶地位。加多宝把目光瞄准了《中国好声音》,因为它看中了该节目的正宗概念。加多宝在品牌之争中用了这样的广告语:"全国销量领先的红罐凉茶改名加多宝,还是原来的味道,还是原来的配方",并且使用与原来的王老吉广告相似的场景画面,试图让原来的王老吉消费者相信自己是正宗的凉茶。另外,夺回王老吉的商标使用权后,广药集团宣布今后将通过合资、合作、授权等多种经营策略,继续扩大推行"品牌输出"的经营模式,使"王老吉"品牌向药酒、药妆、保健品、食品、运动器械等多个领域扩张。

讨论题3:面对加多宝的以上举措,广药集团在接下来的与药妆、保健品等企业的合作中,应该如何展开整合营销?

四、教学课堂组织建议

分组讨论,在课堂公开陈述本组的主要观点并答辩。

案例 32　关系营销案例

一、知识要点

（1）所谓关系营销，是把营销活动看成是一个企业与消费者、供应商、分销商、竞争者、政府机构及其他公众发生互动作用的过程，其核心是建立和发展与这些公众的良好关系。

（2）关系营销是怎样诞生的？菲利普·科特勒认为企业不应该单纯地顺从和适应环境，而应该主动地影响和改善自己所处的环境。因此，他提出了"大市场营销"的概念：在传统的 4P 基础上增加政治力量（Power）和公共关系（Public relations）两个 P，成为 6P。

正是公共关系这个概念的引入，诞生了关系营销。当今，人们对关系营销的讨论和关系营销的实践，已从单纯的顾客关系扩展到了企业与供应商、中间商、竞争者、政府、社区等的关系。这样，关系营销的市场范围就从顾客市场扩展到了供应商市场、内部市场、竞争者市场、分销商市场、影响者市场、招聘市场等，从而大大地拓展了传统市场营销的含义和范围。

（3）关系营销与传统的交易营销有什么不同？

① 交易营销关注的是一次性交易，关系营销关注的是如何保持顾客。

② 交易营销较少强调顾客服务，而关系营销则高度重视顾客服务，并借顾客服务提高顾客满意度，培育顾客忠诚度。

③ 交易营销往往只有少量的承诺，关系营销则有充分的顾客承诺。

④ 交易营销认为产品质量应是生产部门所关心的，关系营销则认为所有部门都应关心质量问题。

⑤ 交易营销不注重与顾客的长期联系，关系营销的核心就在于发展与顾客的长期、稳定关系。关系营销不仅将注意力集中于发展和维持与顾客的关系，而且扩大了营销的视野，它涉及的关系包含了企业与其所有利益相关者间所发生的所有关系。

（4）关系营销的本质特征：双向沟通，合作，双赢，亲密，控制。

（5）关系营销的中心——顾客忠诚。忠诚的顾客会重复购买。

（6）关系营销梯级推进的三个层次。

一级关系营销，又称财务层次。企业维持顾客关系的主要手段是利用价格刺激增加目标市场顾客的财务利益。以优惠价格、有奖销售、折扣、回扣等手段刺激顾客购买本企业的产品均属这一层次的关系营销。

二级关系营销，又称社交层次，是指购销双方在财务层次的基础上，建立起相互了解、相互信任的社交联系，并达成互惠承诺的友好合作关系。例如，有些企业和老顾客保持特殊的关系，举办各种形式的联谊活动，召开座谈会、茶话会、赠送贺卡、礼品、甚至上门访问等。在社交联谊进程中企业不断研究和了解顾客的需要与愿望,关心他们的利益,表示友谊和合作态度,同时也不时发布信息,让顾客了解并信任自己,使之逐步成为"忠诚的顾客"。

三级关系营销,又称结构层次。这是关系营销中的最高层次,是指企业通过输出资本、技术、特殊的产品和服务等方式,与顾客形成某种内在结构的联系,使竞争对手在一段时期内难以模仿和取代,从而建立起牢固的购销关系。

二、案例正文

令人心悦诚服的马狮百货

马狮百货集团(Marks & Spencer)是英国最大且盈利能力最高的跨国零售集团,以每平方英尺销售额计算,伦敦的马狮公司商店比世界上任何零售商赚取的利润都要多。至今马狮百货在世界45个国家有1 000多家连锁店,"圣米高"品牌货品在30多个国家出售,出口货品数量在英国零售商中居于首位。在中国的上海、青岛、温州、宁波等城市都已经出现了马狮百货的连锁店(在中国也被译为马狮百货)。《今日管理》(Management Today)的总编罗伯特·海勒(Robert Hellen)曾评论说:"从没有企业能像马狮百货那样,令顾客、供应商及竞争对手都心悦诚服。在英国和美国都难找到一种商品牌子像'圣米高'如此家喻户晓,备受推崇。"

(一)

1882年,年仅19岁的米高·马格斯从东欧来到英国。当初创业时他只是个肩挑小贩,将针线纽扣等日用品背到乡村、矿区售卖。由于身无分文,他向供应商借了50英镑的货物开始经营生涯。1884年,他在一个露天市场开设了一个摊位,告别了肩挑小贩的生涯,该市场仅在星期三和星期六开市。没过多久他就迁到了室内市场,把货摊分为两部分,一部分以一便士售卖,另一部分则以高于一便士的价格售卖。一便士货摊上悬挂着一块牌子:"不用问价钱,全部一便士。"这种方式很受欢迎,于是马格斯的业务不断扩大。到1890年,他已开设了5家廉价货摊,定价全部一便士。1892年,他开设了一个货仓作为商品集散中心,其作用大致相当于今天连锁店的配送中心。

1894年,马狮百货公司正式成立。经过缓慢的发展,到1915年马狮百货公司已经发展成为一家连锁零售店。马狮集团的辉煌始于1924年,公司总裁西蒙·马克斯去美国实地考察百货商店的运作情况,回来后对企业推行了大刀阔斧的变革,进行了一场轰轰烈烈的"社会革命"。所谓"社会革命",是和英国当时的社会现实紧密相连的。当时英国社会贫富悬殊,社会严重两极分化,上流社会的人穿着时髦而且精致,纸醉金迷;下层人则衣衫褴褛,穷困潦倒。马狮百货公司决定将企业的经营策略改成为处于社会下层的劳动阶层提供物美价廉的衣物,即把企业的消费者范围确定为社会下层的劳动者,把企业全部精力集中在为社会下层人服务,将客户定位为工人和低级职员,并主动去了解他们的需要、好恶以及在服装方面的购买力,努力去理解他们需求的变化,并从经济角度来满足他们的要求。

马狮百货公司为此不断地开发新的织物和漂染原料,提供有吸引力的廉价服装。为了确保其提供的衣物的标准能够不断改进,公司成立了质量控制实验室。公司不断去开发新款服装,最关键的一步是对"目标顾客"进行调查研究,以便了解他们对新款服装的反应,并确认他们的选择。这在那个时代确实是一项具有"革命"意义的创新之举。通过这样的努力,马狮集团有了自己数量庞大的"忠诚的顾客",规模不断壮大,并日益繁荣昌盛。

(二)

马狮百货公司实行依规格采购的方法,即先制订详细的质量标准,然后让制造商按照马狮集团提供的严密规范和质量标准进行生产。

传统的零售商提供多类不同品牌的货品供顾客选购,同一类货品往往有几个品牌可供选择。马狮百货公司只零售"圣米高"品牌的商品。"圣米高"品牌由马狮集团创造,商品包括服装、食品及酒类、鞋类、家庭陈设品及用品、化妆品、书籍及家具点缀植物等。

"圣米高"品牌90%以上的商品是由在英国的大大小小的协作厂家制造的,并且所有的货品或是由马狮集团自己设计或是与供应商合作设计的,不像其他百货公司那样,仅从供应商那里购入"现成"的货品。由于马狮集团与供应商的紧密合作并实行全面品质保证,加上其他策略的配合,"圣米高"品牌被公认为质优与"物有所值"的象征。

"圣米高"品牌以马狮集团的信誉作保证,因而商品的品质是相当可靠的。这些被称为"无华商品"的商品,以比较简单的包装,较节省的宣传广告费用,较少的附加费用,真正做到了"物美价廉"。"圣米高"品牌产品不但为马狮集团带来更多的利润,也为马狮集团赢得更高的荣誉,增加了消费者对马狮集团的信心。

一般的百货商店都是以样样皆备、包罗万象作为招徕顾客的方式。马狮集团认为,零售企业所提供的"服务"就是把购自不同制造商的产品,通过门市提供给顾客选购。但是,顾客真正需要的并非"应有尽有",提供适合顾客需求的、可遇而不可求的"物美价廉"的商品才是最重要的。为此,马狮集团改变整个业务的性质,集中经营较少的种类,把重点从提供购物的"服务",转移到有选择地提供高质量、低价格的商品上,并一举削减了货单上70%的商品,取消了17个部门。畅销商品取代了原来低流转量商品所占的地方。产品线的缩减使商店更加专门化,能对市场需求作出更快的反应,马狮集团的总销售量也因此获得大幅度提升。

20世纪50年代初期,食品业发展迅速,马狮集团成立食品发展部,依照最先进的科技生产,包括所有原料及各种生产以至包装和运销的方法,确保公司所出售食品的质量。

此外,马狮集团采用"不问因由"的退款政策,只要顾客对货品感到不满意,不管什么原因都可以退换或退款。这样做的目的是要让顾客觉得从马狮集团购买的货品都是可以信赖的,而且对其物有所值不抱有丝毫的怀疑。

由于马狮集团把握住顾客的真正需要,并制定了满足顾客需要的严格标准,且能切实实现这些标准,自然受到顾客青睐,不知不觉中就形成了与顾客的长期信任关系,保持了企业长久的不凡业绩。

(三)

在马狮集团建立的数据库中,各种数据的收集主要包括以下几个方面:交易信息,如订单、投诉、退货、服务咨询等;现实顾客和潜在顾客的一般信息,如姓名、电话、地址、传真、电子邮件、个性特点和一般行为方式;产品信息,如顾客购买何种产品、购买频率和购买量等;促销信息,即企业做了哪些事,开展了哪些活动,回答了哪些问题,最终效果如何等。

马狮集团一方面要设计获取这些信息的有效方式,另一方面还必须了解这些信息的价值,以及处理加工这些信息的方法。马狮集团的营销人员与顾客通过密切交流增进友情,与顾客建立诚信关系。马狮集团要求自己的经理人员记住主要顾客及其夫人、孩子的生日,并在生日当天赠送鲜花或礼品以示祝贺;利用自己的社会关系帮助顾客解决孩子入托、升学、就业等问题;设法为爱养花的顾客弄来优良花种和花肥;经常邀请客户的主管经理参加各种娱乐活动,使双方关系逐步密切。

(四)

尽管马狮集团非常清楚"顾客到底需要什么",但他们也明白,如果供应商不能生产出所需的质优价廉的产品,便无法满足顾客需要,所以马狮集团非常重视同供应商的关系。

马狮集团为了提供"顾客真正需要"的货品而给供应商制定了严格的、详细的制造和采购标准,为了有效地实现这些标准,马狮集团也尽可能地为供应商提供帮助。

如果马狮集团从某个供应商处采购的货品比批发商处更便宜,其节约的资金部分,马狮集团将转让给供应商,作为改善货品品质的投入。这样一来,在货品价格不变的情况下,使得零售商提高产品标准的要求与供应商实际提高产品品质取得了一致,最终实现顾客获得"物超所值"的货品,增加了顾客满意度和企业货品对顾客的吸引力。同时,货品品质的提高和销量的增加,使得马狮集团与其供应商共同获益,进一步密切了合作关系。

从马狮集团与其供应商的合作时间上便可知这是一种何等重要和稳定的关系。与马狮集团最早建立合作关系的供应商时间超过100年,给马狮集团供应货品超过50年的供应商也有60家以上,超过30年的则不少于100家。

(五)

马狮集团向来把员工作为最重要的资产,同时也深信,这些资产是成功压倒竞争对手的关键因素,因此,马狮集团把建立与员工的相互信赖关系、激发员工的工作热情和潜力作为管理的重要任务。在人事管理上,马狮集团不仅为不同阶层的员工提供周详和组织严谨的训练,而且为每个员工提供平等、优厚的福利待遇,并切实做到真心关怀每一个员工。

福利委员会是马狮集团的独特组织。福利委员会由9个委员组成,全都不是公司的董事。福利委员会自1934年成立以来坚持每周开会一次,平均每周处理 8 组个案。这些个案大都是与员工本身或其家庭因意外或患病而要求特别援助有关，如一位员工的父亲突然在美国去世，第二天公司已代他安排好赴美的机票，并送给他足够的费用；一个营业员生下了一个孩子，同时要照顾母亲，为此，她两年未能上班，公司却一直发薪给她。福利委员会就像一个安全网，将所有员工都保护起来，让他们在困难时不会觉得求助无门。

20 世纪 30 年代，马狮集团一位杰出的人事经理叫科罗娜·苏里门，她向当时的总裁西门建议创设一项聘请医生定期到门市部巡回应诊的计划，这是为员工提供保健计划的开始。

1973 年，马狮集团的保健计划还推行了一个牙齿健康教育活动，吸引了社会人士、传播媒介和牙医业界的注意。这项活动由先前的两个分部逐渐扩展到所有的门市部去，参与活动的兼职口腔卫生专家一共有 17 名。

1977 年，马狮集团开始推行员工分红计划。

马狮集团把这种对员工的关心作为企业文化的一部分，而不因管理层的更替有所变化。这种对员工真实细致的关心换来员工对工作的热情，使得马狮集团全面而彻底地实行品质保证制度，而这正是马狮集团与顾客建立长期稳固信任关系的基石。

（六）

近年来，随着沃尔玛、家乐福等平价超市的强势崛起，欧美传统百货公司的日子都不太好过。先是拥有 145 年历史的 G·Fox 百货公司破产倒闭，再是西尔斯百货被迫将企业标志西尔斯塔转手。而另一家英国零售巨头伍尔沃斯也在 2008 年圣诞节前宣布倒闭。与这些同行相比，近 10 年来，虽然马狮百货公司的经营也不见太大起色，但马狮百货公司未显颓象，其创新基因也并没有消失。

2013 年 5 月，马狮百货公司表示，计划从 2016 年开始不在英国新增零售服装店，因为该公司将把关注的焦点重新放在对数字业务的支出上。

马狮百货公司首席执行官马克在发布该公司年度业绩报告时表示："M&S.com 是我们新的旗舰店。位于伦敦市中心 Marble Arch 的店面已经不再是我们的旗舰店。"

从 2016 年开始，马克计划专注于开立 Simply Food 品牌的商店，并仅仅在该公司寻求搬迁或者扩大现有店面时才会开立新的服装空间。马狮百货公司相信，随着消费者越发地习惯在网上购物，英国市场已经达到饱和点。

在中国，马狮百货公司在实体店上仍然开足马力筹备新店，在淘宝天猫也有其官方旗舰店。

作为欧美传统百货业的代表，马狮百货的未来值得期待。

主要参考资料

[1] 佚名. 英国马狮百货店的连锁之道［EB/OL］. http：//scyx.lszjy.com/aspcms/news/2012-5-26/233.html.

[2] 佚名. 以马狮公司谈中国企业顾客关系营销［EB/OL］. http：//3y.uu456.com/bp-6fbab83b580216fc700afd38-2.html.

[3] 佚名. "以人为本"构建商业企业核心竞争力［EB/OL］. http://wenku.baidu.com/link?url=8E3npUZ1d39y8T3CmgmAM4v9B0-3OeouCnypURVIgm_bgoost0eLm2OA6CJFZrrba--sEiPYg0WTe8rm3wtCNpCCkJghG_dOXHFiHjVhvDC.

[4] 佚名. 马狮百货将停止在英国开新店［EB/OL］. 2013-5-22. http://finance.qq.com/a/ 20130522/011299.htm.

三、分析与讨论

（1）顾客是企业生存和发展的基础。企业离开了顾客，其营销活动就成了无源之水、无本之木。市场竞争的实质就是争夺顾客，顾客忠诚的前提是顾客满意，而顾客满意的关键条件是顾客需求的满足。要想同顾客建立并保持良好的关系，首先，必须真正树立以消费者为中心的观念，并将此观念贯穿于企业生产经营的全过程。

讨论题 1：马狮集团的潜在客户包括哪些？它是如何争取到顾客的？

（2）在中国，随着加入 WTO，企业与企业之间的竞争更加激烈，企业的经营哲学以及经营观念也必须适应环境的变化，不断地与时俱进。传统的营销只是着眼于一次性交易，追求的是企业短期利润最大化，这种营销观念在短缺经济条件下有一定的合理性。而在供大于求的环境中，却成为企业发展的桎梏。关系营销着眼于企业的长期发展，通过与顾客建立良好的持久关系，可以实现企业以及社会整体利益的最大化。

讨论题 2：总结马狮集团关系营销活动的主要特点及其为企业带来的利益。

（3）企业与顾客建立长期信任关系时是作为一个整体出现的，具体来说，企业是由若干个员工和管理者组成的，企业内部的关系怎样，直接关系到企业功能的发挥和宗旨的实现。

企业内部管理者与员工之间相互信赖和支持的关系是企业作为一个整体与外部顾客建立长期信任关系的基础，离开了前者，后者的建立是不具有操作性的。

讨论题 3：结合中国企业及市场环境，请描述你理想中的员工和企业之间的关系。

四、教学组织建议

分组讨论。各组提交案例分析报告，教师在课堂对各组的分析报告进行讲评。

案例33 事件营销案例

一、知识要点

（1）事件营销（event marketing），是指营销者在真实和不损害公众利益的前提下，有计划地策划、组织、举行和利用具有新闻价值的活动，通过制造"热点新闻效应"的事件吸引媒体和社会公众的兴趣和注意，以达到提高社会知名度、塑造企业良好形象和最终促进产品或服务销售目的的手段和方式。例如，蒙牛赞助"超级女声"而获得巨大市场收益就是典型的事件营销。

（2）从一般意义而言，事件营销应符合以下几点。

第一，企业运作事件营销的动机和过程应是合法的，要注重社会道德和社会责任的规范，并对消费者无任何负外部性。

第二，事件营销是企业抓住社会上的热点事件，巧妙地策划出某一话题或事件，使人们的注意力由关注热点事件转移到关注企业的方向上来，是企业进行自我展示的一种营销策略。

第三，事件营销是企业受整合营销传播理念的影响而采用的一种新型社会营销策略，通过借助被传媒报道的热点事件这一载体，来以小博大，积极地向大众展示企业的相关正向信息，以期望达到提升企业或品牌知名度与美誉度、促进产品或服务销售的目的。

二、案例正文

横空出世的"恒大冰泉"

2013年11月9日晚的恒大亚冠夺冠庆典上，"恒大冰泉"的标志首次出现。两小时的亚冠决赛直播、各大网站和媒体的广告投放，都让恒大冰泉这款新产品备受关注，而且恒大冰泉还将在未来的一个赛季中登上广州恒大的球衣。2013年11月10日，恒大冰泉新品发布会召开，正式宣告进军矿泉水行业，每瓶售价3.8元。随着全国媒体铺天盖地的报道，遍布全国各省市的恒大冰泉经销商的服务热线天天处于被打爆的状态。亲自到各经销点洽谈的人也络绎不绝，恒大业主们也纷纷到经销店买水，短短几天，就收到了大量的订单。

（一）恒大简介

恒大集团是在中国香港上市，以民生住宅产业为主，集商业、酒店、体育、文化、饮用水等产业于一体的特大型企业集团。2013年恒大总资产2 745.9亿元，员工4万多人，在4个直辖市、29个省会及重要城市设立了分公司（地区公司），在全国140个主要城市拥有大型项目262个，连续三年土地储备、在建面积、销售面积均居全国第一。2009年11月5日，恒大在中国香港联交所成功上市。上市当日，公司股票收盘价较发行价溢价34.28%，创下705亿港元总市值的纪录，成为起于内地、在港市值最大的内地房地产企业。2010年，公司先后成功发债27.5亿美元，创造了中国房地产企业全球发债的最大规模纪录，全年实现销售金额504亿元。2011年，公司总资产达1 790亿元，销售额804亿元，销售面积、在建面积、进入城市数量等核心指标均位列全国第一，品牌价值突破210亿元。2012年，公司销售923亿元，向国家纳税135亿元，创造就业岗位42万个。2012年，恒大品牌价值高达248.6亿元，连续三年荣获中国房地产公司品牌价值第一名，成为实至名归的中国标准化运营的精品地产领袖，并在公益、体育、文化等其他领域产生巨大影响力。2013年上半年，恒大营业额419.5亿元，排名全国第一。

2013年11月10日，恒大集团宣布推出一款高端矿泉水产品——恒大冰泉长白山天然矿泉水，即"恒大冰泉"。

恒大冰泉长白山天然矿泉水作为恒大足球、恒大女排唯一指定饮用水，产自黄金水源带、源于世界三大矿泉水产地之一——长白山的健康好水。恒大冰泉水源地为吉林省长白山深层矿泉，与欧洲阿尔卑斯山、俄罗斯高加索山一并被公认为世界三大黄金水源。长白山深层矿泉是经过地下千年深层火山岩磨砺、百年循环、吸附、溶滤而成的，属火山岩冷泉。水温常年保持在6~8℃，水质中的矿物成分及含量相对稳定，水质纯净、零污染，口感温顺清爽。恒大冰泉经世界权威鉴定机构——德国Fresenius检测，鉴定结论为"口感和质量与世界著名品牌矿泉水相近，部分指标更优"。

（二）恒大冰泉横空出世

2013年11月9日，广州恒大俱乐部获得亚冠冠军。借助恒大亚冠夺冠这一亚洲甚至全世界聚焦的重大品牌节点，恒大正式宣布进军矿泉水行业。产品推出市场后，恒大集团进行了大规模的线上线下的产品推广营销活动，为产品正式推出市场造势。

中国俱乐部首次进入亚冠决赛，并登上亚洲足球之巅，这个概念所蕴涵的商机是中国足坛近些年来少有的，很多商家也看到了这一点，比赛当晚，体育场周边的广告牌成为很多品牌争抢的资源。许家印自然也不会放过这一千载难逢的机会。亚冠决赛前，恒大方面对"恒大冰泉"的任何线索都三缄其口，直到亚冠决赛赛场才揭开其神秘面纱，吸引全场眼球。由于对亚冠决赛这个平台的关注度极高，获得了极佳的爆炸性效果。

在亚冠决赛之前就已经有不少商家希望能够拿下恒大胸前广告位置，甚至开出了1亿的天价合同，但恒大最终还是选择了把胸前广告位置留给了自己的品牌"恒大冰泉"，其他商家的合作基本都是以官方合作伙伴为主。恒大冰泉未来一年将出现在恒大足球队的胸前广告上，恒大冰泉也将成为广州恒大足球队唯一指定饮用水。

在11月9日的亚冠决战之中，恒大悄然更换了亚冠比赛球衣的胸前广告，不仅所有球员的比赛服装印上了"恒大冰泉"的胸前广告，教练员、工作人员的服装也同样如此。就在工作人员忙着将亚足联颁奖仪式的用具搬离绿茵场的时候，4只超大的矿泉水瓶被人扛进体育场绕场庆祝，而上面"恒大冰泉"字样赫然在目。与此同时，亚冠决赛当晚，两小时的亚冠决赛直播、各大网站和媒体的广告投放，都让恒大冰泉这款新产品备受关注。另外，新浪网、奇艺网等各知名网站的整版广告对恒大冰泉进行了大量宣传，当然财大气粗的恒大冰泉也在湖南卫视、江西卫视等电视台进行高密度广告投放。除了电视、网络广告，其他与亚冠决赛有关的版面也出现了"恒大冰泉"的广告。

而在夺冠之后所有人都套上了事先准备好的夺冠庆功服，也同样出现了"恒大冰泉"4个大字。在随后的庆典现场上，"恒大冰泉"的标志几乎触目皆是。恒大在夺取亚冠冠军之后，不少商家都看中恒大的品牌价值，希望借恒大为载体进行营销。其后，恒大进行了大规模的线上线下的产品推广营销活动，制造轰动效应。

2013年11月10日，恒大集团召开新闻发布会，商界、政界、学术界、体育界相关人士云集，吸引了百余媒体到场。在新闻发布会上，恒大宣布推出一款高端矿泉水产品——"恒大冰泉"长白山天然矿泉水。里皮、菲戈、耶罗以及中国女排主帅郎平也首度携手出现在了恒大中心的会议厅内。这4名重量级嘉宾也是共同出席恒大推出的"恒大冰泉"新品发布会，他们将同时担任恒大冰泉的全球推广大使。里皮、郎平两位世界冠军级教练分别在足坛与女排界享有盛誉，菲戈、耶罗则作为皇马巨星夺得过无数荣耀。4人均曾长期在欧美执教或生活，对国内外饮用水的习惯和理念都有独到的心得。他们表示，无论是作为教练还是球员，都一直很注重饮用高质量的水。他们认为，欧美公众更注重饮用高品质的天然矿泉水，认为这将极大影响人的健康水平。而在国内，目前公众对此观念还相对比较薄弱。

在销售模式上，恒大冰泉将借助集团在全国地产领域的优势，在全国超过130个城市，逾200个楼盘项目，建立起直销批发点；以终端直营渠道和现代渠道为主，以特通渠道和经销商渠道为辅，筑起立体营销网络，也为广大消费者提供了更全面的售后追踪服务。此外，恒大冰泉还计划在北上广深等一线城市、直辖市、省会城市等核心商圈地标性高端商场设置产品4S品牌展厅；在全国超过130个城市、逾200个楼盘项目、各地区恒大酒店、恒大影城、健康养生会所等设置产品展示零售店；并且将开通"恒大矿泉水"网上商城。

（三）恒大冰泉的轰动效果

恒大冰泉的横空出世让世人始料不及，许多企业负责人也是极为紧张。亚冠当晚，某国内著名品牌的矿泉水企业老总，一开始十分悠闲地坐在电视机前观看亚冠，而一次次恒大球衣上"恒大冰泉"胸前广告的展示，让这位老总越来越急，后来他直接打电话给秘书，让其召集公司高层开会，研究应对之策。这位老总还感叹，恒大这一仗所产生的效应，可能是他们投几年广告都难以达到的。

恒大冰泉如此出狠招，农夫山泉、娃哈哈、乐百氏等又该如何应对呢？

恒大冰泉会占据中国矿泉水的首席之位吗？我们拭目以待。

主要参考资料

[1] 恒大推出"恒大冰泉"成功开展事件营销[EB/OL].永川网，2013-11-19.

[2] 恒大推高端矿泉水　恒大冰泉正式上市[EB/OL].恒大矿泉水官网，2013-11-11.

[3] 产品资讯[EB/OL].恒大冰泉官网，2013-11-12.

三、分析与讨论

（1）企业开展事件营销有一个很关键的点，那就是企业对事件的独占性，换句话说就是做别人没做过的事，利用轰动性的热点新闻话题、事件为企业品牌带来媒体的"免费宣传报道"。例如，IBM的"人机大战"、富亚的"老总喝涂料"事件就具有独占性，这样就有利于媒体炒作传播，有利于站稳消费者记忆深处的阵地，进而拉动品牌的销售。当年富亚公司本意是计划给小猫、小狗喝涂料显示产品的健康、环保，后来由于动物保护协会的阻拦，老总一急就自己把涂料给喝了，这样一来就轰动了整个北京城，各大媒体竞相报道，随之而来的就是订单不断。反过来再看柯受良冒着生命危险"飞黄"成功后，如果再来一次"飞黄"，或者其他的人跟着"飞黄"，效果就不会那么轰动了；当然，如果换成一个女性，可能就不一样了。

讨论题1：结合案例中恒大的营销活动，讨论事件营销的本质是什么？

（2）借助恒大俱乐部登上亚洲之巅之际，恒大冰泉横空出世，一夜之间获得了极高的赞誉，品牌知名度迅速上升，订货电话都被打爆。然而，这只是恒大冰泉的开始，一个品牌要想在市场长期立足，还有很多事情要做。

讨论题2：在进行事件营销之后，企业如何才能持续提升产品的品牌形象及顾客的忠诚度？

（3）说起事件营销，人们也许会想起肯德基的"秒杀门"事件：2010年4月6日，肯德基官方在淘宝网的肯德基超值星期二旗舰店发布了优惠信息，100张折扣券，每张折扣券是64元全家桶对折为32元大优惠。淘宝网发明的"秒杀"游戏，几年来已经是令人熟稔到可以泛滥，几乎从未听说谁从中失手。秒杀的标底仅仅为100张标价0.01元的全家桶对折券。事件的过程中出现了两大漏洞：网络上出现多家通过发送链接病毒式传播可打印优惠券的网站；星期二早晨有部分打印优惠券被肯德基允许使用，鉴于疯传的所谓非法优惠券造成的极为严峻的事态，肯德基的反应是首先发表声明，拒绝使用优惠券，暂时关闭部分被围观的店面。

企业借助事件展开营销活动，是企业营销手段进步的表现。当人们"一窝蜂"地争相赞助"恒大"时，除了恒大品牌之外，其他品牌未必能收到预想的效果，很可能只是花大价钱挂了个"恒大"的标签，却未必能在多大程度上吸引消费者的眼球，更难将其变为实际的购买行为，甚至有可能反受其累。肯德基"秒杀门"事件就是比较典型的一个例子。通常，失败事件都是没有效果无疾而终，而肯德基"秒杀门"却是效果太猛无法收场。

讨论题 3：同样是利用新闻事件做企业宣传，但不同企业所取得的实际效果相差甚远。请讨论在利用新闻事件进行营销时应该注意哪些问题？

四、教学组织建议

收集资料，分组讨论。其中第 3 个问题在课堂答辩。

案例34　文化营销案例

一、知识要点

文化营销是指把商品作为文化的载体，通过市场交换进入消费者的意识，它在一定程度上反映了消费者对物质和精神追求的各种文化要素。文化营销既包括浅层次的构思、设计、造型、装潢、包装、商标、广告、款式，又包含对营销活动的价值评判、审美评价和道德评价。

文化营销包括两层含义。

（1）企业需借助于或适应于不同特色的环境文化开展营销活动。

（2）文化因素需渗透到市场营销组合中，综合运用文化因素，制定出有文化特色的市场营销组合。

二、案例正文

植入文化基因的万科"中式"住宅

（一）万科简介

万科企业股份有限公司（以下简称"万科"）成立于1984年5月，是目前中国最大的专业住宅开发企业。万科1988年进入房地产行业，1993年将大众住宅开发确定为公司核心业务。到2008年年末，业务覆盖到以珠三角、长三角、环渤海三大城市经济圈为重点的31个城市。

经过多年努力，万科逐渐确立了在住宅行业的竞争优势，旗下"四季花城""城市花园""金色家园"等品牌深受各地消费者喜爱；公司研发的"情景花园洋房"是中国住宅行业第一个专利产品，也是第一项发明专利；公司物业服务通过全国首批ISO 9002质量体系认证；公司创立的万客会是住宅行业的第一个客户关系组织，也是国内第一家聘请第三方机构、每年进行全方位客户满意度调查的住宅企业。

从2000年开始，万科进入了一个新的发展期，年销售额以30%左右的速度增长。2004年年初，万科总经理郁亮在企业发展的顺境中提出了"3+1"的经营管理目标——万科的目标是成为最受投资者欢迎、最受客户欢迎、最受员工欢迎和最受社会尊敬的企业，万科的经营管理会围绕这个目标来运作。2008年由世界权威的品牌价值研究机构——世界品牌价值实验室举办的2008世界品牌价值实验室年度大奖评选活动在京展开，在住宅品牌类的评选项目中，万科地产凭借优异的品牌印象和品牌活力，一举夺得"2008年度中国最具竞争力品牌"和"中国购买者满意度第一品牌"这两项荣誉称号。2013年的数据显示：万科2013年前10月销售额达1 458亿元。这意味着，万科率先成为全国第一个年销售额超千亿的房地产公司。这个数字，是一个让同行眼红、让外行震惊的数字，相当于美国四大住宅公司高峰时的总和。

（二）深圳"中式"居住文化的缔造者——万科·第五园

1. 万科走"中式"路线的原因探究

万科的董事长王石说过，"万科，旨在推销一种新的生活方式——这是万科与其他房地产公司迥然不同的经营特点"。万科并不以盈利为唯一目的，也不单纯为客户提供居所，而是从满足现代人追求舒适、便利、完美的生活方式出发，为客户的各种需求提供尽善尽美的服务。

万科·第五园位于深圳北部坂雪岗片区的南部片区。该项目在整体规划设计上，对中式传统住宅形式进行了现代手法的演绎，整个项目给人以一种古朴、典雅又不失现代的亲和感。万科决定用这块25万平方米的土地打造一个中式的社区是基于多种原因的。

（1）气候是深圳的，建筑是欧洲的。深圳房地产市场一直是"西风"盛行，欧洲大陆风格的建筑和园林遍地皆是，欧洲大陆是温带气候而深圳属于亚热带，气候条件直接决定了建筑的形式和性能都应该有所区别，如果简单照搬，难免产生不适。

（2）精神是中国的，居所是外国的。物质层面被满足之后，人们需要寻求精神层面的满足，然后才会有属于自己的最本质的传统情感的回归。但是小康之后的深圳，却只能住在为老外量体裁衣的西式小区里，精神是中国的，居所是外国的，我们居住文化长期呈现上述的窘况。西式小区不能说不好，但是极难引起中国人情感上的共鸣，难以找到精神上的归属感。万科·第五园成为深圳居住文化没落的终结者，给深圳人带来真正的居住文化。

（3）迎合国人寻根的心理——万科·第五园应运而生。人们居住条件经历了一个从计划分配到了自我实现的发展过程。在物质资源严重匮乏的计划经济时期，人们欣喜于搬进楼房；在如今繁忙的都市生活中，人们渴望轻松闲适的居住风格和居住体验；在不断体验中，找到真正适合自己的文化基因和居住要求的现代中式住宅，是一个必然的趋势，是人们物质生活和精神生活发展到一定高度的结果。在深圳这座城市，文化归属感总在探寻的状态下，人们心底苛求一种根本性的文化皈依。深圳人需要在亲切、熟悉的"建筑语境"和"空间语境"中释放民族骨血里的那一份文化和情感的眷念。而万科·第五园的出现正好迎合了人们潜在的文化饥渴和居民文化的寻根心理。

2. 万科对"原创现代中式"的诠释

在策划万科·第五园之前，万科也对市场上的中式项目进行了考察。从而形成了自己对"中式"的理解，也形成了最后指导第五园的规划的总精神。万科认为真正能打动人心的"中式"建筑不应该是"符号化"的中式，只有真正"精神层面"的东西才能打动人心。

万科最终将其对"中式"的理解体现在整个项目的各个方面，主要通过六大特质来演绎他的"原创现代中式"：墙、院、村、冷、幽、素，打造了一个富有中国徽派民居特色的项目。

（1）外部提炼"墙"的形象。第五园的墙，提炼了徽州和山西民居的建筑精髓，但摒弃了原始的高墙小窗的形式。第五园的建筑采用双层墙面，戏称为"漏洞百出的二皮脸"——外层墙采用具有窄缝和小洞的设计，里层则按照正常的墙的需求进行设计。一方面可以追求墙的实的效果，又可以满足开窗、通风、遮阳的要求。两层墙之间的区域可以叫作灰色空间，是房子内部和外部之间的过渡，从里到外，是一个循序渐进的过程，透出了淡淡的儒家韵味。

（2）内部强调"院"的作用。庭院别墅的内院以及通过组合形成的"六合院"，叠院别墅的"立体"小院（院落＋露台），合院阳房部分的围合所形成的"大院"，其种种院落形式无不着力体现中国传统建筑当中那种"内向"型的空间。内院不只是中国民居特有的，纵观古今，从宫殿到寺庙，全部都是以院落为核心的。院落，是中国风水上一直强调的所谓"藏风""聚气"之地，也表现出中国人尤为内敛含蓄的性格。安全因素和私密性是中国人传统观念里不可或缺的东西，所以在中国人的骨子里面，都希望拥有一方完全属于自己的"小天地"，于是第五园便煞费苦心地设置了种种"院落空间"。

（3）规划表达"村"的形态。整个社区的规划是边界清晰的由不同形式的住宅组成的一个大的"村落"。庭院别墅组成了两个方向略有不同的主要"村落"，相邻的又由叠院别墅和合院阳房分别形成了不同的小"村落"，通过一条半环形的主路连接起来。村口处基本上都设有传统村落常见的牌坊或其他显示领域感的标志物。

（4）气候体现"冷"的追求。万科·第五园在设计上吸收了富有广东地区特色的竹筒屋和冷巷的传统做法，通过小院、廊架、挑檐、高墙、花窗、孔洞以及缝隙，试图给阳光一把梳子，给微风一个过道，使房屋在梳理阳光的同时呼吸微风，让居住者时刻能享受到一片阴凉，提高了住宅的舒适度，有效地降低了能耗。

（5）环境营造"幽"的氛围。古代中国的文人雅士曾说，宁可食无肉，不可居无竹。对传统建筑来说，在庭院环境的营造上如果少了竹子这一元素，几乎是不可想象的，甚至是不能容忍的。竹丛掩映的曲径通幽，反映出中国人性格里的低调内敛，而且非常适合广东的气候。

（6）色彩渲染"素"的意味。中国传统民居在外观色彩上一直比较节制，或者说一直比较"素"，没有过多的颜色，可以说"黑、白、灰"这三种无色系列长期在传统民居的外观上占据着统治地位，并没有冷暖之分。所以万科·第五园在色彩上"舍艳求素"，主要借鉴徽州民居，追求朴素而简洁的外观效果以及典型传统的雅致风韵。

3. 如何让市场接受"原创中式"

万科·第五园的风格在市场上找不到雷同，如此有"个性"的产品要得到市场的认同和接受，必须通过一些特殊的营销手段，增强客源的认同程度。

（1）地产营销，概念先行。万科"第五

园"打出"骨子里的中国""原创现代中式"广告语,所诉求的是一种"新中式",暗含打破传统中式的意思。"骨子里的中国"是抛开符号与表象,表现其精神;"原创现代中式"在"第五园"上冠之"原创"之名,那么无论其怎样突破传统的改进都不会被当作异类,因为它本身就是一个独有的"中式"。这样的概念一打出,明确而精练地表达了项目的特色,并且为他人对项目的理解提供了清晰的思路。

（2）引导消费,文化先行。曾经有人说过,消费需要引导。万科•第五园总的体量也不算小,要让广大的客源认同这种"精神"不仅仅依靠产品本身。万科在推广这个项目时,出版了《骨子里的中国情结》这本书,万科通过这本书,向消费者传递着万科自己对中式建筑的理解,从另一个角度来说,就是一种暗示,一种引导,将消费者的感性认知上升到理性认知,从而取得他们的认同。万科•第五园未动书已风行,尽管万科地产没有在电视媒体和报纸广告上做大幅宣传,可是万科•第五园还是被越来越多的人知道,原因有两个：第一,万科地产的品牌知名度;第二,因为王受之的《骨子里的中国情结》。借助《骨子里的中国情结》一书,万科传达着一个强烈的信号,一贯坚持文化地产的万科,将在文化地产上有大的动作。万科地产一直是深圳乃至全国房地产市场的风向标,市场已经习惯关注万科的一言一行。与关注普通房地产商炒作概念有别的是,市场相信万科是在"做功课"而不是搞噱头。其实在多年的市场运作后,万科已习惯了挑战市场和自己。很多人喜欢万科就是万科能时常发出与市场不同的声音;很多人购买万科的房子,就是因为万科造出的房子不随大溜,具有独创性。

（3）体验式营销,"展览"先行。万科营销的点睛之笔要属"老房子"以及"万科书院"。一次,王石来到北京一个专门经营旧家具以及古建筑的部件买卖的地点,刚巧看见那里被拆的一栋有300多年历史的安徽民居的部件,据说房子的主人已经不在了,那沉重的松香味道让他心底的熟悉和感动油然而生。于是,他当机立断,将其全部买下,并千里迢迢从北京运到深圳,异地移植到了深圳万科•第五园项目。"老房子"是一个徽式旧宅,占地面积有300平方米,建筑面积400平方米,按照原来的比例安装而成,分成了上下两层。木质结构,建筑崇尚本色,大气而朴实,屋顶用小青瓦,门楼和屋内的石、砖、木都是雕刻而成,绝少用色。它是一种象征,一个符号,给整个项目增添了浓浓的文化气息,有人说,没有了"老房子",也许万科•第五园的人文氛围将要大打折扣。"老房子"唤起了许多参观者对儿时的回忆,让人深刻体验到自身对中国文化的渴望。其他楼盘也曾用过体验式营销的手法,但大多数将目光停留在自身的楼盘体验上,而万科引入"老房子"一举,一方面是给人们一个信号,万科是讲求文化的开发商,赢得口碑,另一方面则通过真正的中式建筑来唤起消费者对文化消费的欲望。

4. 原创中式文化营销

万科•第五园于2005年7月23日开盘。开盘当天第五园人山人海,据统计,当天到场车辆达1 700余次,到场人数达5 000余人。一期52套庭院别墅,84套叠院别墅,210套合院阳房,共346套一天之内售罄,其中庭院别墅均价11 000元/平方米,叠院别墅7 000元/平方米,合院阳房

5 500 元/平方米。这样骄人的销售业绩当然离不开独特的中式文化营销模式。

(1) 定位策略。

① 产品定位：中国传统的徽派建筑。

② 客户定位：带浓郁中国情结的高收入者。

(2) 包装策略。

万科花了 500 万元打造了 9 套样板房，分别是 TA（庭院别墅）、TB（庭院别墅）、TC（庭院别墅）、TD（庭院别墅）、GA（叠院 HOUSE）、GB（叠院 HOUSE）、GC（叠院 HOUSE）、MC（合院阳房）和 MD（合院阳房）。2005 年 7 月 16 日，9 套样板房同时对外开放；7 月 23 日，8 套样板房（除了在老房子里的 TB 外）同时对外开放。样板房的成功塑造，对第五园产生一天售罄的结果起到了非常重要的作用。

(3) 促销策略。

① 领导者定价策略。从万科城、万科 17 英里和第五园的定价可以看出，万科楼盘的定价参考了深圳关内楼盘，比区域内楼盘的价格基本都要高一大截，所以万科的进驻在很大程度上能提升一个片区的价格。

② 送地下室。万科·第五园不同于其他楼盘赠送落地凸窗、露台、入户花园等，而第五园更多的是送地下室（第五园地下室都是送的）。地下室的私密性很强（只是通风、采光差点），也很适用（可用来开舞会、当客厅用等），受到很多客户的欢迎。

③ 认筹手段。万科使用的认筹手段可谓棋高一着，最大限度地挖掘了潜在客户，并造成开盘当日的"市场饥饿感"，获得了开门红。

④ 样板房开放日的活动策划。2005 年 7 月 16 日，在万科·第五园老房子里举办了万科·第五园"骨子里的中国"主题论坛、第五园新产品发布会及李玉祥"老房子照片展"，邀请了美籍华人学者王受之教授参与论坛，还邀请了著名古琴大师陈金龙先生现场弹奏"高山流水"与"梅花三弄"。

(4) 推广策略。虽然第五园的广告投放并不多，但是项目前期运用文化力量的造势却声势宏大。

① 2004 年，第五园在文博会上精彩亮相，获得了客户与文化界的一致好评；第五园出版发行的《骨子里的中国情结》一书，名列年底广州必得书店畅销书排行榜第七名。

② 2004 年 12 月 25 日，第五园更以"骨子里的中国情结"的文化内涵和现代中式的神似特点，获得了"中国珍品大院奖"，标志着第五园项目已成为中国房地产的标杆，万科地产再次引领了中国房地产的潮流。

③ 2004 年 11 月，第五园参展深圳首届文博会，首次精彩亮相。万科首部项目书籍《骨子里的中国情结》在文博会上举行首发仪式，作者王受之先生现场签名送书。

④ 2004 年 12 月，在北京钓鱼台国宾馆，第五园以其独特的"原创现代中式"设计风格，荣获"中国建筑珍品大院"奖。

⑤ 2005 年 5 月 1 日，第五园于"2005 年深圳市春季房地产交易会"中亮相。

在深圳万科·第五园如此成功的基础之上，2011 年，万科用同样的文化设计理念及营销模式在上海打造了另一个万科·第五园。上海·万科第五园

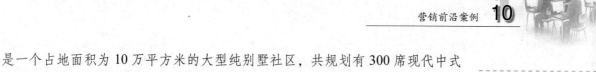

是一个占地面积为10万平方米的大型纯别墅社区，共规划有300席现代中式庭院别墅，小区内外无不洋溢着内敛的中式风范，在2012年各地楼市调控的寒冷季节仍然实现了高价售罄。

（三）万科棠樾——凝结万科的人文使命

"棠樾"二字取名于安徽黄山歙县的"棠樾村"，该村以国内规模最宏大、保存最完好的明清牌坊群而闻名于世。棠樾村鲍氏家族世代以孝行扬名中华，历经400余年望隆乡梓，所沿袭的就是中国传统文化的精神内核。"棠樾"的另一层含义指海棠树的阴凉之处。万科棠樾取这么富有传统文化内涵的名字，所要表达的也就是自己骨子里的"人文建筑追求"。作为继万科十七英里之后，华南区最为高端的项目，万科棠樾所要传达的中式感受不仅仅只是地理资源的简单复合，对人文与文化的一贯专注才是万科与国内其他别墅供应商拉开距离的关键所在。

当年，万科拿下棠樾地块时，楼面地价已经超过10 000元/平方米，但同一区域的其他房价仅停留在4 000～5 000元/平方米。拿地之后没多久，2008年的楼市寒冬席卷全国，这也让万科棠樾未来的命运充满了变数。严峻的形势迫使万科的豪宅需要开辟全新的营销模式：产品是内核，文化是外衣，于是"回到起点""跨界文化营销"成为了棠樾项目成功的关键因素。

"回到起点"首先是开发理念的归零，锁定销售目标区域后，致力于追寻主流消费群体的价值诉求，敢于大胆否定传统理念，创造新的生活理念、价值理念，在精神层面与诉求客户产生共鸣，这是项目最大的亮点，在整个华南片区，中式建筑以及中式生活方式，并不会占到消费群的大多数，而中式豪宅也很难得到市场认同。而从深圳来讲，毕竟这是一个以制造业、高新产业、物流、房地产业、餐饮业等为主的城市。高速的经济发展已经让人们对经济增长的规律和现状的关注，远远超过了对生活品质的关注。而中国传统的生活方式，在这样一个快节奏的社会里，可以让人们在对高度物质化追求的同时，将心态拉回到一种平和、低调的状态中。

另外，棠樾通过"跨界文化营销"的一系列活动，凭借品质以及踏实、细致的工作，取得了营销推广的成功。

（1）在项目开盘不足2个月的时间内，棠樾邀请到了奥斯卡金像奖得主、著名美术指导叶锦添来担任项目的美学顾问，并且通过将叶锦添营造的"桃源胜景"在深圳做巡展，筛选了很多前期基础客户。

（2）棠樾又邀请到著名的"中国风"作词人方文山为其撰写项目文案，进行前期的炒作与预热。

跨界营销前期创下的知名度，虽然没有一下子直接转化为购买力，但是不可否认这样的活动和造势，为形成后期的客户群体打下了坚实的基础。一个公关事件的关键不在于有多少人到现场来，而在于前期如何在媒体上宣传炒作，后期又是如何呈现的。万科棠樾在营销过程中有这样一个小故事：棠樾项目曾在象城香舍餐厅举办过一次答谢晚宴，餐厅的老板目睹了活动过程后，对棠樾产生了兴趣，最后成为棠樾的业主。于是这个从法国留学归来、在中国开法国餐厅的老板，最后却购买了中式别墅。

247

从 2009 年 7 月到 2012 年，棠樾别墅销售额在 16 亿元左右，目前已经平稳度过了高风险期。

主要参考资料

[1] 佚名. 中原地产深度观察：详解万科·第五园［EB/OL］.http：//sz.house.sina.com.cn.

[2] 佚名.昔日"地王"破茧成蝶——万科棠樾看房日记［EB/OL］. http：//new house. sz.soufun.com/2010-10-28/3966482_all.htm.

[3] 郭海，魏泽崧，曹文婕.创新现代中式——万科第五园案例分析［J］.中国建筑装饰装修，2013，（1）.

三、分析与讨论

（1）房地产发展至今，其功能已经不能简单地理解为"为人们提供居住的空间"了。部分消费者对于房地产商品提出更高的要求，这也是近年各类地产应运而生的原因之一。万科看到了这一点，从消费者的角度出发，提出"从满足现代人追求舒适、便利、完美的生活方式出发，自始至终为客户的各种合理需求提供尽善尽美的服务……""海归派"对"中式"建筑的向往，源自一种民族自豪感，那么，本土的居民有没有这种情感呢？如果有，那便是能够推动市场发展"中式"项目的动力。而近年来"中式"项目的销售佳绩，显然给了我们一个肯定的答案，"中式"项目有巨大的市场潜力。

讨论题 1：请分析"中式"房地产为什么具有强劲的市场潜力？

（2）万科·第五园没有简单地复古和照搬，而是扬弃式继承，将传统与现代、中式与西式很好地嫁接和结合，既营造出适合中国人居住的传统居住环境，而且符合现代人的生活习惯。万科主要通过六大特质来演绎他的"原创现代中式"：村、院、墙、素、冷、幽。另外，万科花了 3 000 万元从相隔两千多千米远的北京把老房子移到了第五园，以增加第五园的中国传统文化含量。

讨论题 2：请查阅相关资料分析万科·第五园对文化营销策略的运用。

（3）5 倍于东莞均价的棠樾项目在市场相对低迷时实现热销是个奇迹。万科棠樾向消费者推销的不仅是豪宅，豪宅在满足消费者物质需求的同时还满足消费者精神上的需求，给消费者以文化上的享受，满足他们高品位的消费。

讨论题 3：试分析：5 倍于东莞均价的棠樾项目满足了消费者何种文化需求？

四、教学组织建议

小组讨论。对万科的"中式"地产进行资料收集，并对它的文化营销策略进行分析，可以展开课堂讨论。

案例 35　体育营销案例

一、知识要点

（1）体育营销包括两个层面：一是指将体育本身作为产品营销。从一支球队和它的运动员，到一场赛事、一次运动会，都可视为营销学意义上的产品，这个层面可以称为"体育产业营销"。另一种是指运用营销学的原理，以体育赛事为载体而进行的非体育产品的推广和品牌传播等营销现象。例如，在世界杯中所看到的赞助商的一切活动和身影，以及它们产品、品牌的巧妙展示等。通常所说的体育营销是指后一个层面。

（2）体育营销的组成元素构成"体育三角形"，即所有营销是建立在赞助方、体育项目和观众三者基础之上，缺任何一方都不能称其为成功的体育营销；营销渠道企业（供应商、营销中介）、顾客、竞争者和各种公众，这些都会影响企业为其目标市场服务的能力和效果。

（3）体育营销是围绕赞助而展开的。赞助能将运动项目形象与企业品牌形象有机结合起来；转移机制的起点是赞助，形成认知、产生兴趣、依恋、增强渴望、直至顾客购买，转移过程结束，运动项目内涵附着于品牌，而转移效果的强弱决定于调节变量：运动项目与赞助企业的相似性、赞助级别、运动项目的频率及产品的复杂程度等。

二、案例正文

青岛啤酒的星河轨迹

2013年3月27日晚间，青岛啤酒公布2012年全年报告，报告显示，2012年公司实现啤酒销量790万千升，同比增长10.48%。其中主品牌"青岛啤酒"实现销量429万千升，同比增长7.34%，高端产品纯生、易拉罐啤酒共完成销量155万千升，同比增长16.97%，市场占有率达到16.12%。总营业收入达257.82亿元，同比增长11.33%；现净利润17.59亿元，同比小幅增长1.2%。2012年啤酒行业景气低迷，行业啤酒产量为4 902万千升，仅增长3.06%，增速创20年新低。而青岛啤酒却取得如此骄人成绩，与其营销方式有着极大的关系，这其中最引人瞩目的当属其体育营销。2013年6月26日，"2013中国500最具价值品牌榜"在北京发布，青岛啤酒以805.85亿元品牌价值，再次蝉联中国啤酒第一品牌。

（一）新百年的体育缘

青岛啤酒作为中国第一啤酒品牌，近年来在品牌建设中，将娱乐与体育相结合,倡导"激情、进取、梦想"等价值观,紧紧把握住年轻、时尚的时代脉搏,以积极奋取的成功姿态"与世界干杯"。

1903年8月,古老的华夏大地诞生了第一座以欧洲技术建造的啤酒厂——日耳曼啤酒股份公司青岛公司。目前,青岛啤酒销量已进入世界啤酒行业的前10名,产品出口到50多个国家和地区。

青岛啤酒曾在体育领域做过诸多尝试:2002年,赞助全国第一届"七人制"橄榄球冠军赛;2003年,与全国最权威的体育专业频道CCTV-5建立合作关系……

2004年,正是青岛啤酒一个新百年的开始,经过一系列的调研和探讨,青岛啤酒选择体育营销作为其战略的突破口。在这一年,青岛啤酒在体育领域再上新的台阶,确立了系统的体育营销战略,准备了专项经费支持,整合各种营销手段,制订长期战略计划,让体育植根于品牌建设之中,使体育营销成为沟通消费者情感、树立品牌形象的营销利器。

(二) 借助体育完善品牌内涵

2004年,青岛啤酒赞助第一届中国网球公开赛。此时的青岛啤酒,已经不再把每次的体育活动只当做一次"促销机会"或"炒作机会",而是深挖营销的潜质,借助赞助赛事运动,传递品牌与体育的关联性:通过赞助中国网球公开赛这一中国网坛规格最高的盛会,配合相应的新闻宣传和公关传播,树立青岛啤酒的高端品牌形象,利用体育活动拉近与消费者的距离,最终为提高品牌形象、获取长期收益而服务。

2004年,青岛啤酒实现啤酒销量371万千升,全国市场占有率达12.8%,品牌价值突破199.91亿元,继续位居全国啤酒行业首位。

2005年3月26日,第三届厦门国际马拉松赛如期举行,为支持本届马

拉松大赛,连续三年赞助这一赛事的青岛啤酒公司组织了百人规模的参赛方阵。据悉,这是国内历届马拉松比赛中规模最大的团体参赛方阵,也对马拉松运动的全民参与性进行了最新的诠释。而这也成为青岛啤酒对体育营销活动的又一激情探索。在本次厦门国际马拉松赛上青岛啤酒以高标准的营销运作手法,再次向广大消费者展现了"创造激情"的品牌文化。

(三) 进军北京奥运

2005年8月11日,青岛啤酒和第29届奥林匹克运动会组织委员会(北京奥组委)正式签约,成为2008年北京奥运会赞助商。

回顾百年奥运和百年青岛啤酒的历史,很容易找到无数共鸣。100年来,奥运会坚持着"更快、更高、更强"的精神,代表着竞技运动中的进取精神,让世界人民在友好的氛围中体会拼搏之美;青岛啤酒则一直用激情超越自我,酿造着消费者爱的啤酒,为生活创造快乐。"激情、活力、进取"这一品牌特性与奥运会的内涵不谋而合。

赞助北京奥运会,是青岛啤酒品牌国际化战略的重要举措,也更好地诠释了青岛啤酒的"激情成就梦想"的新时期品牌主张。

青岛啤酒"激情而开放,诚信而醇厚"的文化品质也为奥林匹克文化增添新的亮点,青岛啤酒携手奥运会,标志着青岛啤酒在体育领域全面打开局面,奥运营销提上重要日程。作为国内啤酒赞助商,青岛啤酒为北京2008年奥运会和残奥会,为北京奥组委、中国奥委会以及参加2006年冬奥会和2008年奥运会的中国体育代表团提供资金、啤酒产品以及相关服务。为配合"激情成就梦想"新品牌战略的推出,青岛啤酒策划推出了一系列市场推广活动,以推动奥运精神的不断传播。

为配合青岛啤酒迎接奥运会的体育营销工作,在青岛啤酒内部传播奥运精神及青岛啤酒品牌与奥运会品牌结合的意义,增加员工的荣誉感及使命感,青岛啤酒从2005年3月起在全公司开展了挑选青岛啤酒奥运使者活动。

此项活动是青岛啤酒赞助北京2008年奥运会和开展营销活动的重要组成部分。这些来自公司不同工作岗位的奥运使者们通过自己富有激情和梦想的行动承担起继续传递奥运精神、传播青岛啤酒企业文化的责任。

为传递奥运精神,作为举办2008年奥运会城市之一的青岛于8月13—28日迎来了第15届青岛啤酒节。本届啤酒节是青岛啤酒成为2008年北京奥运会赞助商签约仪式后参与的第一个重大的节日活动,作为啤酒节的起始创办者,青岛啤酒把啤酒节作为继青岛啤酒成为2008年北京奥运会赞助商"点燃奥运激情"之后的第二站——传递激情。青岛是2008年北京奥运会的举办城市之一,作为青岛市"名片"的青岛啤酒又是2008年北京奥运会的赞助商,这一结合可谓有伟大的历史意义。

本届啤酒节全面突出了青岛啤酒成为2008年北京奥运会赞助商的信息。开幕式上各种印有青岛啤酒奥运组合LOGO的道具——木制城门、观礼台、节旗、啤酒桶处处彰显着青岛啤酒是北京奥运会赞助商的信息,而青岛啤酒理念与奥运精神的结合更是通过宣传手册、演讲致辞等方式得以深度阐释。同时借助山东卫视与台湾东森电视台搭建的电视传播平台和新浪网站的网上直播平台,青岛啤酒作为2008年奥运会赞助商伴随啤酒节的盛况传遍各地。

(四) 主攻 CCTV-5

通过一系列推广活动,青岛啤酒的品牌主张渐渐升华,奥运激情渐渐释放。那么如何将"激情成就梦想"这一品牌主张与青岛啤酒的品质表现最好地结合起来?如何让新的品牌主张和官方赞助商名义迅速为全国大众所知?广告传播成为青岛啤酒将激情放送的重要方式。

跨栏、冲刺、跳跃……一幅幅动感极强的奥运会镜头,闪动在屏幕上,让人激情澎湃。"打开距离、打开空气、打开翅膀、打开局面、打开荣耀、打开青岛啤酒",随着极富磁性的男中音的配音,青岛啤酒与奥运会所蕴含的激情、活力、进取等潜在信息有机地融合在一起。

这是青岛啤酒在2005年8月11日正式成为2008年北京奥运会国内啤酒赞助商之日起,开始在全国各级电视台全面推出的极富激情的电视广告片。电视传媒是营销过程中的核心资源,青岛啤酒对这一点有着深刻的体会。在具体媒体选择上,作为全国知名品牌的青岛啤酒采取了以中央电视台为主、以地方媒介为辅,点面结合的投放策略。

早在2003年,青岛啤酒就在CCTV-5重点栏目投放广告。CCTV-5是覆盖全国的专业体育媒体,拥有广泛的男性观众群体,这与青岛啤酒的目标市场和目标消费群体相吻合。而CCTV-5在体育赛事资源上所具有的不可比拟的优势也为青岛啤酒实行体育营销战略提供了有力保障。青岛啤酒对CCTV-5的受众满意度、忠诚度极为认可,因而在2005年,青岛啤酒在启动2008年北京奥运营销之时,选择了在CCTV-5进行广告的集中投放,通过每天的广告曝光,青岛啤酒的知名度进一步提升。8月11日后,青岛啤酒广告全面换版,延续以往的投放策略,通过在CCTV-5"体育新闻""体育世界"两档名牌栏目以及众多赛事中投放企业形象广告和产品广告,向观众传播青岛啤酒是北京奥运会赞助商的信息,在啤酒销售旺季完美展现了青岛啤酒的绝佳品质,青岛啤酒的激情主张随之全面释放。

(五) 共圆民族梦

青岛啤酒和奥运会在2008年走到了一起,它也因此借助奥运平台进入了体育营销的新轨道。"激情成就梦想"与奥运会所蕴含的内涵极度吻合,与2008年北京奥运会提出的"同一个世界、同一个梦想"的口号更是惊人的相似。青岛啤酒也和奥运会更加完美地融合到一起。2008年的北京奥运会让中国民族圆了百年奥运梦,也让青岛啤酒圆了激情之梦。体育为"百年青啤"注入新的激情与活力。

(六) 激情成就梦想

2009年4月,青岛啤酒又与CCTV中视体育娱乐有限公司及美国职业篮球协会(NBA)建立战略合作关系,共同启动青岛啤酒"炫舞激情"啦啦队选拔赛。

2010年6月,世界品牌实验室权威评估:青岛啤酒的品牌价值达426.18亿元。

2011年6月5日,青岛啤酒"炫舞激情"啦啦队选拔赛深圳赛区海选赛在布吉汇佳购物广场正式启动。本次选拔赛在2010年的基础上,继续扩大规模,覆盖全国130个城市进行数百场海选。充分诠释和贯彻"激情成就梦想"的大赛主题。

2011年,青岛啤酒签约出征2012伦敦奥运会中国体育"水陆空"三军。开启了青岛啤酒从单项赞助到全领域签约的先河。同时青岛啤酒提出了2012

年青岛啤酒的最新品牌推广口号——"青岛啤酒,与世界干杯!"

2012年2月18日、19日,广州国际体育演艺中心,2011—2012赛季CBA全明星赛,青岛啤酒啦啦宝贝炫舞激情,体育界、商界、娱乐界汇聚成一股强大的力量,为中国球迷奉献了一场精彩演出。

CBA全明星赛再次证明,啤酒向来与释放激情与活力的体育运动融为一体,引领时尚潮流。

继签约奥运会、与NBA合作、签约2012年伦敦奥运会中国冠军军团、签约迈阿密热火队之后,青岛啤酒签约CBA,再次纵深推动其体育营销战略,释放体育激情和快乐。

2013年11月9日,中国足球俱乐部恒大队"亚冠"封王,更将代表亚洲征战世界最高水平的国际足联世界俱乐部杯比赛,激发了中国球迷的足球热情和希望。在亚冠新赛季即将开始的时候,青岛啤酒也在当天正式签约亚冠联赛,成为首家联姻"亚冠"的中国品牌。

主要参考资料:

[1] 体育营销:百岁青岛啤酒永远年轻[J].新营销,2010-3-11.

[2] 叶建华.体育营销,不是赔钱赚吆喝[J].新营销,2010-6-12.

[3] 青岛啤酒品牌价值过805.85亿元再度蝉联中国啤酒第一品牌[N].羊城晚报,2013-09-18.

[4] 裘理瑾:谈谈体育营销[EB/OL].案例分析网,2006-08-22.

三、分析与讨论

(1)青岛啤酒和任何项目合作都有一些基本的原则,第一在选择上项目战略要跟青岛啤酒的战略吻合;第二是品牌的关联度要契合起来;第三就是商业的空间度。如果这三点都符合,他们的项目就可以不断地进行探索。在NBA骑士队所在球馆,青岛啤酒是中国大中华区的唯一的官方赞助商,通过这种合作,也能看到青岛啤酒更加走入国际赛事,因为NBA的赛事是全世界转播,所以青岛啤酒能让中国的元素传播得更广泛。在体育营销上中国是刚刚起步,很多企业实际上对体育营销还是感觉面比较窄,或者说想法比较简单,可能就是单纯的赞助。但是青岛啤酒在这方面实际上是有很多成功经验的,并取得了辉煌的业绩。

讨论题1:根据案例所给的资料,试分析青岛啤酒的体育营销有哪些特点?

(2)体育产业的空间非常大,2012年中国和美国相比,中国的体育产业在整个GDP中的结构占比非常低,只有0.7个百分点,而美国的体育产业占的GDP的数量达到7%。由此可以看出,体育营销是一个很重要的推广方向。

体育赞助是最有效的体育营销手段之一,也是企业最常使用的营销方式之一。可是,体育赞助的投资——获得赞助权,需要企业投入高额资金或实物资产。例如,要想成为奥运会的TOP赞助商,必须支付5500万美元以上的赞助款，这对于绝大多数企业而言，是一个天文数字。即使企业取得了官方赞助权，也仅仅是一个开始。体育营销学中有一个"1∶3"定理，也就是说，在整个赞助期间企业还需要花费大约3倍于赞助款的资金来告诉目标消费者自己是赛事的官方赞助商。难怪有人将投资体育赞助比喻成"买名贵跑车"，在支付了购车款之后，买主还需要不断地进行维护和保养方面的支出。中国参与体育赞助的企业普遍存在这样一种现象，即取得赞助商头衔之后，就不管不问了。结果不仅浪费了宝贵的资金，还将体育赞助这一能够产生长期营销效果的营销手段给曲解了，这实在是一种遗憾。

讨论题2：分析目前中国很多企业在体育营销上还需要做哪些改进？

体育赛事就像一阵潮流，但是赞助商们普遍关注的问题是如何使营销的效果持久。一般而言，最有效的方法莫过于将营销融入企业长期的营销规划当中，使营销效应得以延续。例如，金六福酒自推出以来就一直打"福"牌，在2002年世界杯上又紧紧围绕"福文化"牵手"中国福星"米卢、推出"中国人的福酒"福星酒、开展买金六福酒获世界杯门票的福气促销活动，将其"福文化"短期内在全国范围内加速推广。值得注意的是，金六福不仅将"福文化"与世界杯联姻，它还在2004年奥运会期间掀起"奥运福、金六福"的大型传播活动，品牌的核心价值在赛事期间的推广，不仅提高了品牌知名度，而且深化了品牌核心价值，使得赛事前后的营销与赛事期间的营销形成一个整体。

讨论题3：从青岛啤酒、金六福白酒等品牌的体育营销形式来看，你认为体育营销最核心和最本质的要素是什么？

四、教学组织建议

讨论题1、2小组讨论。讨论题3可以在课堂进行公开答辩。

案例 36　网络营销案例

一、知识要点

1. 网络营销的含义

网络营销是以国际互联网为媒体，用文字、图片、视频等信息和互联网的交互性来辅助营销目标实现的一种新型的市场营销方式。

2. 网络营销的特征

（1）公平性。给不同的公司、不同的个人提供了平等的竞争机会。

（2）虚拟性。出现了有别于实际地理空间的虚拟空间或虚拟社会。

（3）对称性。消费者可以从网上搜索自己想要掌握的任何信息，并能得到有关专家的适时指导。

（4）模糊性。由于互联使许多人们习以为常的边界变得模糊。其中，最显著的是企业边界的模糊，生产者和消费者边界的模糊、产品和服务边界的模糊。

（5）复杂性。由于网络营销的模糊性，使经济活动变得扑朔迷离，难以分辨。

3. 网络营销的推广方式

网络营销的推广方式有口碑营销、网络广告、媒体营销、事件营销、搜索引擎营销（SEM）、E-mail营销、数据库营销、短信营销、电子杂志营销、病毒式营销、问答营销、QQ群营销、博客营销、微博营销、微信营销、论坛营销、社会化媒体营销、针对B2B商务网站的产品信息发布以及平台营销，等等。

4. 促销的方式

（1）网上折价促销。

（2）网上赠品促销。

（3）网上抽奖促销。

（4）积分促销。

（5）搜索引擎营销。

5. 网络营销的主要职能

（1）网络品牌及网站推广。

（2）信息发布及网上调研。

（3）销售促进及销售渠道。

（4）顾客关系维护。

6. 网络营销相对于传统营销的优势和劣势

网络营销相对于传统营销的优势和劣势如下表所示。

网络营销相对于传统营销的优势和劣势

优势	劣势
1. 有利于降低成本 2. 有极强的互动性，有助于实现全程营销目标 3. 可以有效地服务于顾客，满足顾客的需要 4. 具有高效性 5. 不受时间地域限制 6. 具有多媒体性 7. 服务个性化 8. 信息透明化 9. 长尾效应显著	1. 缺乏信任感 2. 缺乏生趣 3. 存在技术与安全性问题 4. 广告效果不佳 5. 个人信息易泄露

二、案例正文

"爱网络，爱自由"的凡客诚品

（一）凡客简介

VANCL（凡客诚品，以下简称凡客）由原卓越网创始人陈年先生创建，2007年10月，选择自有服装品牌网上销售的商业模式，发布VANCL。VANCL品牌的名称是创始人陈年和品牌咨询专家、艺术家、演艺界人士、文化人士一起，从众多备选名称中选择出来的，他们觉得VANCL这个名字很现代而且富有气质，中文为凡客诚品，凡客的意思是所有的人都是我的客人，诚品是说我们提供的是一个有诚恳态度的、有诚信的产品。

早在凡客出现之前，互联网的商业竞争就已经很激烈，凡客依然选择这种方式进入人们的视野，不难看出是有备而来。

凡客创始人、董事长兼CEO陈年认为，只有用户体验造就的品牌认同，才是最好的品牌实践。4年间，凡客用心关注用户需求，不断以微创新方式提升客户体验，推出了当面验货、无条件试穿、30天内无条件退换货、POS机刷卡等服务，极大提升了用户体验效果与品牌美誉度，积累了大量的忠实用户和良好的口碑。

凡客2008年2月销售收入仅仅为300万元，3月份却达到了2 000万元的业绩，凡客公司单月实现盈利是在2008年4月。随着产品种类的不断丰富，以及对用户体验的关注，凡客在中国服装电子商务领域品牌影响力与日俱增，已经成为中国网民购买服饰的第一选择。《2009—2010年中国服装网络购物研究报告》显示，凡客在自主销售式服装B2C网站中排名第一。

2009年5月，凡客被认定为国家高新技术企业。其所取得的成绩，不但被视为电子商务行业的一个创新，更被传统服装业称为奇迹。

（二）凡客的常规策略

1. 产品方面

在产品方面，考虑到目标顾客多数是年轻人，他们每天生活在繁华的都市中，不缺乏热闹，却希望更加安静和自由。另外，凡客通过网络进行宣传和销售，在信息爆炸的时代，人们也希望一份简单和清爽。

凡客的男装设计既不走性感路线，也不是惹眼的设计，但是在做工和布料质地上保证一流的品质和流行性。

凡客聘请欧美顶级设计师，秉承一流男装品牌经典款式，参考亚洲男士体型特点，选择优质的材料制作，让消费者能够以中等价位享受奢侈的品质，提倡简约、纵深、自在、环保，凡客设计理念归纳为：删除不必要的装饰，强调舒适性和表现不繁复的优雅。

凡客前期采用"单品牌短产品线"的产品策略，发展到现阶段后，凡客一直在尝试不断扩大产品线，寻找利润增长点，以最初的衬衫为主导线，慢慢延伸至内衣裤、POLO衫、裤子、棉线纺织再到外衣外套，鞋帽以及家居和配饰等，凡客的产品线不断地丰富，跨越了单一的服装范畴。从公司长远目标来看，凡客是希望倡导一种简单得体的生活方式。

2. 价格方面

在价格方面，考虑到目标客户群的收入并不高，凡客目前的价格是大多数人都能接受的，而且还伴有许多优惠政策，以打包的形式一次性购买多件就可以得到相应折扣。一次性购物达到一定金额即可减免运费或者得到更多折扣。

考虑到网络购物存在的风险性，为了更好地吸引顾客，凡客还推出特惠单品，如T恤的定价就仅仅为29元，基本接近成本的价格，有着庞大的销量，却不为了盈利，凡客公司真正的目的在于，扩大用户规模，体现企业价值，这也打消了很多顾客担心被骗的顾虑。

对于第一次购买凡客产品的顾客，凡客推出了68元体验购买的优惠政策，并且可以货到付款，凡客因此获得了不少第一次购买的顾客，大大提升了人气，这些用户中一半以上的顾客会再次选择购买凡客的产品，帮助企业提高了销量，直接降低了再次推广的成本。

3. 给顾客提供更周到的服务

不仅在线上为顾客提供详细的咨询服务，在快递人员把顾客在网站购买的产品交给顾客的同时，凡客还有一项特别的流程，就是可以让顾客当面试穿，如果顾客觉得不合适，可以免费退换，以帮助顾客得到最好的商品。在购买后30天，如果顾客还是不满意，依然可以退换产品，并销毁这件产品，保证产品品质和品牌的质量，这种用户体验政策，赢得了顾客的信任，建立起了良好的客户关系，也为凡客争取到了更多的顾客。

（三）凡客的另类营销手段

1. 网络广告投放

凡客营销的最成功之处在于自有一套精准娴熟的互联网广告投放策略，门户网站和垂直网站结合推广。

凡客的网络广告几乎覆盖了所有重点网站。在这种铺天盖地的网络营销之下，凡客取得了极大的成功，三年成长300倍。低价位、铺天盖地的网络广告宣传、独特的电子商务定位，让凡客以不可思议的速度聚敛着财富。

垂直网站，是指一些专业性网站。他们的特色就是专一。他们并不追求大而全，他们只做自己所熟悉领域的事。他们是各自行业的权威、专家，他们吸引顾客的手段就是做得更专业、更权威、更精彩。凡客诚品在这些网站上投放广告，直接瞄准那些专业顾客，也更接近自己的目标受众，提升广告的效率。

凡客不仅是在新浪、网易等国内知名的门户网站投放广告，而且用高额销售佣金让更多的个人站长成为凡客的兼职推销人员。凡客16%的佣金比例足以吸引更多的网站选择与凡客合作。

2. 凡客体的传播，让凡客品牌像病毒一样迅速蔓延

2010年7月，凡客邀请了青年作家韩寒和青年偶像王珞丹出任形象代言人，一系列的广告也铺天盖地地进入公众的眼帘。该广告系列意在戏谑主流文化，彰显该品牌的自我路线和个性形象。然其另类手法也招致不少网友围观，网络上出现了大批恶搞"凡客体"的帖子。

"爱网络、爱自由；爱晚起、爱夜间大排档……"这些个性标签经过网友的想象和加工，已变成众多明星甚至个人的标签。以传播得最广的郭德纲"凡客体"为例，大大的图片旁边的文字被改为："爱相声、爱演戏、爱豪宅、爱得瑟、爱谁谁……我是郭德纲"，极富调侃，令人捧腹。

据不完全统计，截至2010年8月5日已经有2 000多张"凡客体"图片在微博、开心网、QQ群以及各大论坛上转载。众多明星或被恶搞或被追捧。此外，也有不少是网友个人和企业出于乐趣制作的"凡客体"。

凡客体的迅速传播，不仅娱乐了大众，更在潜移默化中让人们记住了这个品牌。

3. 与消费者互动

消费者在订购凡客商品的同时会自动成为凡客会员，无须缴纳任何入会费与年会费。凡客会员还可获赠DM杂志，成为凡客与会员之间传递信息、双向沟通的纽带。采用会员制大大提高了消费者的归属感，拉近了凡客与消费者之间的距离。

为了更好地与消费者互动，并且促进消费者之间的信息沟通，凡客设置了论坛，从板块设置上也可以看到凡客的良苦用心（见下表）。

凡客诚品论坛板块设置

板块名称	板块内容	板块作用
在线客服	在线客服人员	帮买家解决问题
VANCL拍客	自拍展示	吸引潜在买家注意
凡客故事	凡客买家的故事	让人们了解凡客
时尚课堂	时尚潮流、搭配常识	勾起买家的购买欲望
生活休闲	娱乐休闲的专区	让人们长时间停留在该网站
网站联盟专区	所有相关的网站联盟	让买家了解关于凡客的联盟

此外，在销售技巧上，注重于客户的习惯分析。由于是网上购物，消费者的消费行为会有完整的记录。通过客户邮箱数据库，系统会分析客户以往购买的行为和浏览的记录，给潜在和忠实消费者定期发相关产品邮件，增加消费者再消费行为概率。而消费者也可以在其提供的网络平台，如邮箱，博

客、贴吧发布自己对产品的评价，这样商家可以及时获取市场的反馈，对自身的产品销售进行调整。

4. 购物流程

在整个销售过程中，凡客非常重视用户体验，一次良好的品牌体验（或一次糟糕的品牌体验）比正面（或负面）的品牌形象要强有力的多。

在顾客决定购买以后，物流就成为关注的焦点。凡客在北京、上海、广州、深圳建立了配送体系，以确保北京、上海、广州、深圳这4个网络消费能力较强的城市能够尽快送达，而其他的城市则由第三方配送合作伙伴来完成。

在其退换货机制为30天无条件换货，这对于现在的网购来说，还是非常有吸引力的一点，毕竟大多数的网购规则是7天无条件换货。

凡客快递送货人员会耐心地等待一位顾客当场试穿新购买的鞋子，并且建议："小了就换一双吧，不麻烦。"

凡客从提升客户体验的角度设计购物流程，尽量避免不愉快的发生，也为自己赢得了良好口碑。

（四）凡客诚品大事记

2007年6月，由陈年及卓越网前骨干团队成员创办。

2007年7月，第一轮融资由IDG和联创策源投资。

2007年10月18日，在《读者》第一次投放广告，VANCL.com上线，第一天销售成绩为10张订单、15件商品，一周后做到每天100单。

2007年12月，第二轮融资由软银赛富和联创策源、IDG共同投资。

2008年7月，第三轮融资由启明创投和软银赛富、IDG、联创策源共同投资。

2009年5月，VANCL通过国家高新技术企业认证。

2009年6月，童装上线，正式进军童装市场。

2009年9月，艾瑞咨询发布《2009—2010年中国服装网络购物研究报告》，VANCL以28.4%的市场份额，继续在自主销售式服装B2C网站中排名第一。

2009年12月，公司以连续三年成长率29 576%获得"德勤2009高科技高成长亚太区500强"第一名。

2010年3月，荣获"中国服装品牌年度大奖创新大奖"。

2010年4月，完成第四轮融资，由老虎亚洲基金领衔投资。

2010年5月，户外广告全面推出，广告文案"凡客体"成为互联网热点。

2010年5月18日，凡客诚品旗下网站V+正式发布。

2010年12月，完成第五轮融资，由联创策源领投，IDG、赛富、Tiger等追加投资。

2011年2月，凡客诚品推出手机凡客网和移动客户端，进军移动电子商务领域。

2011年3月18日，凡客诚品社区化营销平台"凡客达人"正式上线。

2011年6月，完成F轮融资，由淡马锡、中信产业基金、嘉里集团投资，IDG跟投。

2011年6月,凡客诚品VANCL的化妆品频道正式上线,推出自有品牌Miook。

2011年7月,首次在主流电视台投放广告,涵盖央视1、3、5、6套以及江苏卫视、湖南卫视等区域卫视的多个热播节目。

2011年10月11日,V+商城加盟腾讯超级电商平台QQ网购。

2011年10月20日,《史蒂夫·乔布斯传》官网上线,网友可随书获赠印有乔布斯头像或经典语录的纪念T恤与胸章。

2011年孟加拉国代工生产服装。

2012年进军越南市场,在当地设立仓储和呼叫中心。

主要参考资料

[1] 佚名. 从VANCL(凡客诚品)透视网络市场营销[EB/OL]. http://wenku.baidu.com/view/be5dbd2c915f804d2b16c1a1.html.

[2] 佚名. 凡客诚品[EB/OL]. http://baike.baidu.com/link?url= hUM8aBcbQVFT-GWX9Kqa-1fqMk4zPtmrGuwFVbOmkt739o0y7cY7lOEN52lQTlKdWLgE35NIJMNOfxWVZ0-lO3a.

三、分析与讨论

(1)网络营销不同于网络销售,并非仅仅通过网络渠道来销售商品,也不仅仅是在网络上做广告。而是强调以互联网为核心平台,以网络用户为中心,以市场需求和认知为导向,利用各种网络应用手段去实现企业营销目的的一系列行为。其功能包括电子商务、企业展示、企业公关、品牌推广、产品推广、产品促销、活动推广、挖掘细分市场、项目招商等方面。

讨论题1:结合案例分析凡客诚品的网络营销运用了哪些方法?

(2)传统的促销是通过广告的形式,客户被动接收产品信息。但是,随着广告数量的急剧增加,不但营销费用高涨,其效果也越来越差。与传统营销方式截然相反,"病毒式营销"多以诱导为主,同时还为消费者提供可参与的娱乐活动,受到广泛欢迎。"凡客体"的营销在"病毒营销"的基础上更进了一层,"凡客体"的传播不仅仅限于VANCL产品本身,而是在群策群力的基础上,广泛传播多样版本的"病毒"。

讨论题2:"凡客体"掀起的恶搞浪潮,给了我们什么启示?

讨论题3:若企业借鉴类似"凡客体"式的"病毒"营销,应注意哪些问题?

四、课堂组织建议

小组讨论结合课堂辩论。